江苏省高校品牌专业建设工程资助项目

竞技教练学

主　审　王家宏

主　编　熊　焰　王　平

副主编　陈　亮　高玉花

　　　　李　赞　杨志华

苏州大学出版社
Soochow University Press

图书在版编目(CIP)数据

竞技教练学/熊焰,王平主编. —苏州:苏州大学出版社,2016.7
ISBN 978-7-5672-1713-3

Ⅰ.①竞… Ⅱ.①熊…②王… Ⅲ.①教练员-教材 Ⅳ.①G811.34

中国版本图书馆 CIP 数据核字(2016)第 118417 号

书　　名	：竞技教练学
主　　编	：熊　焰　王　平
责任编辑	：施小占
装帧设计	：刘　俊

出版发行	：苏州大学出版社(Soochow University Press)
社　　址	：苏州市十梓街 1 号　邮编：215006
印　　装	：江苏农垦机关印刷厂有限公司
网　　址	：www.sudapress.com
邮购热线	：0512-67480030
销售热线	：0512-65225020

开　　本	：700mm×1000mm　1/16　印张：14.25　字数：260 千
版　　次	：2016 年 7 月第 1 版
印　　次	：2016 年 7 月第 1 次印刷
书　　号	：ISBN 978-7-5672-1713-3
定　　价	：45.00 元

凡购本社图书发现印装错误,请与本社联系调换。服务热线:0512-65225020

序　言

　　教练是一种古老而又年轻的职业,也是一种社会角色,还是一种管理模式。系统的、专业的训练活动诞生了专门的指导者,他们是帮助、指导那些准备者和参赛者的专业或职业人员。

　　竞技运动领域中的运动员选材的假设或前提是,只有发掘到那些具有优异的运动天赋的人,才有可能将其培养成优秀的、顶尖的运动选手。于是,这些被发掘的人自他们开始扮演运动员角色直至其全部运动生涯期间的训练和比赛无不遵循着教练员"单向传授知识技能",运动员"单向学习知识技能"的模式。教练员倾心于对运动员技术规格、练习手段和练习效果的评定,运动员则处于重复的、机械的练习之中,教练员与运动员是各自独立的两个个体或群体。尽管那些称职的教练员还试图遵循所谓的教练原则和理念去改造运动员,却因为这一活动自始至终(运动员的训练效果也是通过教练员的评价来实现的)都是教练员的主导活动,故运动员通常被视作流水化作业生产出来的"产品"。

　　当前的竞技运动领域,运动训练和运动竞赛乃至运动员选材仍然恪守着教练员必须控制运动员的整个行为活动的信条,遵循着教与练的单向信息传递模式。教练员没有能够真正关注运动员在其学习、训练过程中是不是能够充分发自其内心的渴求这一基本问题。

　　20世纪90年代,从体育教练演绎成为一种专门的管理与领导技术的"教练技术"诞生。在教练技术中,教练是指那些具体从事教练工作或将教练作为自己职业的那些人。这些人必须接受专门的、系统的专业技能与职业技能培养,以符合"教练"资质。教练的目的是使对象或练习者通过教练员这一面镜子,提升其觉察力和责任感,并能够发现自身的潜能,进而在教练员的帮助下激发这种潜能。

　　在信息化、全球化、知识经济时代,竞技运动已然成为一项专门的、专业的、职业的社会活动。它已经不仅仅是运动员通过身体的运动来实现其自身价值的教育活动,而且还是不断挖掘与发展自身潜能的活动。这一活动目标实现的载体是竞技,是运动员,也是教练员,实现的途径则是运动训练和运动竞赛。

在竞技运动的全过程中,教练员与运动员一样,已然成为运动训练和运动成绩优劣的决定因素。事实表明,那些卓越的运动队或运动员的面前(并不是身后)必定都有一位卓越的教练员和一支卓越的教练员团队。这一点不仅仅表现在那些群体运动项目的运动队中,也体现在个人项目的运动员的训练与比赛活动过程中。

  教练学是研究如何通过教练员的"教"和运动员的"练",并接受如何行动的知识与理论体系。运动员在训练和比赛活动中的地位,如何独立思考并通过自身的思考去发现、接纳训练和比赛的原理和规律,且愉快地完成这一活动,是教练活动永恒的主题。如果说在训练活动中,教练员是运动员的一面镜子,旨在为运动员的训练和比赛提供"映射",那么在运动竞赛中,运动员则成为教练员的一面镜子,同样映射出训练活动中的教练员的理念与行为模式。

  在我国,关于教练员的研究已经有了长足的进步。从少数优秀教练员的自传体著述,到引进国外关于教练员执教能力的专门教材,特别是我国加入国际教练协会理事会(International Council for Coaching Excellence, ICCE),以及中国教练员学院的成立,这些都为我国的教练员研究搭建了优质平台。

  本教材试图以教练职业和教练员角色为对象,以教练的基本原理、原则为基础,对教练员在训练和比赛过程中的理念、方法进行介绍。由于教练员执教活动是与运动训练和竞技参赛紧密联系的,故其中代表性的理论与方法也作为竞技教练学的基础,以保证竞技体育学的系统性。

  本教材主要适宜于运动训练、体育教育、民族传统体育等本、专科专业的教学所用,也适合体育学其它各专业学生学习以及基层教练员理论学习与研究所用。

  教材共分十一章。熊焰负责第一、二、五、七章,王平负责第三、十一章,陈亮负责第九章;高玉花负责第六章,李赞负责第四、八章,杨志华负责第十章的编写工作。天津体育学院研究生赵慧敏,广州体育学院张恒、张莉莉,苏州大学体育学院牛福安、侯坤参与了本教材的照片拍摄、文献数据收集与处理等工作。全书由熊焰统稿、定稿。

  本教材编写过程中引用了许多专家学者的文献资料,在此特别表示感谢!

  感谢苏州大学出版社和责任编辑施小占在本教材出版过程中给予的鼎力支持和帮助。

《竞技教练学》编写组
2015 年 8 月

致同学与教师

- **教练学是什么**

为了实现竞技目标、优化竞技过程,教练员必须具备一定的专业理论知识、职业素养和技能去设计、组织管理运动训练活动和竞赛参赛活动。这一设计和组织管理活动,在对象上不仅是运动员,也包括教练员自身,还包括裁判员、观众、官员、新闻媒体以及家人朋友等;在形式上不仅是训练和参赛活动,还包括公关、社交等社会活动;在内容上不仅是训练和参赛方法、手段的设计,更有训练和参赛活动的理念凝练与风格塑造。教练员必须具备比运动员、裁判员更为丰富的专业素养与职业技能,所以他们扮演着十分复杂的社会角色。

教练学是研究体育活动,主要是竞技运动中的教练现象、教练员的教练行为及其规律的科学和理论。教练学旨在发现与解释教练员在教练活动中发生的一切现象,揭示与归纳教练员教练行为形成与发展中各要素之间的相互关系及其特征,探讨作为一种专门职业的教练员所应具备的专业和职业技能及其培养教育方法。

教练理论是系统化的科学知识,是人们关于竞技运动领域教练和教练员的本质及其规律性的相对正确的认识,也是经过大量的逻辑论证和归纳,并经竞技运动实践检验,通过人们的抽象概括、判断和推理表达出来的教练知识体系。

教练学的具体任务有以下几点:第一,认清教练的本质属性,抽象概括教练员的功能价值、角色地位、职业特征和职业活动的规范。第二,探讨竞技教练的基本原理、原则、方法和内容,为教练执教提供参考和支持。第三,厘清与解析合格和优秀教练人才的素质与能力结构,探讨与总结教练人才的选拔与培养的途径和方法。第四,归纳与分析竞技教练学理论与实践的研究成果,提出竞技教练学研究的基本内容与方法,丰富与发展教练理论。

学习教练学理论,有助于我们科学地认识教练的功能与价值,客观地评价教练员在社会发展中的地位和作用,帮助我们明确与掌握合格和优秀教练员的素质与能力结构及其培养与教育要求和途径;通过学习教练学理论,可以为教练员人才队伍建设与发展提供理论依据,有助于教练员队伍理论与实践水平的提升,打造国际一流的教练员队伍;通过学习教练学理论,能够培养与激发我们从事教练学研究的兴趣,拓宽我们的视野,从而进行教练学研究,丰富教练学理论。

● 如何学习教练学

作为一名体育专业的大学生或者从事体育、竞技运动活动的人士,必须牢记住这样一点,那就是体育、竞技运动的本质是竞技或博弈,这种竞技与博弈因为对象、内容、方法和规制的不同,其竞技与博弈程度和结果各异。即使是幼儿园儿童的体育活动行为,虽然大多采用游戏的形式进行,但是其所具有的规则性、竞争性是和娱乐性同等重要的。因为,这种游戏的目的不仅是使儿童享受运动的快乐,也要享受竞技的快乐;不仅要让他们感受成功与胜利的喜悦,也应有失败和挫折的体验;不仅要让他们学会独立自强,也要学会规制约束;不仅要学会善于沟通、协作,也要学会尊重他人。

认识与解析竞技和教练的本质属性,学习和掌握教练的功能及其价值,准确把握教练的类型及其特征是我们学习教练员学的基础。我们如何学习教练学呢?

第一,了解教练学的整体理论框架,掌握教材各部分的重点知识点及其各部分之间的关系。

第二,明确教师讲授的重点内容和自己感兴趣的内容。做好听课笔记或教材中的旁注。在课堂教学和实践教学中,要善于思考问题、提出问题、讨论问题,并能够分析这些问题,形成我们自己的想法和观点。

第三,尽可能亲赴现场观看或观摩训练和比赛,或通过观看录像来观察教练员训练和比赛活动中的组织、安排和指挥等行为情景,随时做好观察笔记,每次观看或观摩后提出问题。

第四,因为教练学是为我们学生提供有关教练员设计与组织管理训练和参赛活动的一系列理论与方法,这些理论方法不仅基于竞技运动的基本原理,也吸取了社会学科、自然学科的原理。我们在学习中,应该学会走出竞技运动去看竞技运动,拓宽我们的视野,丰富我们的知识体系。

- **如何教授教练学**

教师传道解惑之落脚点是使学生了解学习的内容体系,明确学习的方法,培养思考的能力,掌握解决问题的技巧,并能够举一反三,运用所学理论,融会贯通于本学科领域的各项专业理论和知识之中。为此,教师必须做好以下几点:

第一,整合教练学理论体系和教材内容,勾勒教练学的学科主线,明确教练学理论的层次与重点难点。

第二,收集整理并适时更新竞技运动与教练活动的素材,从诸多教练活动中归纳总结代表性的案例,以达到实践与理论的高度结合。

第三,本教材仅作为学生、教师教学用书,尽管尽可能收纳多年以来有关教练和教练员的研究成果,但还称不上学术理论著作,无论是教练学的内容还是观点、材料并不一定能够完全适合教学的需要,那么就需要教师不断适时更新。

- **如何进行教练学研究**

关于教练学的研究应该以广大教练员的实践过程为对象,总结他们的知识体系,并将其升华为系统的理论,又重新指导教练实践。

教练员是教育家,也是雕塑家,更是管理大师。教练员通过自身的专业素养和职业道德,以自身过往的经验与教训,摸索出运动员选拔、培养的方略,这些都是竞技运动实践和理论的宝贵财富。

目前,我国的教练学系统研究还处在起步阶段,教练员培养、执教能力与执教艺术等是研究的主要领域,主要研究的对象是各个专门运动项目的教练员,其中以球类项目的教练员研究和研究成果为主。目前一方面是加强单项的教练员研究,另一方面是对不同项目教练员的研究综合,经过提炼、加工，以形成专门而科学的教练学理论体系，这对于我们每个体育专业的大学生和研究生都是巨大的挑战和机遇。

由于教练学是研究教练现象和教练行为及其规律的学问，所以教育学、心理学、社会学、管理学、行为学等学科的理论是进行教练学研究的基础，这些学科的研究方法都值得我们借鉴。教练学主要的研究方法可以用传统的文献、调查、观察等质性方法，还可以用扎根、田野和口述史的方法。

目 录

第一章 教练员、教练与教练技术

【学习目标】 ………………………………………… 1
【本章导语】 ………………………………………… 1
第一节 竞技运动与教练员 ………………………… 2
第二节 教练与教练技术 …………………………… 5
第三节 教练的意义、价值与技巧 ………………… 8
【复习思考题】 ……………………………………… 10
【主要参考文献】 …………………………………… 10

第二章 教练的原理与原则

【学习目标】 ………………………………………… 11
【本章导语】 ………………………………………… 11
第一节 种子、镜子与心态 ………………………… 12
第二节 为了发展而执教，为了比赛而训练 ……… 14
第三节 教练员的执教原则 ………………………… 17
【复习思考题】 ……………………………………… 27
【主要参考文献】 …………………………………… 27

第三章 教练员执教基础

【学习目标】 ………………………………………… 28
【本章导语】 ………………………………………… 28
第一节 教练员素养 ………………………………… 29
第二节 教练员品质及其修养 ……………………… 34
第三节 教练员的执教能力 ………………………… 37

【复习思考题】…………………………………………………… 41
　　【主要参考文献】…………………………………………………… 41

第四章　运动员体能发展指导

　　【学习目标】…………………………………………………… 43
　　【本章导语】…………………………………………………… 43
　　第一节　运动员体能发展的指导思想 …………………………… 44
　　第二节　力量素质训练指导 ……………………………………… 49
　　第三节　速度与灵敏训练指导 …………………………………… 57
　　第四节　肌肉伸展性、关节灵活性训练指导 …………………… 62
　　第五节　身体稳定性训练指导 …………………………………… 67
　　第六节　恢复与再生训练指导 …………………………………… 77
　　【复习思考题】…………………………………………………… 81
　　【主要参考文献】…………………………………………………… 81

第五章　运动员技术学习与技能发展指导

　　【学习目标】…………………………………………………… 83
　　【本章导语】…………………………………………………… 83
　　第一节　运动技术教练基础 ……………………………………… 84
　　第二节　运动技术的教练原理 …………………………………… 92
　　第三节　运动技术技能的教练方法 ……………………………… 97
　　第四节　运动技术技能的教练要求 ……………………………… 101
　　【复习思考题】…………………………………………………… 104
　　【主要参考文献】…………………………………………………… 104

第六章　运动员战术学习与战术能力发展指导

　　【学习目标】…………………………………………………… 105
　　【本章导语】…………………………………………………… 105
　　第一节　竞技战术与竞技战术能力 ……………………………… 105
　　第二节　竞技战术能力及其构成要素 …………………………… 109
　　第三节　竞技战术能力的培养与发展指导 ……………………… 113
　　【复习思考题】…………………………………………………… 120

【主要参考文献】 …………………………………………… 120

第七章　运动训练与竞技参赛计划制订

【学习目标】 …………………………………………………… 122
【本章导语】 …………………………………………………… 122
第一节　制订训练和参赛计划的目的 ……………………… 122
第二节　制订训练与参赛计划需要考虑的因素 …………… 125
第三节　制订训练与参赛计划的原则与策略 ……………… 130
第四节　制订训练与参赛计划的步骤 ……………………… 134
【复习思考题】 ………………………………………………… 138
【主要参考文献】 ……………………………………………… 139

第八章　运动员参赛指挥与临场指导

【学习目标】 …………………………………………………… 140
【本章导语】 …………………………………………………… 140
第一节　运动员参赛的指导 ………………………………… 140
第二节　教练员临场指挥及其途径 ………………………… 151
第三节　教练员临场指挥能力培养 ………………………… 154
【复习思考题】 ………………………………………………… 157
【主要参考文献】 ……………………………………………… 158

第九章　教练员的参赛准备与赛中自我调控

【学习目标】 …………………………………………………… 159
【本章导语】 …………………………………………………… 159
第一节　教练员的赛前准备 ………………………………… 160
第二节　教练员的赛中自我调控 …………………………… 169
【复习思考题】 ………………………………………………… 178
【主要参考文献】 ……………………………………………… 178

第十章　竞技运动团队管理

【学习目标】 …………………………………………………… 180
【本章导语】 …………………………………………………… 180

第一节　团队与运动队团队 …………………………………… 181
第二节　运动队管理的理念 …………………………………… 184
第三节　如何制定队规与违规处置 …………………………… 185
第四节　团队合作中的有效沟通与冲突应对 ………………… 188
第五节　运动团队文化与学习型团队建设 …………………… 192
【复习思考题】 …………………………………………………… 197
【主要参考文献】 ………………………………………………… 197

第十一章　教练员的教育与培养

【学习目标】 ……………………………………………………… 198
【内容提要】 ……………………………………………………… 198
第一节　教练员教育与培养的意义、途径与方法 …………… 198
第二节　教练员的资格认证 …………………………………… 207
第三节　各国教练员培训特点与趋势 ………………………… 211
【复习思考题】 …………………………………………………… 214
【主要参考文献】 ………………………………………………… 215

第一章 教练员、教练与教练技术

【学习目标】
- 了解与认识教练员在竞技体育活动中的地位与价值,理解教练员的职责。
- 掌握教练技术的意义和在实践中运用的基本技巧。
- 能够结合实际描述或评价自己熟悉教练员的执教特征。

【本章导语】
作为体育领域内的一种专门职业,竞技教练的出现是社会职业分工越来越精细,满足运动员的竞技水平提升和社会大众竞技观赏需要的结果。竞技教练员已经成为一个为人所熟知和重视的社会角色。他们在竞技运动的全过程中承担着极其重要的角色与职责。教练员和运动员、裁判员、观众一并承担与实现身体运动技能的博弈和竞争活动的目标、任务和责任。本章介绍竞技运动与教练员职业的形成与发展过程,重点介绍源自于体育领域,成为人力资源管理、组织行为学理论研究重要对象的"教练技术"及其基本内容。

运动员、教练员、裁判员和观众是现代竞技运动活动的主体。他们认同既有的那些规则、规程和守则,在一个专门的公开的平台上实现运动技能的博弈,并认可其过程和结果。竞技运动行政组织或单项协会管理者、某一赛事的组织者则是竞技运动活动中运动员、教练员、裁判员博弈或评判实现的维系。在追求竞技极限的过程中,作为主角的运动员、教练员扮演了目标相同而行为迥异的角色。

第一节 竞技运动与教练员

一、竞技运动中教练的形成

竞技运动是人类社会活动中一种有规则的博弈活动,这种活动不仅仅是运动员的身体、技能、心智等综合能力的博弈,而且还是教练员的身体、技能与心智等综合能力的博弈。这里说到的综合能力,既包括运动员、教练员的专业技能,也包括他们的价值观取向、沟通合作、领导方式等职业技能。运动员的竞技表现不再是也不可能是单纯生物学范畴上的博弈,而是在教练员的指挥、指导之下共同实现的活动。运动员的博弈还是一个集群活动,这使运动员之间的博弈活动也打上了社会学意义的烙印。

现代竞技运动的发展历程表明,社会组织成员的分工与协同在竞技运动领域里的运动员和教练员身上体现得淋漓尽致。因为这些不同成员的存在而构成了相应的竞技运动组织形态,我们以竞技运动团队、运动员团队、教练员团队、裁判员团队、赛事组织与运行团队等来概括之,意在表明不同角色、不同团队的目标、任务、过程的差异。

体育领域的"教练"角色与职业形成在可查的文献中可以追溯到古希腊时期举办的竞技神会。古代奥林匹克竞技会为了提高竞技者的能力,以博取观众的眼球,开始聘请专门的人员对参加比赛的人员(即运动员)进行指导、培训。那时的赛会活动由于奴隶主贵族把持,比赛项目的设立主要是以体现运动者的力量为主,诸如赛车、角力等。所以,教练员工作的目标与内容集中在改善运动员力量的发展、体能恢复等几个方面。这一时期的指导者并非一般意义上的大力士。他们不仅参加过以往的比赛,并且取得过优异的成绩。尤为重要的是,他们大多数人都具有极高的道德修养和历史、文化素养,特别是医学专门知识。因为人们达成了这样一个共识,那就是作为奥林匹克运动的教练员必须是集"运动天赋"与"道德楷模"于一体的圣者。公元前776年,罗马天主教的粗暴干涉,湮灭了神圣的奥林匹克运动,即使如此,教练员的角色依然存在。中古时期欧洲、亚洲的体育发展史中,体育、竞技运动活动的发展一直没有离开过教练这一角色。

世界各国的体育发展历史中都有有关教练的记载和描述。教练员的身影在不同的民族、不同的区域、不同的文化背景下若隐若现。当人类社会翻开19世纪崭新的一页时,尤其是在19世纪中后叶,奥林匹克运动的复兴为教练重新回到人们的视野提供了新的机遇。

二、教练职业与教练员的角色与职责

自 20 世纪 60 年代开始,体育领域现代意义上的教练成为一种被社会认可的、正式的职业。现代体育的发展是人类社会生产力和科学技术突飞猛进,特别是现代医学、管理学、心理学发展的重要成果之一。正是在人类丰硕的文明文化支撑下,在体育领域里也形成了一套较为完整的、科学的竞技运动理论,教练员理论是其中一个不可分割的组成部分。

由于当前社会环境条件的多元性,教练员拥有多种社会角色或身份,但是教练员与运动员的关系是竞技运动中的基本关系。在这一基本关系基础上形成的行为规范和行为模式构成教练员角色的基本内容。教练员的角色受社会期望、运动员期望以及教练员自我期望的制约影响。从根本上讲,它是社会经济文化共同作用的结果,运动队、学校、家庭、社会、时代赋予了教练员角色以全新的内涵。教练员的自然角色是组织与指导运动员的竞技活动,同时教练员又承载着诸多社会角色。在运动训练、运动竞赛以及其它社会活动过程中,教练员扮演着采购员、设计员、指导员、导师和管理员的多重角色。教练员是一名优秀运动员或者一支优秀运动员队伍的塑造者、竞技运动的管理者,还是与外界沟通交流的"发言人"和"形象大使"。总之,教练员在运动队中的角色不应是单一的、一元的,而是多重的、多元的。毫无疑问,对于教练员的各方面能力的要求也相应地提高,开展体育教练员的培养是实现这一目标的重要途径。

教练员的职责是:完成训练教学任务,提高运动技术水平,全面关心运动员的成长,做好运动队的管理工作,参加规定的进修、学习。高等级教练员还必须承担对低等级教练员的业务指导、培训和辅导基本训练工作。

世界各国都有关于教练员资质及其培训的规定,反映出这一职业的规范化程度愈来愈高。

表 1-1　美国体育教练员分级及资质

级别	晋升资质
自愿者水平(初级)	适合团体组织中的青少年体育部门
领导者水平(中级)	适合中小学任何没有受过正规训练的人
大师水平(高级)	适合希望从事教练员职业的人

表1-2 加拿大体育教练员分级及资质

级别	晋升资质
1	完成规定的学习内容
2	获得1级资质并完成规定的学习内容
3	获得2级资质并完成规定的学习内容
4	获得3级资质,具有高水平运动经历,国家体育协会认定
5	获得4级资质并完成规定的学习内容

表1-3 德国体育教练员分级及资质

级别	晋升资质
C级	完成120学时规定学习内容
B级	取得C级资格证书,从事1-2年训练工作后,完成规定的60学时的学习内容
A级	取得B级资格证书并完成规定的90学时的学习内容
联邦级	取得A级资格证书,在教练员管理学院学习18个月,即可获得联邦教练员证书;在学校读书的教练员采用学分制,学习方法也可采用集中—分散—再集中—再分散的办法

表1-4 日本体育教练员分级及资质

级别	晋升资质
初级	满20岁以上
中级	取得初级资格后3年
高级	取得中级资格后5年

表1-5 澳大利亚体育教练员分级及资质

级别	晋升资质
1级	全国中小学青年教练
2级	全国体育俱乐部或大学的教练
3级	全国中级水平的教练
4级	高级教练

表 1-6　中国体育教练员分级及资质

级别	晋升资质
初级(3、2级)	中专、大学学历,1－3年执教,30%运动员达到训练大纲要求;能够出色地完成比赛任务
中级(1级)	本科学历,二级教练执教4年以上,输送二级和一级运动员,60%运动员达到训练大纲要求;全国青少年和省市区比赛成绩优秀
高级(高级、国家级)	本科及以上学历,一级教练执教5年以上,80%运动员达到训练大纲要求,20%达良好。能输送国家级水平运动员和世界级水平运动员

(注:表1至表6均根据有关材料整理)

第二节　教练与教练技术

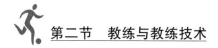

教练技术源于竞技运动教练方法的现代组织管理理论。该理论基本假设是世界上不仅不存在无能的人,而且还都是富有创造性的人。教练技术强调,教练并不是一般意义上的教师,也不是咨询师和指导者,而是一面镜子。被教练者(运动员)都可以通过这面镜子激发自身无限的潜能,实现自身行为的改变。

一、教练技术的缘起

体育领域的"竞技教练"是当前国际商业领域里的"教练技术"的孵化器。体育领域的教练和教练法就是以"潜能激发"为根本,采用许许多多的策略、方法、手段来不断挖掘运动员的身体潜能、技术潜能、心理潜能,通过竞技这一平台展现人与人、人与自然之间的关系。

20世纪70年代以后形成的组织行为学是将管理学理论与心理学理论融合,研究组织和组织过程中各成员的关系。其中,领导力是一个重要的课题。20世纪90年代,源于体育领域的"教练"渗透并应用到商业领域成为一种崭新的管理或领导模式,世界许许多多知名企业和组织借鉴体育教练的基本理念,通过对管理者进行专门的教授学习,达到激发与促进其所在组织或团队的凝聚力目的,并最终提升组织绩效。追求卓越是当今任何个人与组织的目标,于是"卓越领导"培养和"卓越团队"打造成为近三十多年以来管理学、社会学、心理学、经济学领域最为热门的话题。

"人的潜能是无限的",这是人的生存与发展资本。如何激发这些潜能则是管理者或者领导者,当然也包括人本身在社会各种活动中的一个重要课题。不仅是在体育领域,而且在管理学领域,有两位我们不得不为之感到荣耀,被视为组织和团队管理的先驱和大师。他们不仅实现了在体育领域里的教练成就,更重要的是他们的成就为社会,尤其是为商业组织运行与管理提供了极其难得的教材和视点。他们就是约翰·伍登(John Wooden)和 W. 蒂摩西 ·高威(W. Timothy Gallwey)。

创造了美国大学篮球教练员执教获胜率达到 81% 奇迹的传奇人物约翰·伍登不仅仅是篮球运动领域,也是现代体育领域最伟大的教练员之一。他的执教"掌握了从繁化简的深奥艺术"①,通过教给球员如何养成良好的习惯是他成功的秘诀。伍登执教成功的模式就是状态+基本功+团结,即 $10 = C + F + U$。史蒂夫·贾米森把这一模式与爱因斯坦的 $E = MC^2$ 相提并论。约翰·伍登一直致力于追求领导和执教中的平衡,并教育球员们平衡是竞争性卓越不可或缺的一部分。同时,他还认为,作为教练,作为领导力的精髓是通过教给别人如何最大限度地开发自身潜力,从而"帮助别人实现自身的伟大,促使团队走向成功"。约翰·伍登提出了卓越冠军团队战无不胜的协作秘密,那就是冠军团队应该尊奉的 200 个细节。这些细节包括从"当领导者的必备素质"到"领导者要在你的团队中传播信仰和价值观",从"失败的准备就是在准备失败"到"高效的领导者倾向于发现事物中积极的一面",从"成功的困惑"到"成功的模型——金字塔",从"爱传球的队伍获胜机会多"到"每天两小时训练,除此之外忘掉篮球"等等不一而足②。

如果说约翰·伍登因为是一个职业体育教练所以取得了那样的成就,那么从一个网球体育爱好者,然后成为国际知名的体育运动心理学家和管理学大师的 W. 蒂摩西 ·高威(W. Timothy Gallwey)的"集中注意力学习法"对竞技运动活动或者休闲体育活动中的网球学习的改变,使"教练技术"不再为体育领域独有,而成为管理学、社会学、心理学领域研究的重要课题,甚至成为企业人力资源管理、组织行为管理的内驱力。

高威"内心游戏"的核心是比赛活动中双方不再把对方作为对手,而是将自己视为对手,以克服自己内心深处的障碍,专注于活动目标,从而实现自身潜能的最大发挥。网球运动技能因为球拍、球的质量大小与人在运动中支配与控制器材能力大小之间存在的"距离感",使得人们不像初学

---

① (美)约翰·伍登,史蒂夫·贾米森著,王震译.冠军团队——成就冠军团队的 5 层境界[M].东方出版社,2010:1.
② (美)约翰·伍登,史蒂夫·贾米森著,李兆丰译.冠军团队——战无不胜的协作秘密[M].东方出版社,2010:1.

乒乓球、羽毛球那样容易上手。网球场地的地面尽管已经十分规整，但是网球在对方击打和落地之后的旋转和飞行线路不断变化增加了人的运动感觉与判断难度，进而也增加了技能习得难度。为此，高威采用了旨在增强自我认同并且集中注意力的方法，实现了对传统网球教授方法的改革，并成为网球教练技术的鼻祖。

正是高威的贡献，"总裁教练术"（Executive Coaching）成为当今国际商界一个新兴的、百花争艳的行业。尽管目前还没有一个有关总裁教练术的最权威定义，但也正是因为如此，诸多管理大师们才得以根据自己的理论、思维和实践来给总裁教练术下定义，进而付诸他们自己的实践。

二、教练、教练技术的含义

美国职业与个人教练协会（PPCA）把教练行为定义为一种动态关系，意在从客户自身的角度和目的出发，由专人教授他们采取行动的步骤和实现目标的方法，做这种指导的人就是教练（Coaches）。简而言之，教练主要着眼于激发学员的潜能，它是一种态度训练（Attitude training），而不是知识训练（Knowledge training）或技巧训练（Skill training）。教练不是帮学员解决具体问题，而是利用教练技术反映学员的心态，提供一面镜子，使学员洞悉自己，从而理清自己的状态和情绪。教练会对学员表现的有效性给予直接的回应，使学员及时调整心态，认清目标，以最佳状态去创造成果。以谈话沟通的形式促使学员主动改变心态，是教练技术的基本方式。

根据国际教练联合会的定义，教练（Coaching）是教练（Coach）与自愿被教练者（Coachee）在深层次的信念、价值观和愿景方面相互联结的一种协作伙伴关系。只有当一方迫切需要进步和发展，另一方也希望帮助对方去实现这个奋斗目标时，才能建立起一种卓有成效的教练关系。在英语中，"Coach"一词的原意是一种马车，"Coaching"的基本含义就是"把一个有价值的人从所在地送往目的地"。教练的过程不仅是实现一个目标的过程，同时也是一个挖掘运动员、团队最大潜能的过程，它既着重于目标的实现，也着重于运动员、团队在实现目标过程中的成长。

教练技术则是一门通过完善心智模式来发挥潜能、提升效率的管理技术。教练通过一系列有方向性、策略性的过程，洞察被教练者的心态，向内挖掘潜能，向外发现可能性，令被教练者有效达到目标。或者说，教练技术是指教练与被教练者（个人或是团队）间的一种动态关系，它意在从学员自身的角度和目标出发，帮助学员创造丰硕的成果。在教练过程中，学员为了实现某个特定的目标而提高技能、制定计划、采取行动。

第三节　教练的意义、价值与技巧

教练以中立的身份,通过聆听、发问等教练技巧反映出被教练者的心态,从而区分其行为是否有效,并给予直接的反馈,使其洞悉自己,及时调整心态、清晰目标、激发潜能,以最佳状态去创造成果。

一、教练的意义与价值

每次与教练对话,学员可以选择对话的重点,而教练主要是聆听、给学员"照镜子"并发问。这种互动能够帮助学员厘清目标,提高行动力。在教练过程中,学员会分析应该采取什么样的行动能最有效达成目标。教练技术让学员意识到选择的重要性,加速学员的成长和提升。教练将重点放在观察学员此刻的状态及如何实现自己的梦想上。学员要创造辉煌的成果,必须定目标、做选择和采取行动,同时也少不了教练的支持协助。

教练的功能对于组织和团队而言,它是创建学习型组织和落实调适性领导力的有效工具;能够感受到挑战与机遇的并存,加强思考和决定的能力,进行更有效的沟通,增强信心,更认真工作,勇于承担责任。对于个人而言,它可以激发潜能,让人创造佳绩;提升创造能力,增强个人对于生活和工作的满意度,以及实现个人目标的成就感。

通过四十多年来的发展,教练技术目前已逐渐成为一个新的行业和专业,它除了应用于企业管理外,还广泛应用于心态、态度、人格、情绪、素质、技能、人际关系等个人成长及家庭、社会生活等诸多领域。

"教练法"是运用教练策略、技术和方法,去支持个人或团体。教练法不是治疗,也不是咨询,而是教练与有自愿性的个人之间的合作伙伴关系;通过发现、设定目标以及具体行动步骤这一过程,来达成非凡的结果。教练法还是一个知识实体,一种技巧,一种联系形式,主要集中于开发人类的潜能。

二、教练技术中的基本技巧

（一）聆听——从对方的叙述中了解他的目标和现在的位置

"3R 技巧"是教练技术中有效的聆听技巧,包括 Receive(接收)、Reflect(反映)、Rephrase(复述)。

聆听的基本形式是用耳朵听,然后是用眼睛、用耳朵、用自己的感觉进行全身心的聆听;聆听的最高境界是"无心胜有心",完全不用自己任何判断地聆听,能不受任何经验限制和束缚地聆听到自己想要的任何答案。

在第一个最低的阶段,你只可以听到话语;在第二个阶段上的聆听,你可以听到很多回应,包括语气、身体、情绪、感觉、行为及所处环境各层面给出的回应。如果教练能听到第二个境界,则需要具备深厚的功力,已属不易;在最高境界上的聆听,才可能听到的不仅仅是话语,不仅仅是回应,还可以听到对方深层的内心世界。由此也可见,教练的聆听并非仅仅是指一般我们日常习惯的用耳朵去听的意思,而是接纳回应的意识和能力。

(二)发问——通过提问帮助对方挖掘自我盲点,发现他的潜力所在

发问问题的方向:收集信息;明确目标;启发引导;激励对方;挑战对方。发问可以根据不同的情景采用开放式、封闭式的提问技巧。

(三)区分——让对方更加清晰

区分的目的在于提高被教练者的自我洞察力,让被教练者看到更多的选择和可能性,从而支持被教练者的迁善心态。"区分"包括区分事实和假设;区分事实和真相;区分概念中的认识误区。也就是使运动员清楚哪些行为对自己的目标是有用的,哪些属于"添乱"之类。

(四)回应——发挥镜子的反射作用,及时指出对方存在的问题

回应的关键是教练做出回应的出心——他的焦点。

教练在回应的时候应注意真诚、明确,焦点在被教练者的心态和目标、区分、中立。不一定要给对方建议。

彼得 J.L·汤普森(Peter J. L. Thompson)提出的"教练手"较好地诠释了作为一名教练员应该具有的基本技能。"教练手"由"建立和发展关系"、"指导和讲解"、"示范"、"观察和分析"和"反馈"五个方面构成[①]。这只"手"把教练员的执教理念和执教技术紧密地、形象地进行了勾勒与联系。

延伸阅读

(英)Peter J. L. Thompson 著,张英波,孙南 译.教练理论入门[M].北京体育大学出版社,2011.

---

① (英)Peter J. L. Thompson.张英波,孙南.译.教练理论入门[M].北京:北京体育大学出版社,2011:10.

【复习思考题】

1. 请对你熟悉的一个教练员进行角色描述,并对他们的职责进行分析。
2. 你是如何理解教练技术中关于教练员"镜子"作用的意义。
3. 教练技术的四种技巧及其相互关系如何?

【主要参考文献】

1. 国家人社部,国家体育总局.体育教练员职务等级标准[E].http://www.sport.gov.cn/172013.html.
2. 雷纳·马腾斯 著,钟秉枢等译.执教成功之道[M].北京:北京体育大学出版社,2007.
3. 钟秉枢.做NO.1的教练:团队管理与领导艺术[M].北京:北京体育大学出版社,2012.
4. 约翰·伍登,杰·卡迪著,戴琳译.伍登教练成功金字塔[M].北京:中国电影出版社,2011.
5. 钟秉枢.不同执教理念之比较[J].中国体育教练员,2010(2)4~8.
6. 钟秉枢.用大脑指挥哨子:建立执教理念[J].中国体育教练员,2010(1):4~6.
7. Steve Pavlovic,李文译.成功教练员应具备的10项素质[J].中国体育教练员.2008(1):61.
8. Chris Wellman,李文 译.积极的执教理念[J].中国体育教练员.2008(1):64.

(本章撰稿人:熊焰博士,苏州大学教授,博士生导师)

第二章 教练的原理与原则

【学习目标】
- 厘清教练的规律、原理和原则的含义及其相互关系。
- 明确教练员执教的目的,掌握教练员执教的基本原理和基本原则。
- 结合实际分析运动员、运动项目、竞赛规则和运动竞赛之间的相互关系。

【本章导语】
从教练的形成机制出发,介绍教练的本质和目标,提出教练的基本原理是作为一面镜子折射运动员的心态和行为,并为运动员提供训练与比赛活动的指南;介绍教练执教的基本原则及其主要特征,提出了执教的基本策略和方法。

教练规律是教练客观活动中各要素之间的内部联系,也是与其它社会现象之间本质的必然的联系或关系。人们通过对教练实践活动的观察,通过对教练实践中基本规律的分析、概括、归纳,并不断指导实践,最终形成了具有一般意义的教练原理,成为教练活动实现的原动力。

通过对教练规律的认识与把握,教练原理的概括与提炼,我们形成一定的、普适的、可指导教练活动的一系列可操作性的准则或法则就是教练原则。邓运龙认为,"训练原则是反映训练规律、指导运动训练实践的基本原则。训练原则是运动训练指导规律的集中反映和具体体现,训练原则并不直接等同于训练规律。训练原则与专项训练原则和训练规律与专项训练规律是普遍性与特殊性的矛盾关系,实践训练原则与认识训练规律二者是对立统一的、又是能动的、具体的"[①]。教练原则是基于对教练这一客观事物本质联系及其认识基础上,指导教练行为的基本准绳。

---

① 邓运龙.竞技运动的训练原则与训练规律的基本关系[J].体育科技文献通报,2008,12(4):12-14.

第一节　种子、镜子与心态

一、种子与容器

体育领域的教练已经被商业和管理领域改造,并运用发挥到极致,成为卓越团队形成的法宝。商业领域的教练技术完全不同于体育领域的教练那样去尊奉神圣且神秘的教授或执教理念与模式。

高威的"内心网球"永远是技术技能学习的经典教材和范本。当前的大多数教练员的教练方法已经为当今管理学、商业领域的教练技术实践者们所非议。约翰·惠特莫就说,"教练在运动领域本身的改变很少",与商业领域的教练方法相比"它至少滞后十年"[①]。

传统的教育理论十分强调教育对象的主体地位,同时也十分强调教授者的主导地位。尽管教育对象主体地位的确立强化了他们的中心地位,但是我们却在不知不觉中主导着对象的学习内容、学习途径,精心设计教学的内容和组织,全然无视作为一个活生生的主体学习活动中的能动性。更要命的是,我们将他们视作为一个容器,将所有的所谓知识灌装进去。于是,他们就成为不折不扣的被动接受知识的、毫无生机的容器,而不是一颗可以主动生长的种子。正是长期被视作容器,他们也就自然接受了这种现实。他们大都知晓是什么,而很少或者全然不知为什么的被动教授对象,其天然的潜能不仅没有被发现,更是始终被压抑。极其可怕的是,正是这种被压抑却助长了教授者们习惯于发号施令,擅长于对被教授者的掌控,并津津乐道其教授方法。

传统的技术学习中,无论是运动员,还是普通人大都经历过这样一个过程,那就是他们始终处在教练员的不断呵斥和不断的技术纠正中。久而久之是运动员对技术技能缺乏独立的,发自内心的思考,根本谈不上自我的决策,进而压抑其的潜力。这种传统方法的使用应该是培养了许多"训练型"运动员的罪魁祸首,也是"Choking"产生的来源。显然,缺乏主动思考和果断决策的运动员的技能是不够成熟的。

运动员不应该只是一个容器,任何教练员都可以一股脑地将所有的知识、技能通过所谓的指导装进去。教练员应该通过自己的镜子功能,提升

---
① 约翰惠特莫著,林菲,徐中 译.高绩效教练[M].机械工业出版社,2013:6.

运动员的感知能力和责任感。正如前文已经论述到的,运动员对技术环节和技能要求的感知是其技能习得的前提。视觉、听觉、触觉是收集、处理各类信息的条件。感知力或觉察力的提升不仅仅只是对技术动作本身的感知和觉察,更重要的是形成一个良好的心态。能够提出问题,并引起运动员的主动思考。

对于一个合格的教练,对初级和高级的运动员的技术教授都应该本着一个基本的理念,那就是他们能够通过主观能动性去观察与判断技术技能形成的过程。为此,教练应该与运动员成为伙伴。在训练中并不需要经常指出错误,而是让运动员在学习中通过必要的试错达到快速与稳定地掌握技术技能。同时,教练应该积极培养运动员在训练和比赛活动中提出问题的能力。

那么,如何才能够做一面镜子,而不是单纯意义的指导者?如何挖掘运动员的潜能,帮助他们达到最佳的状态呢?

二、镜子与激发潜能

高威的"内心游戏"的理念就是教练应该是一面镜子。这面镜子应该是激发练习者发自内心的动机,培养他们在技术技能学习中的主动思考能力。

在体育领域里,传统的教练没有哪一个不是苛求于技术的指导,特别是对于体育初学者更是如此,他们美其名曰夯实基础。固然,对技术学习的精益求精无疑是有助于练习者在运动方式上的变化。但是,作为运动员的技术不仅仅只是规范的动作方式,更重要的是他们必须把规范的动作方式与运动情景相结合,形成专门的、专项的技能。技能实际上反映的是运动员技术运用的决策水平,即面对特定的运动情景时,如何使用与发挥技术。显然,运动员缺乏决策的学习和练习,久而久之也会成为一种被动的容器,而不是主动发芽的种子。

传统的教练还特别钟爱于直接的指导,即使是对那些已经具备了一定技术的运动员也是如此。由于比赛是完全不同于训练的竞技活动过程,我们的运动员常常因为技术表现的情景发生变化而不能够自主发现问题和解决问题。学习型团队或学习型个体的意义就在于强调运动员在比赛中能够及时、准确地发现问题,并能够迅速做出决策,不断修正技术运用的通道和方向。发挥运动员主动学习潜能的意义还在于能够提升他们的觉察力和责任心。正是因为觉察力和责任心的提升,他们更加具有学习的动力。

在竞技运动中一直强调"以赛代练",或者"以赛带练"或促练,其出发点似乎是令人称道的,但是以赛代练的目标和结果往往是相悖的。因为,一方面比赛情景本身就不同于训练情景,另一方面则是比赛本身就不能够替代训练。更有甚者,训练活动中盲目练习脱离了比赛的需求。这种脱离不仅仅是技术技能模式的脱离,还有运动负荷强度的脱离,尽管我们坚信模拟训练能够解决这一问题。

盲目训练的结果还导致运动员觉察力和决策力水平的下降,甚至是破坏。

三、对手是自己与良好心态

内心游戏的理念还提示我们,在运动活动中,真正的"敌人"不是竞争或竞技对方,而是运动员自己。运动训练理论中关于运动成绩的决定因素的首要因素就是运动员的竞技实力及其在比赛中的表现,其次才是对手和比赛裁判等客观条件。运动竞赛实践活动中大量的事例也揭示了这样一个问题,那就是只有战胜自己的人才可以在大赛中获得理想而优异的成绩。

在我们的教练活动中,同样也是这个道理。技术技能的学习,体能的发展都是依靠运动员自身通过觉察力和责任感的培养,提升自己的竞技能力。其意义在于通过运动员的主观能动性能够最大限度地发挥运动员训练和比赛的积极性和能动性,同时培养良好的训练与比赛心态。

将运动员视作一粒种子,提升他们的觉察力和责任感,为他们拓展更大的学习空间。通过一面镜子,让运动员探寻学习的方法与途径,激发他们的潜能,形成良好而稳定的心态,这是当代竞技教练员应该遵循的理念。

第二节　为了发展而执教,为了比赛而训练

教练的本质表现为运动员以竞技技能促进、发展为核心的,以运动竞赛活动表现结果为标准的发展过程。提出为了发展而执教,为了比赛而训练这一教练原则的基础首先是竞技运动活动中运动员个体特征与发展需要这一基本原理。

一、运动员的运动生涯规划

运动员的发展首先是其个体的需要与满足和专业与职业发展。运动

员的发展基础是运动员在身心、专业技能方面的基础与社会适应的水平。

运动员的身心具有显著的先天遗传和后天获得特征。并不是每一个人都适合或能够成为一名优秀的运动员,而想成为一名精英运动员则更需要其具有卓越的运动天赋。因为先天条件是后天成才的基础,也是后天发展中能否成为精英的基础。虽然有许多人以为一分天赋加九分勤奋是人们成才的必由之路,但是不可否认的是,虽然只是一分,却往往会决定一个人发展的方向和质量。我们强调先天条件还因为运动员这一特殊角色的特殊要求。强调先天条件更重要的还是要求我们了解、理解与洞悉运动员的潜在资质。

当然,我们强调运动员的运动天赋并不是否定后天的发展,因为只有勤奋才是也才可能是促进天分表现和拓展的条件。

发展不仅仅是运动员的运动生涯,而且也应该是其整个人生道路上的需要。在当前社会的各个领域里,运动员的职业是最为高度专业化的、特殊化的,所以运动员职业大多列于各国的特种行业职业划分之中。这种高度的专业化、特殊化的职业,一方面要求从业者在该领域的巨大的投入与付出,另一方面则是由于过度的专业化与特殊化也造成其社会适应方面的局限性。当从运动员角色剥离出来之后,他们在运动领域拥有的专业化与特殊化职业技能并不一定完全能够适应其新的生活和工作。当然,那些继续从事竞技运动及其关联行业的运动员除外。对于绝大多数运动员,尤其是在其运动生涯中成绩资本并不是十分丰厚的那些运动员的发展就会因为第二次,乃至多次择业受到冲击。

对于教练员来说,自开始选拔吸纳某一运动员时,就应该对其进行深入、全面地了解,既要设计运动员当前训练和参赛活动的规划,为其在作为运动员角色阶段所应具备的能力和承担的责任进行科学设计,还要根据社会的发展、未来社会对人才的需要,对结束运动员生涯之后的未来发展进行前瞻性的设计和规划。

二、运动员运动寿命的保值与增值

运动员的运动寿命长短不仅是运动员,而且是教练员极其关心的问题。因为培养一名优秀或顶尖运动员所需的各项投入十分巨大,并且一旦投入到运动员这一社会角色,运动员自身社会价值的体现只有拥有足够的运动寿命才能够保障。如何提高运动员的运动寿命保值期是全社会,当然首先是我们竞技运动领域必须关注的问题。各类研究表明,运动员的平均最佳竞技表现的时间是 5—6 年。

运动员的运动寿命是有限的。当结束运动员生涯之后,其人生生涯的继续需要为运动员提供物质保障。在我国所采用的政府包办运动员正常退役后的工作安置策略已经因为诸多原因而摒弃。运动员社会角色的顺利与合理转型都取决于运动员获得的资本和自身的二次选择。欲实现人生道路上的适宜转身,运动员在其运动员生涯中就应该积累足够的社会适应能力。为了达到这一点,我们的体育行政管理人员、教练员就必须从未来着手,在训练、参赛规划上做好设计。

对身体的保护是第一要义的。这要求我们在训练和竞赛活动中最大限度地保证运动员少发生对身体、心理的伤害。第二,我们培养运动员的技能不仅仅只是竞技的技能,还应该有社会适应和社会交往沟通的技能。从根本上讲,运动员退役后的再次择业需要的是其自身社会适应能力的积累。

三、比赛是运动员的天职

运动训练活动的最终指向是运动竞赛,而运动竞赛是运动训练的归宿,也是竞技运动的最高形态。运动竞赛是旨在通过专门的博弈形态(竞技赛会)考查、检验、评定竞争者的运动能力水平高低或大小,并根据运动项目的规则和运动博弈规则,由专门的人员和组织机构设计、组织与评判的活动。运动员为了比赛而生,所以才有他们长期的、艰巨的训练活动。对于运动竞赛而言,运动员在教练员等相关人员的指导和支持下,作为个体或者某一符号参加这些人或组织专门设计与组织的活动被称为参赛。

只有通过竞赛才可以对运动员、教练员等的训练活动绩效进行第三方的公开、公正评定。运动员、教练员的训练活动只有,并且只有通过竞赛引导才能体现其价值存在。所以,运动员、教练员的训练只有以竞赛为目标,从比赛需要出发,为了比赛而训练,才能够养成在比赛中像训练一样的心态。

研究表明,运动竞赛情景不同于训练和其它活动的情景重要之处在于严格的专门化的规制对运动员的博弈具有约束性,这种约束性既会形成积极性的动力,也会形成消极性的干扰。这种干扰主要表现在博弈双方体力减退的快慢和变化的大小、技术运用的合理性与有效性程度、动机的保持与情绪的稳定等方面。在追求竞技最高境界的过程中,体力的消耗与心智水平的下降相伴,形成我们所说的身体疲劳和心理疲劳。疲劳是运动过程中必然发生的现象和一种结果,既是人体应答性的反射性机体保护,也是运动中能量物质消耗的必然结果。所以说,运动性疲劳是一种常态。在竞赛中,博弈双方生理、心理的变化程度和性质成为决定运动员竞技表现过程和结果的主因。

为此,我们要时刻并适时从比赛的需要出发安排训练活动的内容、负荷。比赛的需要是全方位的,既包括身体的,也包括心理的;既包括技术的,也包括技能的;既包括战术形式,也包括战术运用;既包括对手,也包括观众。

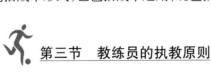 第三节 教练员的执教原则

一、个性化与专项化训练相结合

(一)运动员个体特征

每一个运动员都有其区别于他人的身体形态构造、器官机能水平、心理发展特点。不同项目的运动员同样因为后天环境的作用和运动方式的影响也产生出不同的个性心理品质。不同的运动项目、不同的运动水平、不同性别,甚至同一项目中的不同位置,运动员的个性心理特征都有差异。

因此,在我们的执教过程中,必须充分考虑到运动员的遗传因素和后天训练因素对他们个性心理特征的影响,特别是这些特征对运动员此后的学习与发展的影响。

(二)运动项目特征

项目特征是关于运动项目的运动形态、技术形态的描述,而专项特征不仅仅是基本的运动形态和技术形态属性,更是具有某一项目在特定时空条件下所具有的竞技表达属性。解析运动项目特征对于教练员和运动员都具有重要的意义,这是探索运动项目运行规律的基础。

每一个运动项目都因为其本质属性的差异表现出不同的特征。这些特征主要通过运动项目在运动形态和运动方式上的独立性表现出来。不同的运动项目有不同的动作形态,这些动作形态形成或规定了不同的动作方法。运动方式是对某一运动的特殊规定性或规格,那些符合这一规定性的动作方法,亦即技术。运动形态本是自然的,但是有了比赛的标的之后,就需要特定的运动方式和控制对象。

所有运动项目的运动形态都是基于器材、场地、介质、成绩评定方法这些要素。球类项目包括球、场地、成绩评定这三个要素,因为或使用手,或使用脚,或手脚并用的规定性于是形成了不同的运动方法。跑步、游泳、自行车则是人与介质(空气、水、车辆)的共用,于是形成了这一类项目的运动方法。体操、艺术体操、花样滑冰、花样游泳却因为固定器械、冰雪、水等

介质的特殊性和运动成绩评定而形成了这一类运动项目的运动方法。毫无疑问,所有的运动动作方法都应该符合人体解剖学、生物学、力学的原理,那些最适宜完成运动的方法最后就形成了我们所说的动作模式。

即使是同为球类项目,却由于球、球框(门)、场地等空间要素和人及其位置之间的关系就产生了不同的工作方式,也形成了不同的动作模式,这就是专项的差异性,正是这种差异性形成了不同的专项特征。篮球和足球虽然都需要特殊身体形态、速度、力量、耐力等运动素质,但是因为基本工作方式和比赛方式的差异,这两项之间遂表现出在技术技能、能量供应的不同项目特征。

对运动形态、动作方法、动作模式的解析有助于我们归纳与概括运动项目在训练学意义上的一般特征。显而易见的是,一般训练学意义的归纳与概括还不能够把竞赛情景下的运动项目特征包含其中,这是由于任何运动项目一旦进入竞赛情景,由于对手要素的加入和与训练环境迥异的因素影响,运动项目的专项特征表现得更为显著。竞赛背景下运动员的行为方式是在基本运动形态、动作方法和动作模式的表现与发挥,同样是投篮或射门的动作方式,根据比赛需要和当时自身的情绪和态度,运动员可以有不同的表现形式。为此,作为参与运动的主体,运动员在竞赛中控制的动作方法、动作模式会发生一定的变化。

表3-1 不同运动项目的控制对象与要素

目的	形态	对象	控制要素	项目示例
竞速	徒手的跑、游、骑、滑等	自我或器材	速度、力量的大小、及其方向与节奏	跑步、游泳、滑冰(雪)自行车等
竞力	举、投掷、支撑等	自我或器材	人体和物体运动的轨迹	铅球、标枪、举重、体操、跳水等
竞准	持械的击、投、射	专门器械	情绪、态度、动作方式	球类、射击射箭弓箭、气步枪等
竞技	驾驭	动物或器械	人与物的协调	划船、马术、自行车、雪橇等

同样是反映人体移动快慢,或者说以规定距离类计时长短决定运动成绩的跑步、游泳、自行车等运动的基本空间关系是相似的,但是其工作方式和比赛要求却不尽相同。与跑步不同,游泳、自行车运动员克服空气阻力是基本条件,但是更重要的是协调人与水,人与车的关系,即要协调人—水

体系,人—车体系的内部关系和外部关系。所以说,专项特征是以项目运行方式为基础,运动员结合比赛需要和规则约束下工作方式的固有特征。运行方式、工作方式、比赛需求决定了运动员必须获得相适应的竞技能力。所以,不同项目,同一项目不同水平运动员的竞技能力特征是不同的。探寻运动项目制胜规律首先要研究运动项目特征和运动员特征,即专项特征。运动项目形态和比赛形态是我们意欲揭示运动项目专项特征的基础,也是竞技运动中的竞技训练和竞技参赛所关注的核心问题。通过运动员来体现的专项特征所表达的是他或她的竞技能力及其结构特征。

有专家认为,"专项特征是指一个运动项目在比赛规则的允许下,以获得最大的运动效率为目标,在力学、生物学等方面表现出的主要运动特点"[①]。强调比赛,强调运动效率并且将其与力学和生物学联系是有积极意义的。

总之,专项特征应该是某一运动项目的形态表现结构和运动方式结构之间的关系总和。其间既有运动项目自身的形态,更有运动者,即运动员从事这一项目时所形成的特征。专项特征是以项目特征,即运动形态特征为基础,以比赛规范为指向,以特定的个体为载体的竞技能力表现特征。运动项目是固有的运动形式,人们从事该项目时,不仅仅是对运动形式的把握,更重要的是根据个人实际而采取的进行该项目的运动方式。所以说技术是固定形式的表现,技能则是运动方式的表现。

(三) 运动规则特征

规则是关于约束人的行为的信息。规则的出现是人类社会发展中人与人,人与社会,人与自然之间关系的复杂和不可控性的结果。因为每个人都有突破集群行为范式的冲动,并为此做出许多尝试。有些人的违规尝试得到满意的回报,更加促进了他们对违规的追求,甚至视违规易如反掌。为了填平遵规和违规之间微小的缝隙就需要一个砝码,这个砝码就是规则。如果说人的行为的目的和过程的复杂性是人类文化进步的表现的话,那么对人的行为的规范和制约水平,即规则的法理不为人反动,且能够制约这些反动行为的话,那么规则就反映了人类文明的程度。规则的规定性区别了竞技运动与那些自发的、临时的、随意的体育活动的不同。

在竞技运动的语境中,所有的有目标、有组织、有规则,由运动者、评判者、组织者参与的竞技活动我们称之为竞赛。不同运动项目的竞赛规则不同,但是他们都必须符合绝大多数人,乃至社会行为规范的一般要求。跑

---

① 陈小平.竞技运动训练实践发展的理论思考[M].北京体育大学出版社,2008.

步有跑步的规则,但是田径运动中的跑步规则又不同于球类项目中的跑步规则。这是由于不同运动项目对跑的技术的规定性。同属于球类项目的篮球的竞赛规则既不适合于足球、手球、棒垒球、水球这些项目,也不适合于田径、游泳、滑冰、滑雪这些异类项目的竞赛规则。这是由于不同项目的竞技方式、场地器材、技战术等因素的规定性。每一个运动项目的竞赛规则有各自独立的、专门的关于人的活动目标、行为、方式、手段的约定。在各个不同个体尊重且保障执行的前提下,规则得以形成并能够执行,于是竞赛得以进行。所以,我们追求运动竞赛是在公开、公平、公正的条件下进行的。兑现"三公"就必须由自我约束和约束他人同时完成的竞技活动律例,即竞赛规则来实现。

哈耶克认为,人既是追求目的的动物,也是遵循规则的动物。他强调说,"行为规则的功能,就在于克服因我们对那些决定着整体秩序的特定事实的无知而形成的那种障碍"[1]。根据他对规则两个维度三个层次的分类,可以将竞技竞赛规则分为描述性和规范性两类。这两类都可分为遗传规则、习得规则和设计规则。其中设计的规则是最高层次的,习得的规则是最重要的。

B·休茨将规则划分为构成性与规范性两大类。构成性规则规定着比赛的具体目标及达成目标时所允许使用的手段、方法。规范性规则规定着器械、场地的轻重、大小等方面。规范性规则是构成性规则的延伸,并与构成性规则相辅相成,保证着比赛的顺利实施。为了成功地进行竞赛,B·休茨还引入了第三类规则,即技战术规则。不同竞技项目的规则性质和方法不同。他以现代奥运会为例,将所有项目分为表现(performance)和游戏(games)两大类。表现类项目需要裁判组对运动员的动作进行评判,获胜与否取决于动作的艺术美、规格化、统一性;游戏类项目需要的是裁判员通过动作和行为的有效性来判定是否获胜。所以他以为,表现类项目的规则属于技术性规则,游戏类项目的规则属于构成性规则[2][3]。

W.J.摩根,K.V.迈耶认为,还有一种规定着竞赛之外的诸如安全或礼仪的"辅助性规则"[4]。"辅助性规则"的提出保证了规则的全面性,其最终

---

[1] 哈耶克.《法律、立法与自由》[E]. http://fxylib.znufe.edu.cn/eshu/hayek/fl/02-07-3.html.

[2] Bernard Suits. The element of sport. From Robert Osterhouds. The philosophy of sport: A Collection of Es-says. Courtesy of Charles Thomas. Publisher Springfield Illinois. 1973. 48-6.

[3] Bernard Suits. Tricky Triad:Game Play and Sport. Journal of philosophy of sport. 1988. XV.1-9.

[4] William John Morgan, Klaus V. Meier. Philosophic inquiry in sport. [M]. Human Kinetics, 1995.

目的都是为了维护竞赛的进行。由此可见,不仅规则的现实,而且规则的性质都在发生变化。在人们举行的所有竞赛活动中有正式和非正式之分。LEO.徐对正式规则(formal rules)和非正式规则(informal rules)进行了界定。他强调运动员在比赛中应该运用批判性原则思考、审视和完善自己的直觉性反应[①]。

竞技竞赛是在尊重与维护对手的前提下进行的,这也是竞技运动"去战争化"的游戏精髓所在。竞技运动的发展和诸多的研究成果表明,竞赛规则的形成与完善首先制约着竞赛活动,甚至制约着竞技运动内部运行和外部发展的方向。具体来说就是影响着竞技运动的主体——运动者的竞技行为,也改变着他们的运动方式,以使他们的竞技行为符合社会的总体规范,有时还成为普遍行为规范的模型,导引着社会其他人的价值观念和行为方式。

(四)运动竞赛特征

运动竞赛特征表现在两个方面。其一是竞赛规模与层级性质,其二是竞赛组织过程与形式。

在当今的运动竞赛日益商业化、职业化的态势下,如何针对竞赛的需要,科学设计参赛计划以及为了实现参赛的训练学、社会学和经济学价值都必须考虑到运动员的个体与运动项目及其比赛的实际。不同性质、不同层级的竞赛有不同的社会与经济价值。综合性运动会、单项运动会,世界性和洲际性运动会或单项赛事都有其专门的特殊的运行模式。在职业运动竞赛中,许多竞赛已经十分成熟,要求运动员必须遵循竞赛的基本规定。所以说,教练活动中实现专项化的目标,必须结合专项运动竞赛的实际。

二、适宜负荷与积极恢复相结合

(一)运动负荷功能与运动负荷效应

实现竞技运动活动目标的唯一路径是运动负荷的设计与施加。"运动负荷"是竞技运动活动中最活跃的因素,也是运动训练和参赛过程组织与监控的重要指标。运动训练和竞赛的过程就是载荷施加与控制的过程,竞技运动活动中的训练和竞赛都是在负荷这一无形杠杠制约下的活动。运动负荷水平高低和效应决定了竞技者训练和参赛目标实现、过程控制,特别是竞技能力发展程度和竞技行为表现绩效。

---

① Leo Hsu. Moral Thinking,Sports Rules and Education[J]. Sport,Education and Society,2004,9(1):143-154.

运动负荷的功能是使人体产生适应。运动负荷的连续或持续施加,是通过身体各器官系统保持在一定的工作水平形成刺激,因此机体产生应答,具体体现在生理、生化、心理等方面的变化。这一变化过程亦即人体的适应过程,通过适应——提高——再适应——再提高这一循环过程,实现人体机能水平的改善与提高。所以说,适应与发展是运动训练和竞赛活动中运动负荷的形成机制。

"内部负荷"即"心理负荷"与"生理负荷"是负荷效应,而不是负荷。我们所说的心理负荷、生理负荷实际是运动员已经在负荷时和负荷后的生理、心理变化与反应。通过对脉搏、血乳酸,注意范围、情绪状态的变化来评价负荷的效果,也评价训练过程中负荷设计与实施的科学性。它们是监控指标,而不是实施指标。否则,心率、血乳酸,情绪状态等反映身体机能水平状态的指标也都变成了负荷。运动负荷、训练负荷本身并不是刺激,更不是应答。通过负荷可以对有机体产生刺激,并有相应的应答。所谓的"生理负荷"与"心理负荷"是训练负荷作用下有机体在生理与心理上的效应,或者称"负荷后效"①。

运动负荷具有"场效应"特点,即在一定的运动时空条件下,每一个运动的直接参与者(运动员)和间接参与者(例如教练员、对手、裁判、观众等)都承受着一定的工作量度。他们都有负荷效应的产出,并且相互之间形成一定的传递与影响。例如教练员临场指挥中的言语、技战术安排,裁判员的判定,观众的支持或倒戈都能够形成一定的负荷量度作用到运动员。

(二) 运动负荷和运动疲劳与恢复

在竞技运动语境下,运动负荷就是在一定时间里身体活动的量度。在运动训练和参赛活动中,身体活动以一定的内容、数量、质量要素共同构成了练习或活动负荷。理论上,只要有一定量度和节奏的运动活动就是负荷,但是在实践中却并不是所有负荷都可以产生应答(例如,生理学中关于刺激下的"不应期",训练学中竞技能力发展的"高原现象"),并且也不是所有的负荷水平都能够使人体机体产生适应,也不是所有负荷使人体产生积极有效的适应。只有有了应答的刺激才是负荷,只有能够产生积极效应的负荷才是有效负荷。

运动训练活动过程中,不同的对象、专项、目标、阶段的负荷设计不同。

---

① 熊焰.运动负荷本质论——运动负荷概念、定义与分类的思考[J].山东体育学院学报,2004,20(4):74-76.

这是由于运动负荷能够对人体产生不同的影响。人体器官系统只有在承受适宜的负荷作用下才能够产生有效的适应。这是因为运动负荷在理论上,其构成要素、量度大小、节奏方式是无限的,而运动员的训练需要,特别是当前竞技能力状态又是特定的。当运动负荷的量度与节奏和运动员的竞技能力发展需要契合时,运动负荷的效应是正向的,否则就是负向的。

"三从一大"训练指导思想是运动训练活动中的感性认识和运动训练目标有效实现的期望。实战或说比赛的运动负荷因为场景要求一般而言要高于训练。所以,许多学者认为,训练负荷应该超过比赛负荷,这样才能应对比赛。

运动负荷的施加,作用于人体各器官系统,机能水平变化是以机体积极性应答或防御性保护来体现的。疲劳是运动负荷刺激于人体之后所产生的一种必然现象,它既是机体应答,也是防御性保护。疲劳产生之后必须经过专门的恢复手段促进人体恢复,保证人体内环境处在一个适宜的水平,以备下一次的训练或比赛所需的能量物质储备和心理活动水平。

在比赛条件下,运动员、教练员(包括裁判员、观众等)等在一定时间里完成的工作量度所形成的比赛负荷具有多样性,不同的赛事决定了不同的比赛负荷水平。对于运动员而言,运动员在比赛中不仅要承受完成技术战术所需的身体活动而形成的负荷,还要承受教练员、裁判员、观众乃至场地器材、天气条件的负荷刺激。这些负荷在训练中是难以实现的,哪怕是训练中的模拟比赛、适应性比赛活动中也是如此。比赛中,运动员神经肌肉的动员程度和兴奋性都会远远超过训练[1],因为无论多么合理的训练和比赛相比总会有一定的差距,训练只能使运动员所承受的负荷、技术、心理等尽可能接近比赛的要求,但不可能达到比赛的要求[2]。对CBA球员夏训时心率指标的检测和研究结果表明,即使是教学比赛,运动员的平均心率也大于平时正常训练时的平均心率。这从一个侧面反映了训练负荷很难超越比赛负荷。

因此,训练负荷超越比赛负荷只是一种理想的模式,即使实现也非常困难。所以,我们在日常的训练中是力图接近比赛负荷。事实上,让每一次训练能够像比赛一样投入,以保证训练质量也只是一种理论假设。因为,在训练中我们对对手、赛会性质这两个客观要素的把控是有限的,而它

---

① 张庆文,吴瑛.从刘翔的训练看体能主导类速度性项群的训练特征[J].上海体育学院学报,2006(1):52-55.
② 刘建和.对"训练负荷应大于比赛负荷"的两点质疑——兼论负荷安排的经济性原则[J].成都体育学院学报,1996(2):84-87.

们又是增加比赛负荷的重要推手,训练活动永远不可能完全实现赛事情景。因此,只有紧密结合专项的比赛负荷特征,在训练中准确地把握量与强度的关系,合理调配量与强度的比例,才能使训练更加具有针对性和实效性。

在运动员竞技能力的发展过程中,负荷的实施也会因为竞技训练中不同阶段、不同个体、不同内容有所不同。认识与把握不同项群运动负荷特征就是为竞技训练计划的制订、竞技训练过程的监控和运动员竞技状态的调控服务。

三、团队协作与选手自主相结合

(一) 教练是团队的领导者也是参与者

竞技运动活动是群体活动或组织活动。从社会学、组织行为学角度来看,所有的竞技运动活动都是集群性的。竞技运动团队有专业团队和职业团队之分。对于顶尖或精英运动员而言,职业团队不仅包含有专业的性质,还包括商业的性质。在职业体育中,往往有以某个运动员为核心的团队承担着将其作为一种商品而进行的包装、交易、代言等活动的任务。我们一般意义上所说的团队都是指运动员与教练员以及医务、科研支持人员组成的那些群体。

竞技运动各项活动的运行是以专业团队的组织形式进行的,因为只有这样才能实现训练和参赛的目标。为了实现竞技运动的快速发展,体育组织中体育团队的研究是实现最终目标的要点。卡伦认为体育团队是指由体育运动中的个体(如运动员、教练员)在同一规范与目标的指引下协同工作的组织形式。创造或获取优异的运动成绩是运动队中每个成员的共同目标,要实现这一目标必须具有各技能互补的小团队合作完成。

竞技运动组织相对于其他组织来说,人力资源类型也有所不同,除了体育公共事业员工、体育企业员工和体育志愿者之外,教练员、运动员、裁判员等都是竞技运动团队中特殊的人力资源,各个技能互补的人员的综合业务能力反映竞技运动人力资源水平的直接和间接因素。依据担任角色或职能的异同,竞技运动团队中主要有教练员、运动员、科研人员、管理人员、裁判员、医务人员等,可以分为竞技团队、科研团队和管理团队几种形式。

(二) 团队成员间的协作为运动员服务

运动队是一个以培养优秀或精英运动员,创造优异运动成绩为主旨的专业团队。该团队是由不同的人员组合而成的多因素、多层次的群体,团队中各个成员在团队里承担不同的角色。NCAA各院校非常重视聘任包括教练员、队医在内的各类杰出的训练和管理人才,以印第安纳大学男子篮球队为例,该校队共有主教练1名、助理教练3名和管理人员8名。这8人为篮球项目执行官1名,外科、内科、药物医生各1名,体能教练1名、媒体协调员1名、器材设备管理员1名、行政助理1名。我国大多数国家集训队的团队由领队、管理人员、主教练、助理教练、科研、队医、管理、运动员等主要成员构成。相比较而言,国外的竞技团队更加庞大和复杂。

随着竞技水平不断提高和科学技术的疾速发展,将科学技术大量引入到训练竞赛实践过程是当前促进竞技能力发展的重要手段和方法。不言而喻,新型技术的实施、运用和发展需要懂得科学技术的人员来完成,我们将其称为科研人员,两个以上的个体结合在一起就组成了科研团队。运动员是参赛参训中的根本对象,是体育科研中最重要的研究和认识对象。科研人员组成的团队对运动员的技战术进行精准的分析,以便使运动员建立经济实效的技术动作。对运动员的研究,主要包括生物、心理和社会三大范畴,只有系统全面的解释和控制才能实现训练的科学化。科研人员不仅在认识论方面为运动实践提供解释依据,而且还在技术层面为其提供可操作性方案,科研人员及其团队对训练对象解释的愈深刻,才更有可能服务于训练实践。值得注意的是,科研和实践的沟通需要通过教练、管理等具体环节才能实现。

竞技运动组织中包括人力、物力、财力、时间、技术和信息等方面的资源,有效开发、合理利用和科学管理这些资源是组织运行成败、组织绩效高低的关键。在竞技运动领域,管理的事物包括训练、竞赛、文化学习、思想、生活、健康等多维因素。管理人员及其团队通过相应的规章制度和法则约束和协调教练员、运动员、科研人员、医务人员等成员的行动,并使其更合理化、合法化、畅通化,通过制度的形式向运动实践输入前沿的科研成果,及时准确地向科研、竞技方面反馈训练中遇到的困难和问题。然而,管理人员及其团队的权限也不是无限制的,他们的一举一动也受到相关规章制度的制约,以及竞技运动团队其他成员的监督和管辖。

(三) 运动员的主体性与自主性

让运动员明确所有活动的目标和过程,其中最重要的是使运动员能够与教练员一起共同决定他们训练、参赛中关键与核心是什么,并能够明了实现与达到这些目标的具体内容、方法。

教练员的执教设计与执教活动都应该使运动员明确他们在训练和比赛活动中的权利。这些权利是保证他们主动、积极参与,并发挥其主体性地位的标志。为此,必须让每一个运动员明确他或她在团队中的角色、责任和义务。

（四）合作学习

建立和发展关系的内核是教练与运动员之间信任感与信心的树立。教练员与运动员之间是否有一种适宜的信任感决定了训练活动绩效。高畑好秀将"与选手建立稳固的关系"看成是一个金牌教练执教自己队伍的首要能力或品质。他认为,建立与队员稳固关系的基础是"教练与选手之间的信任感"。如果教与练双方都能够共同讨论和思考训练与比赛中的问题,那么双方的相处就会对等、平顺。为此教练员应该做到"与队员好好沟通",要"站在选手的立场"想问题①。要注意的是,沟通不仅仅只是言语的交流,特别是那种教练员依靠语言指挥,运动员依靠身体语言行动实现的沟通并不是真正意义上的沟通。只有当双方有围绕一个问题展开讨论,并有思想交流时那才是真正的沟通,即所谓心与心的沟通。要实现心与心的沟通,双方必须有足够的信任。

有些运动员的个性特征可能会是内省的,当你作为教练时的运动和执教资本又是那么如雷贯耳时,很容易让运动员产生敬仰,但是这种敬仰却往往会增加他们与教练的距离感。距离感的形成一方面是使双方之间的信息传递难度加大,更重要的是他们在训练中的信心和成就感会降低。如何把这种敬仰转化为他们与教练关系融洽的动力,又如何激发他们的信心,还有如何对待那些外向型的运动员,以及如何对待那些大牌运动员、优势感极强的运动员,又归因于教练员的执教艺术。

建立与发展关系的重要意义还在于促进教练员执教信心的形成,这一点对于那些执教大牌运动员(队)的教练显得极其重要。关于这一点,对于我们中国的大多数教练员而言似乎不存在什么问题的。现在关键是,我们这些有信心的教练员能否在与运动员的关系发展中给予运动员足够的信心。

对于任何一个运动员,教练员应该把注意力平均分布到他们身上。也许有教练员会说,把注意力平均分布是一件很难的事情,因为教练活动过程中的实施中必然有重点与难点。但是这里强调平均注意力是关乎教与练的人际关系的基本问题。要求教练的眼神、指导的语言、肢体语言表达无不反映着教练员对每个人的关注程度是一致的,对每个人的教练是平等的。

---

① 高畑好秀著,高詹灿译.金牌教练的55则带队心理学[M].台北:三悦文化图书事业有限公司,2008:12-16.

【复习思考题】

1. 请对你熟悉的一个教练员进行角色描述,并对他们的特点进行分析。
2. 你是如何理解教练技术中关于教练员"镜子"作用意义的?
3. 举例说明或描述你所了解的教练员是如何启发运动员参与到训练和比赛活动的设计与组织过程。

【主要参考文献】

1. 雷纳·马腾斯著,钟秉枢等译.执教成功之道[M].北京:北京体育大学出版社,2007.
2. 约翰·伍登,史蒂夫·贾米森著,王震译.冠军团队——成就冠军团队的5层境界[M].北京:东方出版社,2010.
3. 约翰·伍登,史蒂夫·贾米森著,李兆丰译.冠军团队——战无不胜的协作秘密[M].北京:东方出版社,2010.
4. W.蒂摩西·加尔韦,爱德华·汉兹利克,约翰·霍顿,朱菲菲,郝红尉,译.正念修炼[M].北京:华夏出版社,2014.
5. 罗纳德 B.伍兹著,田慧,主译.体育运动中的社会学问题[M].北京:人民体育出版社,2011.
6. 陈美林.谋略体育[M].北京:解放军文艺出版社,2001.
7. (日)高畑好秀著,高詹灿译.金牌教练的55则带队心理学[M].台北:三悦文化图书事业有限公司,2008.

(本章撰稿人:熊焰博士,苏州大学教授,博士生导师)

第三章　教练员执教基础

【学习目标】

- 了解现代体育教练员的职业素养结构，了解教练员素质"冰山模型"和教练员素质分类。
- 掌握提高教练员素养的基本途径和我国培养各级各类体育教练员素养的要求。
- 掌握教练员的执教能力，了解创新的重要性，掌握创新在训练实践中的表现形式。

【本章导语】

教练员执教基础指该职业所应具备的基本知识、技能、心理素质等要求，它是胜任教练员工作的基本条件。体育教练员的职业素质是体育教练员通过运动训练实践活动和各种培训等教育活动所具有、形成的较为稳定的身体、精神及社会的基本特质，是驱动教练员成功执教的各种个性特征的集合，教练员的职业素养直接影响着他们的执教生涯的成功与否。本章介绍教练员的素质、品质及其修养的内容、意义和途径。重点介绍教练员执教能力的因素、特征。

教练活动需要教练员具备专业的知识、技能素养和专门的职业修养。这些素养和修养水平是教练员从事教练活动的基础。教练员职业素养的核心是执教理念，在执教理念上，卓越的、成功的教练员都将运动员发展放在首位。教练员的执教能力是一定的专业素养和职业修养的综合体现。

第一节　教练员素养

一、素养与素质

素养是指一个人的修养,是指人的生理上与生俱来的特点,也是人完成某种活动所必需的基本条件。所以说,素养是通过训练和实践而获得的技巧或能力。素养包括道德品质、外表形象、知识水平与能力等方面。在现代社会,素养的含意增加了新的内涵和扩展。一般认为素养可分为思想政治素养、文化素养、业务素养、身心素养等方面。

"素质"又称"能力"、"才干"等,是驱动人们提高工作绩效的各种个性特征的集合,素质是判断一个人能否胜任某项工作的原点,是决定并区别绩效差异的个人特征。人的素质可以分为八类政治素质、思想素质、道德素质、业务素质、审美素质、劳技素质、身体素质、心理素质。

二、职业素养与职业素质

目前,国内学者对职业素养的定义基本一致,但对其内涵的理解尚存在着一些分歧。大部分学者认为职业素养等同于职业素质,职业素养是完成和发展职业活动所必须的基本意识、能力和知识的集合,而职业素质反映了从业者工作中的精神状态和能力水平。部分学者认为职业素养不包含职业技能,职业素养应该是指从业者的精神文化潜质,它是后天养成的,职业虽然不同但所应具备的职业素养具有相同的要求。

自20世纪70年代开始,国外对职业素养研究中最具代表性和受到普遍认同的理论是1973年由美国著名心理学家麦克兰提出的"素质冰山"模型。"素质冰山"模型的含义是:浮在水面的1/8冰山部分代表人的"显性素质",即"知识和技能",它只是由人的职业素质所表现的。而人在职业活动中所体现出的"职业道德、职业意识和职业态度"称为"隐形素质",占冰山的7/8,隐性素质也称为职业素养,它对人的整体职业素质表现起关键性作用。

"素质冰山"理论准确地反映出职业素质与职业素养之间的区别与关系。职业素质分为显性职业素质和隐性职业素质。显性的职业素质是指从事的职业知识和职业技能。隐性职业素质即是职业素养,包括职业道德、职业意识和职业态度。良好的职业素养对人的整体职业素质起决定性的作用。

三、教练员的职业素养

（一）体育教练员的职业素养

体育教练员的职业素养是通过运动训练实践活动和各种学习、各种培训等教育活动所具有或形成的较为稳定的身体、精神及社会的基本特质，是驱动教练员胜任工作和成功执教的各种个性特征的集合，教练员的职业素养直接影响着他们的执教生涯的成功与否。教练员的职业素养包括教练员的职业道德、职业意识和职业态度三个方面。

（二）体育教练员职业素养的内容

由于教练员的职业素养受到文化差异、地区差异、运动的内部和外部环境、教练员对运动训练基本问题认识等因素影响，因此，不同国家对教练员职业素养的内涵有不同的认识。

Wade Gilbert(韦德·吉尔伯特)认为：教练员的素养呈金字塔形，素养的基础是"爱、权衡、忠诚、友谊和合作"。爱和权衡，是教练员对运动员的无私奉献，在训练中帮助运动员成长，而不把运动成绩作为运动训练的唯一目标；勤奋、好奇、善谋和自我反省是教练员成功不可或缺的要素，也是教练员迈向成功的必备素养；"勇气"和"承诺"是获得成功执教素养的两大保障。教练员成功执教素养的核心和灵魂是教练员执教方式、学科背景和调控运动员能力。

在我国颁布的《教练员守则》中明确规定，教练员不仅要对运动员进行技术训练，而且要严格管理教育，加强思想政治工作，培养社会主义"四有"新人。竞技体育教练员的任务是要培养高水平的、有理想、有道德、有文化、守纪律的优秀运动员。

教练员的职业素养表现在教练员的训练理念上应是培养人的成长、爱护运动员。在职业道德上应该坚持公正竞争原则、发扬正气、互相支持与团结协作、以身作则、为人师表。在职业态度上应表现为忠诚于体育事业，富于开拓精神。在职业意识上表现为为人正直、对人热忱、宽容克己、自制力强、性格坚毅等方面。

四、体育教练员职业修养的作用

（一）良好的职业修养是奥林匹克体育精神的体现

奥林匹克精神是"更快、更强、更高"的自我挑战精神，同时它也体现了公平、公正、平等、自由的体育竞技精神。奥林匹克精神和公平竞争精神是人类不断自我完善和在国际范围内相互交往的基石。奥林匹克宪章指出,"奥林匹克主义是将身、心和精神方面的各种品质均衡地结合起来,并使之得到提高的一种人生哲学"。奥林匹克将体育运动与文化和教育相结合,使人的身体、心灵、精神与品质之间得到完满的和谐,奥林匹克精神是人类最完善的生活哲学。

在体育竞技领域里一直存在严重背离奥林匹克体育精神的现象,运动员在通过各种不正当的方法和手段提高竞技水平,造成竞技场上的不公平和不文明。如使用兴奋剂、虚假年龄、赛场斗殴、假球等,这些行为不仅与奥林匹克精神背道而驰,而且也严重威胁着体育运动的健康发展。竞技比赛过度的商业化和滥用兴奋剂是加速体育竞技物化的催化剂。体育运动中的这些违反体育道德的行为直接挑战着奥林匹克精神。

教练员作为训练、比赛的直接领导者,教练员的职业修养决定着运动员的行为,缺乏对运动员的道德培养,单纯追求运动员专业发展易使训练和管理陷功利主义和形式主义,将使训练活动失去动力基础和建立不正确的价值取向,陷入在获得运动成绩后无价值支撑的虚无状态。

教练员的道德修养是履行教练员职业的思想保障,教练员的职业修养是其体育精神,也影响着运动员的职业道德形成。没有良好的职业修养就不能很好地履行教练员职业应承担的神圣职责。

"人本位"的理念是多数教练员执教的理念。从我国很多成功的体操、排球、乒乓球教练员身上可以总结出一条规律:教练员训练过程和日常生活中体现出的崇高的理想、顽强的意志、强烈的事业心和责任感,秉承与倡导的公平、坚韧等职业修养要素对运动员成长具有重要意义。竞技体育不仅仅追求运动成绩,更重要的是秉持体育道德,只有具备良好的职业素养才能抵制来自内外的诱惑和打击,引领运动员顽强拼搏,不断提高竞技运动水平。

(二)教练员的职业修养影响运动员道德品质的形成与发展

1. 教练员是运动员道德品质的启蒙者

青少年是体育运动的主要参与者,由于正处于道德品质形成与发展的关键时期,运动员的优秀品质形成主要依靠教练员的引导、教育和高尚德行来熏陶,理想要靠教练员的崇高信念来启迪。

2. 青少年的品德教育是教练员的职责

在《国家体育总局关于加强体育道德建设的意见》中明确提出"教练员在工作中要起到'传技育人'、'为人师表'等作用。"萨马兰奇指出:"奥林匹克运动首先是一种教育运动。"1999年世界科学大会提出:"未来的科技发展要更富有人性,人类社会已经由'物化'的时代进入一个以人为中心的新时代,竞技体育的物本位应向人本位转变。"《竞技教育学》中提出:"竞技的本质应该是育人夺标。"因此,竞技体育应在训练过程中贯彻以人为本的训练观,不能片面地追求运动成绩是竞技物化最典型的表现,在训练过程中应加强运动员的思想教育和品质培养,避免"重物轻人,舍本逐末"。运动员成长和竞技成绩是在教练员和运动员辛苦共同付出及其道德标准统一的前提下获得的,教练员只有符合体育道德的正当性才能使竞技价值与意义得以展现。

延伸阅读

宋继新著.竞技教育学(修订本)[M].北京:人民体育出版社,2008.

(三) 教练员的职业修养对运动竞赛环境起到净化作用

1. 良好的道德修养是教练员职业的基本条件

教练员具有的高尚的道德、信念、意志和行为会对运动员的价值观、世界观、人生观、审美观的形成和完善起着潜移默化的塑造作用,正所谓"识高谓师,身正谓范"。教练员道德修养的实质是要求教练员不断提高道德认识和道德觉悟,自觉地按照教练员道德规范和要求来约束自己,正确地处理存在于生活、训练活动过程中的各种利益关系。

2. 教练员的道德修养对运动员具有表率作用

当今社会存在着过于崇尚物质和物质力量的价值观对现代竞技体育有较大的负面影响,比赛的获胜似乎成为竞技运动的唯一意义,竞技体育的人文精神正在遗失,也扭曲了运动员参赛心理。过度的商业化正在改变人们参加竞技体育的目的。为了达到吸引眼球的效果,商业化的竞技体育通过制造大量的噱头和表演影响竞技体育,忽视了竞技体育的教育功能和文化价值。在反体育道德的诸多现象中,使用兴奋剂无疑是最不光彩的表现之一。针对竞技体育中的违反道德的现象,国际奥林匹克委员会、各单项体育协会等国际体育组织以及各国(地区)奥委会为了加强对教练员和运动员的思想道德教育,制定与出版了教练员、运动员、裁判员道德行为手册或制度,以纠正运动训练中的不正确的训练理念,加强对兴奋剂的检查力度,加大违反体育道德行为的处罚力度,对违反兴奋剂条例的处理更加严格,针对违反体育道德的行为处罚对象包括代表队主管单位、俱乐部、教练、运动员等。手段上包括:通报批评、罚款、禁赛等。

延伸阅读

何珍文主编.中国奥委会反兴奋剂委员会审定.教练员反兴奋剂知识读本[M].北京:北京体育大学出版社,2007.

五、提高教练员职业修养的途径

（一）加强教练员的道德修养

道德修养的形成不是与生俱来的,而是社会实践和道德教育的结果,道德教育是提高教练员的道德修养的重要途径。首先,教练员要自觉地加强思想政治学习,增强道德认识,不断更新道德观念,培养良好的道德感情和道德信念。其次,把正确的道德意识付诸生活、训练过程,培养优良的道德品质和行为。近年来,体育总局在《全国体育人才发展规划（2011—2020年）》,"精英教练员双百培养计划"在教练聘用与选拔、职称评定、教练员培养等方面都对教练员道德修养方面提出要求和标准。

在教练员培训中,增大教练员职业道德的教育,并列入考核内容,对2010年以来的退役运动员专门举办《退役运动员职业素质提升专题培训班》,从而加强教练员的职业修养。

（二）完善制度,加强宣传,严厉处罚

我国颁布的《体育法》中明确规定:体育竞赛实行公平竞争的原则。体育竞赛的组织者和参与者（运动员、教练员、裁判员）都应遵守体育道德,不得弄虚作假、营私舞弊。在体育运动中严禁使用禁用的药物和方法。禁用药物检测机构应当对禁用的药物和方法进行严格检查。严禁任何组织和个人利用体育竞赛从事赌博活动。对在竞技体育中从事弄虚作假等违反纪律和体育规则的行为、使用禁用的药物和方法的人,应依法给予处罚。在奥运会、亚运会、全运会、省运会等重大比赛中都设立体育道德风尚奖。在教练资格与聘任、职称评定等方面对教练员的思想素质提出严格要求,提高违反体育道德的成本。

（三）加强竞技体育的价值教育

竞赛是竞技体育的主要特征，是一种社会文化活动。竞技体育从一开始就被赋予了教育、培养人的全面发展等道德责任，在精彩的比赛中体现公平竞争，以人为本等人类社会的基本道德准则。竞技体育发展的出发点和归宿点应该是人，但在实践中，存在过份强调获胜的"锦标主义"现象，重物轻人。教练员为了夺取更好的成绩，把运动员当作"竞争机器"来培养，忽视了体育的育人价值，只重视体能与专项技能的发展，抛却了人的全面发展。竞技体育发展的"错位"现象，不但是运动员生命和健康受到摧残，造成某些运动"明星"昙花一现的现象的症结所在，也是竞技体育领域内"假球黑哨"、兴奋剂及拜金主义等现象的根源。离开人文教育的竞技体育，必然造成道德的缺失。

第二节 教练员品质及其修养

品质是人的行为、作风所表现的思想、品性和认识的本质。孔子认为，人有四种品质：刚毅木讷。刚即坚强；毅即果决；木即质朴；讷即言语谨慎。教练员的工作性质决定教练员应当有的品质是心理品质和思维品质。

一、教练员的心理品质

（一）事业心

事业心是指人们为了从事的事业而努力奋斗的精神和热爱本职工作、希望取得良好成绩的一种积极的心理状态。具有事业心的人能在工作中不断克服困难，努力达到事业的目标。

教练员职业具有长期性、艰苦性的特点，而工作的回报又是微薄的，在许多时候还要牺牲家庭、子女教育、生活等，这就需要教练员具有强烈的事业心，热爱自己的事业，把自己的生命与所从事的事业紧密地联系在一起，才能克服工作和生活上的困难，带领运动员不断攀登竞技高峰。在我国竞技体育的发展过程中，无论是取得优异成绩的运动队，还是获得优异成绩的运动员都是由于在他们背后有一批具有强烈事业心的优秀教练员。具有一颗坚强的事业心是教练员在艰苦环境中奋斗不息的保障，是抵御各种诱惑的力量源泉。袁伟民认为，一个人在追求事业中，只有不断感受到必要的不安，主动寻找问题，解决问题，才能进一步走向成功。

（二）责任心

责任心是指个人对自己和他人、对家庭和集体、对工作、国家和社会所负责任的认识、情感和信念,是遵守规范、承担责任和履行义务的自觉态度。责任心是一个人的基本素养,它是健全人格的基础,具有责任心的人能够意识到工作的重要性,并把实现工作职责作为自己的目标。

目前,在我国竞技体育领域普遍对教练员采用《教练员岗位聘任制》,聘任制是加强教练员责任心的有效举措,在教练员聘任制中,教练员要通过竞争上岗,被聘任的教练员与单位签订工作合同,落实工作责任,教练员成为完成合同的责任人,教练员必须以完成合同的责任心进行训练和竞技比赛。虽然教练员聘任制度还存在不完善的地方,但随着我国相关法规逐渐健全,教练员聘任制度也将会更加完善。

(三) 敬业精神

敬业精神是事业心、责任心的交融。事业心强,必然责任心强,敬业精神也必定突出。教练对事业有着执著的追求,不甘落后,必将在诸多方面表现出超群的能力。在21世纪,敬业精神又被赋予了新的内涵,那就是要求教练员要善于学习,刻苦钻研业务,汲取前人的经验又不拘于前人经验,大胆创新,始终保持一种不满足于现状,持之以恒地向新的目标追求的心理状态,也就是进取心。

在运动训练创新实践中,进取心是极其可贵的精神,强烈的进取心使教练员心中充满着实现目标的强烈欲望,而这种欲望不断影响和促进教练员的创新思维的发展,成为创新的内在动力。运动训练是创造性的劳动,不能一成不变地按一个模式去进行,作为的运动训练实施者必须善于学习,勇于实践,敢于突破旧框框的束缚,通过自己的研究探索,寻求新的解决途径,始终走在竞技体育发展的前列。如果教练员安于现状,因循守旧,不思进取,得过且过,由于缺乏主动思考问题和解决问题的积极性,必将严重阻碍训练向前发展。强烈的事业心和责任心,高度的爱国主义,民族自尊和自信心,对事业执著的追求精神,是新世纪崇尚的敬业精神。

二、教练员的思维品质

思维是一个心理过程,是通过分析综合而在头脑中获得对客观现实更全面、更本质的反映过程。思维有三种基本形式:逻辑思维、形象思维和灵感思维。创造性思维则是基本思维形式的有机组合,是创造活动的实质和核心。对于教练员而言,具备创造性思维是进行训练创新的基础和组成创新能力的最重要因素。在运动训练实践中,训练创新是不断提高运动成绩的前提和必要条件,通过创造性思维不断探索适合运动员个体的训练手段和方法,采用发散思维、逆向思维、联想思维和想象力等思维方式,寻找最有效的训练手段,通过训练实践,找到有效的、针对性强的训练方法和手段、技战术、训练理论等影响运动成绩的关键因素,才能取得更优异的成绩。

三、教练员品质修养

(一)教练员的思想修养

1. 教练员思想修养的意义

所谓修养是指人们在思想、精神、学术、技术等文化领域所付出的自觉努力和已达到的实际水平,是人的一种综合素质的表现。换句话说,修养就是在自我认识、自我要求的基础上的一种自我教育、自我充实、自我提高的活动及其结果。修养也是指理论、知识、艺术、思想等方面达到一定的水平。

教练员是运动训练的主导者,其思想修养,特别是道德修养直接影响教练员的执教水平,其修养水平的高低对处于成长中的运动员来说影响很大。教练员如果不注重提高思想修养,就无法有效地完成训练任务,完成教育运动员、培养新型运动人才的重任。教练员思想修养不高,有前途的运动员也有可能半路夭折。在社会主义市场经济体制下,教练员高尚的思想修养、崇高的理想、顽强的意志、强烈的事业心和进取心是为体育事业奋斗不息的保障,也是抵制名利、金钱等各种诱惑的力量源泉。

2. 教练员思想修养的提高

首先,教练员要有明确政治方向,树立为祖国、中华民族努力执教、拼搏、争光的理想和信念。其次,教练员要注意提高自制能力,善于控制自己的情绪,在任何场合对待运动员的态度和行为,不放任自己的情绪,迁怒于运动员。最后要注意言行举止。教练员的一言一行、一举一动都会不经意地在运动员的心里留下印象并影响运动员言行举止的形成。教练员职业具有社会性,在生活、训练、比赛过程中的言谈、举止、手势、表情、衣着等外在风貌影响着运动员和观众。教练员的外在形象对运动员的道德心理和审美心理起着潜移默化的巨大作用。

(二)教练员的文化修养

1. 什么是文化修养

文化是人文文化与科技文化各学科的总和。它是知识体系的基础。所谓"养",是在获得的知识基础之上的反思与升华。

2. 提高文化修养的要求

(1)重视文化知识学习。文化水平与程度是教练员知识体系的基础。

现代理论及科学成果层出不穷,教练员不仅要重视专业素质,还要注意多学科的新知识、新观点并尝试运用到自己的实践领域。注意广泛收集国外技、战术资料,博采众家之长,形成自己的风格,不能靠吃老本,要逐渐成为学习型教练。

(2)重视思考。现代竞技运动正朝着"高、精、尖、难"的方向发展,新的训练内容、方法手段不断出现,许多高科技运用于运动训练实践。教练员要对关联学科有所了解和研究,运用不同的思维方式,独立思考,分析问题和解决训练实践中出现的问题。文化知识基础不足的教练员,只会模仿,不会创新,更谈不上超越他人。

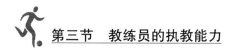

第三节　教练员的执教能力

在运动训练过程中,教练员是训练计划制定、安排和组织训练过程、决策、控制、创新的主要责任人。同时,教练员对运动员的日常生活、思想动态、训练安排、竞赛指导等进行全方位的指导和管理。运动员是训练的主体,而训练的主导是教练员。在影响竞技体育发展的诸多因素中,教练员对竞技水平的提高起到至关重要的因素。袁伟民曾经指出:"一个运动项目水平的提高,关键是教练。一位精通业务技术、善于管理、有理想追求的教练员,往往能带出一支好队伍。"因此,教练员的执教能力对提高运动员的竞技水平具有重要的作用。

一、教练员执教能力的定义

依据"素质冰山"理论,教练员的显性素质结构包括知识与技能。教练员的知识主要包括专项经验、运动训练基础理论知识、运动医疗保健知识、工具性科学知识、哲学和思维科学。教练员的技能包括专项训练能力、临场指挥比赛能力、创新能力、管理队伍能力、信息能力、社会交往能力和科学研究能力等。

简单地说,能力就是完成一定活动的本领,是保证顺利地完成某种活动所必需的条件。能力分为一般能力和特殊能力。教练员的能力是指教练员认识、反映竞技运动实践活动,并保障训练系统能科学运行,以及运用知识分析和解决问题的能力,它属于一种特殊能力。教练员的能力是在后天经过专门培养、教育,经过运动训练实践活动而形成的。后天的环境、教育、训练实践活动和主观努力等对教练员能力的形成与发展有较大影响。教练员的能力只有在特定的运动训练实践活动中才能充分表现出来。

二、教练员执教能力的构成

教练员对整个训练过程——从选材、训练的诊断,目标的确立,计划的制订和执行,竞技过程中的指导,组织管理领导等各个环节实施控制。随着现代科学技术迅猛发展,竞技运动训练的科学化程度大大提高,教练员需要掌握科学的训练方法,并运用科学的方法和手段参与专项训练,现代教练员应当是一个综合多种学科知识、技能的复合型教练。

田麦久认为,教练员的基本执教能力包括五个方面:认识能力、交际能力、计划能力、组织能力和教学能力[①]。

雷纳·马滕斯认为,教练员的素质应包括五个方面,分别是:建立正确的执教理念、确定执教目标、选择执教风格、为品格而执教[②]。教练员的行为准则:注意与运动员沟通、激励运动员、管理运动员的行为。主要完成与实现团队管理、关系管理、风险管理。

关于教练员的执教力结构要素有多种划分,例如"两类多分":普通能力和特殊能力两类,可分为认知能力、思维能力、计划能力、交际能力、组织能力和教学能力。具体包括观察力、记忆力、思维力、想象力、组织能力、语言表达能力、公关协调能力,对运动员模式的识别能力、对运动员反馈信息的感受能力、区别对待中的创造力。有人认为教练员能力按其适应性可分为智力、教练能力和创新能力三种。还有人认为教练员的能力结构的一般能力、群集职业能力和岗位职业能力。孙汉超、秦椿林则认为教练员完善的能力结构中应具备认知能力、计划能力、交际能力、组织能力和教学能力五个方面[③]。除此之外还有"六分说"。综合不同学者关于教练员执教能力结构的观点,我们认为教练员的执教能力主要包括训练指导能力、比赛指挥能力、技术与方法创新能力、团队管理能力、信息处理科学与研究能力。

(一)训练指导能力

专项训练能力不仅是指教学、训练能力,它还包含运动员的选材、对项目特点和规律的认识和把握、训练方法和手段的选择与合理运用、发现和解决问题、总结训练效果等能力。其中对所训练项目的特点和规律的认

---

① 田麦久.项群训练理论[M].北京:人民体育出版社,1988.
② 雷纳·马滕斯著,钟秉枢等译.执教成功之道[M].北京:北京体育大学出版社,2007:15.
③ 孙汉超,秦椿林.体育管理学[M].第1版.北京:人民体育出版社,1999:199-200.

识和把握,训练方法和手段的选择与合理运用能力是专项训练能力的核心,也是教练员的根本所在。

科学合理的选材会使训练事半功倍,要达到选材的科学性、合理性仅靠教练员的直观感觉已远远不够,必须将生理学、心理学等方面的知识融入选材。精英教练员郭文俊就形成了一套自己的选材方法:一看、二测、三访问。每个运动项目都有其专项特点,体现出专项的本质,抓住运动项目的本质也就抓住了训练的核心,才能围绕核心解决问题,从而提高运动员的训练水平,这就是项目特点和规律的认识和把握,教练员具备了这一能力,训练才有正确的指导思想,训练手段和方法才能合理的选择。认识和准确把握项目的特点和规律是运动训练的基础。

(二)比赛指挥能力

比赛指挥能力是教练员重要的执教能力之一。在竞技比赛过程中,教练员要善于根据场上的变化和运动员的表现,采用各种方法手段来激励运动员的斗志、果断决策,及时改变技战术。在比赛中,特别是球类集体对抗性项目中,不乏因临场比赛指挥不当而失去比赛胜利的事例。教练员是全队的统帅,他的一言一行、一举一动都会直接影响着全体运动员的赛场表现,这就要求教练员能根据场上的瞬息万变场景,合理利用比赛的暂停,及时替换运动员或改变战术打法,使用简洁明了的语音、身体语言指导运动员的比赛。赛场上教练员的情绪也会直接影响场上队员的心理稳定和技术的发挥。教练员积极的情绪会给场上队员带来积极的影响,使场上队员的情绪高昂。相反,教练员消极的情绪,甚至情绪失控,往往会对运动员带来负面效应,直接影响场上运动员技战术水平的正常发挥。临场指挥的特点是比赛情况的不确定性,教练员的果断决策、合理的应对措施和对自我情绪的掌控是临场指挥能力的核心要素。

(三)技术与方法创新能力

创新是体育的生命,竞技体育水平的提高决定于在训练过程中不断的创新。钟秉枢认为,"中国竞技体育长远发展和2008年奥运会对高层次教练员的需求相比,仍然相对滞后,特别是教练员的创新能力、综合素质是制约中国竞技体育运动训练水平快速提高的'瓶颈'"。实践也证明,有成就的优秀教练员都是训练创新的典范。

创新就其本质来说属于一种创造性活动,是在特定的领域体系内所进行的发明或改进。体育创新的本质是最大限度地挖掘和发挥人在体力、心理、智力等方面潜力的基础上,使得运动员的运动技术水平和运动成绩不断提高,从而不断提升现代竞技运动水平。如19世纪末采用持续跑的训练方法,以后变化成为"法特莱克"(跑的游戏)训练法,对发展运动员一般耐力起到了很好的作用;20世纪20年代人们又创造了重复跑训练方法;"二战"后,德国的福尔迪玛·盖希勒创造了"间歇跑"训练方法,使中长跑成绩产生了飞速提高,造就了一批世界级优秀中长跑选手。

训练创新主要表现在技术创新、训练方法与手段创新、战术创新等三个方面。

作为一名教练员首先要有进取心,充满着实现目标的强烈欲望,敢于突破旧框框的束缚,才能促进创新思维的展开。其次,在具备扎实的专业知识基础上,勤于思考,善于观察,缜密思维。最后是从实际出发,从运动员的实际出发,敢于实践。我国著名教练孙海平就是凭借将起跑上第一栏的步数由八步改为七步的技术创新,从而为刘翔获得奥运冠军提供了保障。如果教练员只是安于现状,因循守旧,不思进取,得过且过,缺乏主动思考问题和解决问题的积极性,必将严重阻碍训练水平的提高。

(四)团队管理能力

"三分训练、七分管理"的以人为本竞技思想是现代体育运动发展的趋势。管理的价值一方面是人的全面发展的需要,通过训练,对运动员的思想、作风、情感和责任感等方面进行培养,实现人的全面发展。另一方面,良好的管理对提高训练质量,提高训练效率也是至关重要的。运动员思想工作做不好,就谈不上成绩的突破。实践证明,育人造物即培养高尚情怀的人,才是竞技的主体,是国家体育可持续发展的源泉。过去发生在优秀运动队中师徒反目、成绩滑坡的不良现象就是管理不善的表现。

教练员的管理能力包括一般的工作管理和运动员的思想管理。

一般训练团队是由主教练、助理教练、体能教练、陪练、康复师、营养师、心理医师、运动员等人员组成的训练系统。运动队管理是一项关键的、高效的教练技能,管理能力反映出教练员与运动员、教练组以及团队其他成员建立和发展关系的能力,团队活力和成员为同一目标努力程度体现了教练员的管理水平。在训练的基本单位中,教练员不仅是训练的第一责任人,也是管理的第一责任人,训练和管理是不可分割的统一整体。在我国,创造无数辉煌业绩并保持长盛不衰的运动项目,如乒乓球、羽毛球、射击、跳水等国家队都是实行总(主)教练负责制,将训练和管理有机地结合在一起。

教练员要掌握教育管理的基本方法。运动员的年龄不同,性别不同,所处的环境及承担任务的不同,教育管理的方法也不同。我国的教练员在运动实践过程中摸索出不同的运动员采用不同的管理方法。如"分年龄段

"管理模式就是将运动员的管理分为诱导式、服从式和引导式三个阶段;根据不同年龄运动员的特点确定训练任务和管理方式。对低年龄运动员采用服从式管理,对大年龄运动员采用诱导式管理。

现代运动队管理应要注重:一是严格管理。严格管理是训练、比赛顺利进行的保证。任何制定的管理规章制度要严格执行,不因人而异,这样才能培养训练有素的队伍。二是沟通。教练员应注意与运动员的沟通,加强与团队的联系,营造出一个适合运动员发展的训练环境。

(五)信息处理与科学研究能力

现代社会是信息社会,信息能力对于教练员掌握最新体育信息、项目发展最新动态、比赛对手情况、最前沿的技战术、训练理论和训练手段与方法都产生重要影响。教练员的信息处理能力已成为现代教练员必备的能力。

在信息时代,谁掌握的信息多,掌握信息的程度深,谁就容易既扩大知识容量又丰富自己的思维空间。快速掌握信息,才能明确自己的地位,及时更新和合理利用信息。优秀的竞技体育教练应当善于捕捉信息并运用到运动训练和竞赛实践当中。

教练员首先要掌握网络和计算机等捕获信息的工具,可以通过各种方式获得信息激发教练员学习。其次是善于利用比赛、会议、观摩、研讨、国内外考察、专题调研、科学研究报告会和业务培训等机会,了解本项目最新发展前沿和最新研究进展等信息。最后是提高对信息素质重要性的认识程度,具有危机感和紧迫感;提高对信息的敏感度、信息意识和敏锐度;养成勤于思考问题的习惯,学会从庞大的信息中寻找有价值的信息,并充分吸收和利用。

【复习思考题】

1. 分别描述你熟悉的两位教练员的素质和素养,然后根据"素质冰山"理论进行比较分析。
2. 优秀教练员的职业素养包括哪些方面的内容?你是如何理解的?
3. 教练员的执教能力各个能力之间的关系如何?

【主要参考文献】

1. 宋继新著.竞技教育学[M].北京:人民体育出版社,2003.
2. 田雨普著.体育沉思录[M].南京:南京师范大学出版社,2013.
3. 朱佩兰,钟秉枢,左琼主编.教练员——中国体育腾飞的关键[M].北京:北京体育大学出版社,2002.

4. 袁伟民. 我的执教之道[M]. 北京:人民体育出版社,1988.
5. 张俊生主编. 人才学[M]. 北京:中国劳动社会保障出版社,2006.
6. John·Lyle. Chris·Cushion. Sports Coaching [M]. British:Churchill Livingstone,2000.
7. 陈小蓉. 创新——高水平教练员必备的能力[J]. 中国体育科技,1995(1):44-47.

(本章撰稿人:王平硕士,苏州大学体育学院副教授,硕士生导师)

第四章 运动员体能发展指导

【学习目标】
- 掌握体能发展的意义、价值和基本指导思想。
- 掌握教练员体能训练指导的方法和手段,能够根据实际设计体能训练方案。
- 了解恢复训练对体能训练的作用,基本掌握恢复训练的基本策略与方法。
- 掌握恢复与再生训练的相关器材及其使用途径与价值。能够根据运动员和运动项目需要设计一套综合的恢复与再生训练方案。

【本章导语】

体能是完成动作和技术,实现战术目的,制约心理过程的物质基础,也是运动员参赛制胜的根本保障。运动员的体能及其水平在长期的训练和比赛活动中,尤其是在多赛制的竞赛条件下如何应对日益激烈的竞技而备受教练员、科研工作人员的重视。本章介绍体能训练中教练员指导的基本理念和原则。重点介绍了力量、速度与灵敏、伸展性与灵活性、身体稳定性的训练和恢复训练的基本原理和方法。初步介绍了恢复训练在运动训练和运动竞赛中的重要意义和地位,重点介绍了恢复与再生训练的基本手段与方法。

体能或体适能是竞技体育活动中运动员发展的核心内容之一。从运动训练活动这一现象产生之初,体能及其发展就成为运动员、教练员首先关注的问题,并形成了丰富的体能训练理论与方法。传统的体能训练在专项力量、速度和耐力以及在负荷量和强度方面追求与比赛的全面接轨,却往往容易忽视体能训练的平衡发展问题。平衡发展是关系到体能水平在一定时间内的可持续发展以及运动员运动寿命的延长,也是关系到运动员更好发挥技战术水平和预防运动损伤的重大问题。

第一节　运动员体能发展的指导思想

一、坚持体能训练的平衡性与功能性发展

要正确处理体能发展的平衡问题，主要需要处理好以下几个方面：
- 人体结构与机能的平衡
- 基础体能与专项体能的平衡
- 整体与部分的平衡
- 整体稳定与局部稳定的平衡
- 不同供能系统之间的平衡
- 人体肢体与核心的平衡
- 人体上肢与下肢的平衡
- 人体屈肌与伸肌的平衡
- 人体大肌群与小肌群的平衡
- 人体左右侧的平衡

在体能训练中，力量的发展占据着核心的位置。从平衡发展肌肉力量的角度，主要需要处理好以下几个方面：
- 全身各部位肌群力量水平平衡发展
- 肢体肌肉与核心肌肉力量的平衡发展
- 同一关节周围肌群力量比例平衡发展
- 同一肌群内部各部位肌肉力量平衡发展
- 全身各部位肌肉柔韧水平平衡发展
- 同一关节周围柔韧水平平衡发展
- 向心收缩力量与离心收缩力量的平衡

因此，无论是对于任何竞技项目的体能训练，我们首先要在体能训练的平衡发展方面进行强化；然后是针对专项竞技的体能需求，加强功能性体能训练，即为提高、保持和恢复机体特定运动功能的训练。

随着竞技体育的发展需要，功能性训练已经从康复领域逐渐向竞技体育渗透，逐渐在提高运动员竞技能力和改善大众日常生活质量方面发挥着越来越重要的作用，对传统的体能训练模式与方法带来了深刻的变革。

为了和康复领域中的功能性训练有所区别，在竞技体育中称之为"功能性体能训练"。功能性体能训练的框架是结合了人体生理学特点与生物

力学特点,将体能训练分为三个不同层次及框架结构内容以及不同内容之间的相互递进关系,形成一了个"金字塔"模型(如图4-1)。

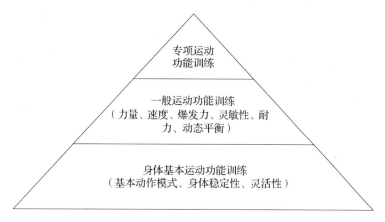

图4-1　功能性训练金字塔模型(闫琪,2012)

二、掌握不同竞技项目的体能需求

体能构成的各个要素之间具有规定性和专门性的联系,由此形成了特定的体能结构,并由此发挥着它的作用和功能。研究表明,在力量、爆发力、速度等要素之间就存在着这种连续变化统一体现象(见图4-2,表4-1)。

图4-2　速度—力量连续变化体(转引自王安利,2013)

不同的素质在运动员从事不同的运动过程中也发挥着不同的作用。教练员必须深刻认识不同项目运动素质的主导作用及其相互关系。

表4-1　几种主要素质在不同竞技项目中的重要程度

项目	速度	速度力量	爆发力	力量速度	最大力量
力量举	0	0	0	5	95
举重	0	0	10	50	40
柔道	0	10	10	60	20

续表 4-1

项目	速度	速度力量	爆发力	力量速度	最大力量
摔跤	0	10	10	60	20
铅球	0	10	50	40	0
短跑	10	65	25	0	0
高尔夫	95	5	0	0	0
划船	0	15	20	60	5
棒球	45	30	20	5	0
网球	40	40	20	0	0
壁球	50	40	10	0	0
橄榄球	5	15	20	40	20
美式足球	0	20	40	30	10
短距离自行车	25	60	15	0	0
英式足球	20	70	10	0	0
曲棍球	15	60	15	10	0
链球	5	60	25	10	0
冰球	5	30	30	35	0
高山滑雪	0	20	55	15	10
篮球	5	60	25	10	0
排球	25	40	35	0	0

(转引自王安利,2013)

运动员的力量、爆发力、速度是连续变化统一体,基于不同的项目,需要不同的力量。因此,作为一名教练员,必须要了解自己所从事的竞技项目的体能需求,才能有针对性地进行体能训练。

三、专项体能训练必须与基础体能相结合

基础体能和专项体能其实也就是在基础训练和专项训练中派生出来的概念。无论什么项目的训练都离不开基础训练和专项训练的相结合。基础体能是专项体能发展的基础,基础体能的发展程度在很大程度上决定了专项体能发展的优劣;而专项体能发展的同时也可以促进基础体能水平的提高,二者之间是相辅相成、相互促进、不可分割的关系。在具体竞技项目的体能训练中,如果一味地进行专项体能的训练,运动员将会感到局部负荷过大并且引发枯燥感,就很容易导致运动员受伤。在训练中如果基础

体能的比例过大,不敢进行高强度的专项体能训练,运动员就得不到有效的训练刺激,难以实现竞技能力水平提高的目的。因此,在体能训练过程中,一定要结合好并处理好基础体能和专项体能训练的关系。

四、专项体能训练必须与专项技术相结合

既然专项体能同一般体能的主要区别就在于专项体能中包含不同环节和不同程度的专项技术的要求,那么任何竞技项目的专项体能训练必须要与其专项技术要求相结合。从专项角度对体能特征的理解,就是通过专项的体能训练,运动员在竞技比赛中能够高质量地完成专项技术,并且能够在整场比赛中都展示出良好的体能储备。换句话说,专项体能训练必须要为提高或保持运动员竞技表现服务。那么,如何判断运动员专项体能训练与专项技术相结合呢?换句话说,判断运动员专项体能训练的标准是什么呢?我们根据专项训练的要求提出专项体能训练的几个标准:

- 动作技术结构相近或相似;
- 动作结构的时空特征相近或相似;
- 能量供应方式相同或相似;
- 动作节奏相近或相似;
- 肌肉用力方式相近或相似;
- 完成练习的目的与专项的关系程度比较密切。

五、尽可能用组合手段发展专项体能

尽管整个训练过程包括一般身体训练、专项身体训练、技术训练、力量训练等,但所有的训练都应以专项为中心,这也是当今高水平运动员训练的一个趋势。专项体能训练也不例外,在以发展专项能力为中心的基础上,尽可能地采用组合练习手段进行练习,来发展诸如力量、速度、柔韧等几种身体素质的复合能力。在训练中将不同的训练内容紧密地结合在一起,诸多性质不同练习的组合将产生新的训练效果。例如,在每次训练课中都进行力量练习、技术练习、身体素质练习,尽量缩短练习之间的间隔时间,使这些练习互相影响、互相渗透、互相转化,才能大大提高整体专项能力。

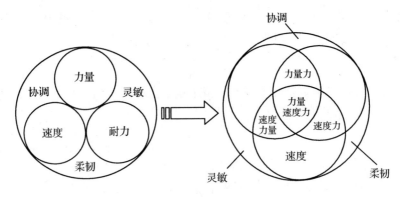

图 4-3　组合练习效果示意图

关于运动负荷的施加,主要考虑两个方面。一是要逐渐增大运动负荷,在运动员能够承受的前提下,逐渐向极限负荷靠拢;另一方面要考虑不同的环节交替承受负荷,这样免于局部负荷过重引发运动损伤,同时也可以使运动员整体各环节都能得到有效地锻炼。需要指出的是,尽管是不同的身体环节承受负荷,也要尽可能地考虑组合练习负荷的施加,以便发展运动员的复合专项能力。

六、侧重于体能训练负荷的功能性调控

为了避免专项体能训练的成人化和负荷超量化倾向,体能训练负荷的功能性调控的手段主要有:调整重力臂长短而变化;调整静态或动态动作而变化;调整运动链内关节的多少而变化;支点固定与不固定而变化;调整支撑点数量(开链与闭链);调整支撑面(单平面与多平面)而变化;调整身体不同平面和部位;调整动作的幅度、悬挂的部位、动作的频率。(见下表4-2、表4-3)

表 4-2　体能训练负荷调控的方法和示例一览表

方　法	示　例
负重由自身到外加阻力	平衡板上半蹲到杠铃半蹲
阻力由固定到变阻	俯卧单腿拉伸瑞士球,踝关节套阻力带
力矩由短到长	悬吊练习的悬吊点由近到远
支撑面由大到小	双腿(臂)支撑到单支撑,全脚掌到脚尖支撑
支撑面由稳定到非稳定	地面支撑到平衡板、平衡垫或瑞士球上支撑
解剖面由单一到多元	由屈伸或扭转到屈伸转
收缩形式由等长到等张	静力性到动力性
运动幅度和范围由小到大	在平衡板上蹲起由半蹲到深蹲
关节由单关节到多关节	跪撑到直体撑
感知觉由多到少	闭眼或不给予语言提示

(依相关资料整理)

表 4-3　体能训练负荷调控的特征和要求一览表

特征	要　　求
动作质量	1. 在保证动作质量的前提下进行练习 2. 运用已掌握的动作来加强新的动作模式学习 3. 有耐心,因为核心稳定训练见效慢(1 堂课—2 周) 4. 如果出现高原现象,增加其他动作模式或改变训练的肢体来转移训练重点
动作速度	1. 从缓慢的可控的一维平面动作开始 2. 在保证动作质量的前提下逐渐增加运动的维度和速度 3. 变换动作节奏进行相似动作的转换 4. 增加和改变速度进行对侧肢体的练习 5. 增加和改变速度进行多平面的练习
动作持续和间歇时间	1. 根据动作难易,练习动作 30—60 秒 2. 练习时间与间歇时间之比为 1:2
动作反馈	1. 使运动员能够通过视觉反馈纠正动作 2. 练习开始阶段,尽可能多地给予运动员反馈(视觉的、语言的和触觉的) 3. 动作熟练(稳定)后,尽可能减少外部反馈,增加内部反馈(前庭的和本体的)(目光从肢体上转移开或闭眼)
动作难度	1. 独立进行单个肢体的动作 2. 过渡到两上肢或两下肢的同时动作 3. 过渡到左右侧肢体非对称的动作 4. 过渡到对侧肢体的动作 5. 过渡到改变动作方向和/或使用多平面的动作
动作阻力	1. 开始阶段不要采用阻力 2. 上肢位置能改变阻力矩的大小(如置于腹部、胸部、耳侧或上举)

(依相关资料整理)

基于体能训练的任务和目标以及运动员的身体条件,通过对运动员体能训练负荷的科学调控,能够使运动员体能训练的手段丰富多彩、增加练习的趣味性和练习的效果,同时可以有效地避免和减少运动损伤的几率。

第二节　力量素质训练指导

一、力量训练计划制订需要考虑的因素

(一) 训练频率

训练频率是指在一定期间内完成训练课的次数。在力量训练时,通常指的一定期间是一周。决定训练频率时,教练员必须考虑运动员的训练状

态、运动季节、训练负荷、训练动作形式以及目前同时进行的其它训练活动。

1. 训练状态

许多运动员开始训练时都被建议每周训练三天,以此获得充分的恢复,当运动员对训练产生适应后,训练频率逐渐增加,甚至增为六天或七天。针对相同肌群实施训练的一般准则,是在两次训练课之间至少休息或恢复一天,但是不能超过三天。例如:如果想要初级运动员每周实施两次全身性力量训练,则两次训练课必须均衡安排(例如周一与周四,或周二与周五),如果安排在周一与周三,则周四与周日之间的休息时间过长,可能形成停止训练效应。

力量训练经验较多的运动员,可以采用分隔法(split routine)在不同天训练不同肌群,以增加训练次数。如果每天都安排训练,这可能违背一般的恢复原则。但是,若将训练身体某些部位(如上肢或下肢)或某些肌群的训练动作加以组合,可使运动员在两次内容类似的训练课之间获得充分的休息(见表4-4)。

表4-4　不同训练频率的训练内容安排

训练日	训练部位	周日	周一	周二	周三	周四	周五	周六	总计训练频率
1 2	上肢 下肢	休息	下肢	上肢	休息	下肢	上肢	休息	每周四次
1 2 3	胸部背部 下肢 肩部臀部	胸背	下肢	肩臀	休息	胸背	下肢	肩臀	每周六次

2. 所处训练阶段

影响训练频率的另一因素是运动员所处训练阶段。例如,比赛前期更加强调专项运动技术练习,就需要降低体能训练的时间,因而减少力量训练的频率。问题主要在于一天之中,没有足够的时间可以安排所有想要的训练,因此,纵使训练有素的运动员,具有每周完成多次力量训练的能力,但因尚有其它训练也需要时间,以致需要减少力量训练的频率。

3. 训练负荷与动作形式

实施最大或次最大负荷训练的运动员,在下次训练课前要安排更多的休息时间。将大负荷训练课与小负荷训练课穿插进行,可以增加训练频率。有研究证实:大负荷训练课之后,上肢肌肉恢复比下肢肌肉快,单关节训练动作的恢复比多关节训练动作恢复快。

4. 其他训练安排

训练频率也受施加的训练负荷总量影响,因此,教练必须考虑所有各种形式训练的影响。如果运动员的训练计划已经包含其他体能训练(有氧或无氧的训练等)或技术训练,就需要减少力量训练的频率。

(二)训练顺序

训练顺序是指训练课中力量训练动作实施的顺序。合理安排力量训练顺序是为了使运动员能以正确的技术完成最大负荷的力量训练。常见的四种力量训练顺序有以下四种方式:

1. 多关节训练与单关节训练

训练课中,首先实施多关节训练,然后实施单关节训练动作,或者先大肌群训练,后小肌群训练。多关节训练动作需要较高的技术水准与神经系统的高度兴奋,疲劳状态下,容易出现错误动作,受伤风险较高。

2. 上肢、下肢交替训练

上肢训练动作与下肢训练动作交替进行,能使运动员在两个训练动作之间获得更加充分的恢复机会。这种安排的方法对于未经训练的运动员特别有用,因为要连续完成多个全身训练动作太过激烈。如果训练时间有限,这种安排方法可以有效提高训练效率。因为进行完上肢训练之后,不必等到上肢充分休息,就可以立即进行下肢训练,从而减少总的训练时间。

3. 推、拉交替训练

交替进行推与拉,或者屈与伸的训练能使连续两个(或两组)训练不使用相同的肌群,减轻参与肌群的疲劳程度。反之,连续安排几个拉的训练(如引体向上、坐姿划船),虽然组间有休息时间,仍会因为局部连续用力产生疲劳。如果连续安排几个推的训练动作(如俯卧撑、卧推),结果也相同。推与拉交替也应用于循环训练计划,对于初学者或重新恢复力量训练者是理想的训练安排方法。

4. 超级组与组合组

运动员做一组由两个动作组成的训练,期间很少或没有休息。超级组包含两个训练动作,训练两种对立的肌肉或肌群(主动肌与拮抗肌),例如:运动员先做10次肱二头肌杠铃屈肘,放下杠铃,然后再做10次仰卧伸肘。组合组是同一肌群相继作两种不同的训练动作,将同一肌肉的训练动作组合起来作为一组。例如:运动员先做一组杠铃屈肘,然后马上持哑铃再做哑铃屈肘。上述两种安排方法具有很高的效率,但对体能不佳者不太适合,适用于训练水平较高的运动员。

(三)训练负荷与重复次数

负荷通常被认为是力量训练计划中最关键的一部分。在力量训练中,负荷通常指完成训练动作时所克服外部阻力的大小。

1. 重量与重复次数的关系

设定训练负荷之前,教练应该了解负荷与重复次数之间的关系。负荷常以一次最大负荷的多少百分比来表示,或者以能完成最多重复次数的最大重量来表示。例如:某运动员尽最大努力,能以 60KG 做 10 次重复的深蹲练习,则他的 10RM 就是 60KG;运动员尽最大努力能以 80KG 做 1 次深蹲练习,无法完成第 2 次,那么这位运动员深蹲练习的 1RM 重量就是 80KG。

一个训练动作所能重复的次数(repetition)与所完成的负荷成负相关,负荷越重,重复次数越少(如表 4-5)。

表 4-5 1RM 百分比与可能的重复次数

%1RM	100	95	93	90	87	85	83	80	77	75	70	67	65
可能重复次数	1	2	3	4	5	6	7	8	9	10	11	12	15

(Thomson R. Baechle,2008)

因此,给定训练目标同样也能反映出所采用的负荷与反复的次数(例如,以增强力量耐力为目标的力量训练,采用的负荷较轻,反复次数较少)。因此为了更好地安排运动员的力量训练,必须经过 1RM 测试。测试流程如下:

(1) 指导运动员以小负荷(轻松做起 5 - 10 次的负荷)进行热身;

(2) 休息 1 分钟;

(3) 用以下的加重方式增加负荷,使运动员能完成 3 - 5 次重复;

△上肢测试 4 - 9kg 或 5 - 10%

△下肢测试 14 - 18kg 或 10 - 20%

(4) 休息 2 分钟;

(5) 用以下加重方式增加负荷,使运动员能完成 2 - 3 次重复;

△上肢测试 4 - 9kg 或 5 - 10%

△下肢测试 14 - 18kg 或 10 - 20%

(6) 休息 2 - 4 分钟;

(7) 增加重量;

△上肢测试 4 - 9kg 或 5 - 10%

△下肢测试 14 - 18kg 或 10 - 20%

(8) 运动员进行 1RM 试举;

(9) 如果运动员成功,休息 2 - 4 分钟,然后回到流程 7;如果失败,休

息 2-4 分钟,按如下方式减小负荷,然后回到流程 8
　　△上肢测试:2-4kg 或 2.5-5%
　　△下肢测试:7-9kg 然后回到 8
　　继续增加或减小负荷,直到运动员可以以完好的技术完成一次重复的最大重量测试,最好在 5 次测试之内找到 1RM。

2. 依据训练目标设定负荷与重复次数

　　力量训练的目标主要有四种:提高最大力量、提高爆发力、提高力量耐力、肌肉肥大。如果训练目标是最大力量或爆发力训练,需采用相对较重的负重;肌肥大应采用中等负重;肌耐力采用较轻的负重。为了获得某一力量训练结果应采用对应的 RM(如图 4-6)。

表 4-6　依据训练目标设定负荷与重复次数

训练目标	负荷(%1RM)	目标次数
最大力量	≥85	≤6
爆发力	75-90	1-5
肌肥大	67-85	6-12
肌耐力	≤67	≥12

(根据美国体能协会相关资料整理)

3. 增加负荷的方法

　　随着运动员训练水平的提高,肌肉所克服的阻力也随之增加,会对负荷产生适应,此时教练就需要适当地增加负荷,才能保证力量的持续增长。例如:某一运动员希望通过 6RM(80KG)的负荷来提高卧推最大力量,通过训练,这位运动员可以将 80KG 的负荷推起 6 次以上,那么 80KG 就不再是这位运动员的 6RM 重量,此时训练的结果将会更加侧重于肌肥大,而不是最大力量。

　　一种可以用来增加运动员训练负荷的保守方法,称之为"二二法则"。即某一训练动作的最后一组,如在连续两次训练课中,都能做到比设定的重复次数多出两次,则下次训练课就应增加重量。例如:设定做 3 组卧推,每组重复 10 次,经过一定时期训练后,运动员在连续两次训练课的第三组(最后一组)能完成 12 次,则下次训练课的重量就要增加。

　　明确增加多少负荷是教练员的一个难题。表 4-7 依照运动员训练状况与身体部位提供的一般性建议可以作为负荷增加的准则,但也要充分考虑训练状态、负荷总量与训练动作的影响。绝对重量可用增加 2.5-10% 的相对重量来替代。

表 4-7 增加负荷的实例一览表

运动员状态	身体部位	增加重量
瘦弱、较少训练者	上肢	1-2 公斤
	下肢	2-4 公斤
强壮、较多训练者	上肢	2-4 公斤
	下肢	4-7 公斤

（根据美国体能协会相关资料整理）

（四）训练量

训练量（或称负荷量）是指训练课中举起的重量总和。训练量的计算，是用组数×重复次数×每次的重量。例如：50KG 做 2 组，每组 10 次，则训练量 = 2×10×50 = 1000KG。这种计量训练量的方式只适用于力量训练，在有氧或无氧练习中，总负荷量的量度是距离。

1. 依据训练状态确定训练量

研究发现，做一组 8-12 次的重复训练，做到肌肉疲劳为止会使力量训练效果得到提升。也有研究发现，每次训练课只做一组训练也会有一定的训练效果。单组的训练适用于没有训练经验的运动员，或者刚开始训练的前几个月。对于有力量训练经验的高水平运动员，则需要更多组数的刺激才能产生良好的效果。

运动员的训练状态影响所能承受的训练量，开始时适宜采用 1 组或 2 组，熟练之后才能逐渐增加训练组数。当运动员对训练计划产生适应之后，可以慢慢增加训练量。

2. 依据训练目标确定训练量

训练量直接取决于运动员的抗阻训练目标，表 4-8 总结了最大力量、爆发力、肌肥大与肌耐力训练计划中，有关重复次数与组数的一般准则。

表 4-8 依训练目标设定训练量一览表

训练目标	目标重复次数	组数
最大力量	≤6	2-6
爆发力	1-5	3-5
肌肥大	6-12	3-6
肌耐力	≥12	2-3

（根据美国体能协会相关资料整理）

（五）间歇时间

两组训练动作之间用于恢复的时间称之为间歇时间，也称为组间间歇。

休息时间的长度主要依据训练目标、相对举起的重量与运动员训练状态而定。

组间间歇时间与负荷重量密切相关,举的重量越重,组间所需休息时间越长。例如,以4RM的重量训练最大力量,组间间歇时间比用15RM的重量训练肌耐力的长。表4-9是最大力量、爆发力、肌肥大与肌耐力的训练计划中建议的间歇时间。

表4-9 依训练目标设定训间歇时间一览表

训练目标	间歇时间
最大力量	2-5分钟
爆发力	2-5分钟
肌肥大	30-90秒
肌耐力	≤30秒

(根据美国体能协会相关资料整理)

二、力量训练技术及保护方法

(一)基本练习技术

力量训练中有一些共同的练习技术,如抓握技术、身体姿态、运动范围与速度、呼吸方法等。

1. 抓握技术

抗阻力量训练中有正握与反握两种最常见的抓握方法。拇指包着杠杆的称为闭锁式握法;拇指没有包着杠杆则称为开放式握法。

正确的抓握技术还包括了正确的握距。主要有三种握距:普通握距、宽握距和窄握距。大多数练习中,两手距离与肩同宽,无论哪种握距,都要保证杠铃平衡。

2. 身体姿态

稳定的身体姿态有助于运动员在练习过程中保持良好的动作姿态,使肌肉和关节得到正确的刺激和锻炼。

需要采用站立位来完成的练习通常需双脚分开,略宽于髋,全脚掌着地;需要在练习凳上坐着或仰卧进行练习时,对身体姿态有特别的要求,这种情况下,运动员的身体姿势要保持"五点接触"。即,头部固定地放在练习凳上、肩部和上背部要固定而平稳地放在练习凳上、臀部要平稳地坐在练习凳上、左脚要平放在地面上、右脚要平放在地面上。

3. 运动范围与速度

如果在练习过程中运动的范围覆盖了整个关节活动范围,练习的价值就会很高,同时关节的灵活性可以得到保持或提高。

慢速、有控制地练习,有助于增加运动的范围,但当练习爆发力和进行快速力量练习时,强调在保持控制的条件下尽量加速,使杠铃的移动达到最大速度。

4. 练习中的呼吸技巧

一个练习中最难的部分通常发生在离心收缩向向心收缩过渡期,这个困难点称之为关键点。教练应该指导运动员掌握克服关键点的呼吸技巧,要在整个关键点过程中呼气,在相对轻松的时段吸气。例如:在卧推练习时,关键点发生在上举的最开始阶段,此时运动员应该呼气,在杠铃放下至起始位置时应吸气。

在有些情况下运动员需要憋气。有经验、训练良好的运动员在进行负重结构练习时(指脊柱负重练习)常常采用 Valsava 法,该方法可以辅助维持脊柱的直立。呼吸时关闭声门,使腹肌和肋间肌同时收缩时躯干更加稳定。其优点是增加了整个躯干的刚性来支撑脊柱,减少椎骨对椎间盘的挤压力。但是要注意这种呼吸方式可能引起的副作用,腹内压的上升有可能引起眩晕、无方向感、高血压等,因而憋气时间不能过长,最多 2 秒,即使训练有素的运动员也不能延长憋气时间,因为憋气时血压会达到安静时的 3 倍。

(二) 力量训练的保护

保护者的工作主要是使运动员在练习中避免损伤,并在训练中激发运动员训练热情。保护者工作不力则有可能造成运动员或者保护者本人发生意外。

杠铃在头上方(例如站立肩上推举)、杠铃在背上(例如颈后深蹲)、杠铃在肩前或锁骨上(例如颈前深蹲)、杠铃在脸上方(例如卧推)等部位进行自由重量练习具有较大的难度和风险,因而一定要有至少一名保护者在场。哑铃练习保护难度大于杠铃练习保护。

1. 保护杠铃在头上方、背上及肩前的练习

为了保证运动员、监护人及周围其他人员的安全,此类练习最好在合适的保护架内进行。所有的杠铃片、杠铃杆、杠铃锁扣等一律不得放在运动员举重台范围之内,以免运动员撞伤或绊倒。没有练习的运动员不能停留在练习区域内。

保护者要足够高、足够壮,至少要与运动员身高相当。负荷很大的练习,只能为训练有素的运动员安排,而且要由有经验的专门人员来保护。

2. 保护杠铃在脸上方运动的练习

在保护脸上方的练习时(如卧推、仰卧伸肘),保护者应在运动员的两

手之间采用变换式握法握住杠铃。由于在一些练习中杠铃的运动轨迹不固定,保护者采用变换式握法帮助运动员把杠铃放到架子上或地板上,这样有助于杠铃滑脱不会砸在运动员脸上或颈上。保护者要帮助运动员提起较重的负荷,因而一定要双脚站稳、腰部挺直。

在哑铃练习中,一定要尽可能地靠近哑铃。在有些练习中,甚至需要直接扶着哑铃进行协助。在监护哑铃练习时,将手置于运动员上臂或者肘部即可,但如果运动员屈肘时,保护者将无法阻止哑铃砸到运动员脸上或胸上,因而,这种监护技术并不安全。正确的保护技术应该是将手握住运动员的手腕,或者将手直接放在哑铃上。

3. 爆发力练习时无需保护

前面提到了各种练习的保护方法,但在爆发力练习中,却不需要进行保护。这种练习时需要的不是身体的保护,而是运动员如何避开失控的杠铃。如果杠铃是在身体前方失控,运动员应及时推开杠铃或让它自由落地。如果杠铃是在脑后放失控,运动员应及时松开杠铃,并向前跳起。

 知识链接

足球运动员的基本力量标准
http://mp.weixin.qq.com/s?_biz=Mzl2ODAzMDk2OQ==&mid=402010803&idx=1&sn=86f4c9a49a48033d3d09bb03839d29e8&scene=1&srcid=0206unbddITILXYHMX09JbTq#rd

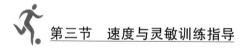

第三节 速度与灵敏训练指导

一、不同项群的速度素质训练

(一)体能主导类快速力量性项目的速度训练

以投掷项目为例。投掷运动员对于专项动作速度和专项位移速度的要求是比较高的,所以在进行专项训练的过程中,采用重复训练法,目的是为了建立正确的技术动力定型,此外发展下肢爆发力的训练有利于投掷运动员更快地完成动作。体能主导类快速力量性项目的运动员在进行专项速度训练时，专门性的动作速度训练与专项比赛动作要求相一致。

（二）体能主导类速度性项目的速度训练

以短距离项目中的百米为例。提高反应速度的练习主要是通过练习神经快速应答的能力，如听口令起跑、各种游戏性质的追逐跑等。提高动作速率的训练，如重复训练法，主要是通过高频率动作刺激大脑皮质神经过程的灵活性达到训练的目的。如做快频率的高抬腿、小步跑、下坡跑等练习。提高移动速度的练习主要是训练神经对于肌肉的支配调节能力，练习手段主要包括站立式起跑、蹲踞式起跑、竞赛形式的接力跑、下坡跑、主力跑等方式。

（三）体能主导类耐力性项目的速度训练方法

越来越多的教练员在训练中除了针对运动员的耐力进行训练外，还对运动员的速度进行训练。中外的许多专家学者们甚至称应该将短距离项目的速度训练引入耐力性项目的训练中。因为耐力性项目的运动员除了耐力的好坏对运动成绩产生一定影响之外，移动速度的快慢也影响运动成绩。例如 1500 米跑，训练中主要是以发展无氧供能移动速度的能力，发展心肺功能的同时也要注重发展步长和步频。训练负荷也要采用不同负荷交互进行，帮助运动员形成超量恢复以提高运动成绩。在耐力性项目的专项速度训练中应该采用与本项目相符的供能方式为训练的基础，专项速度的训练与专项高度结合。

（四）技能主导类项目的速度训练

此类项目对于专项动作速度的要求比较高，以艺术体操为例，其训练方法包括：开发高难动作的同时在短时间内高质量地完成动作，确保动作的流畅性；快速翻转练习，提高运动员高速运动的感觉能力；规定某一练习的时间，在规定时间内快速完成。

（五）技心能主导类项目的速度训练

类项目要求运动员具备专项反应速度、专项动作速度以及稳定的心理素质。其训练方法包括：通过各种信号刺激追寻移动靶，快速地判断移动靶移动的路径，捕捉目标。提高动作速率的练习如重复训练法，通过反复地设计移动靶的练习，使身体在经过无数次正确判定移动靶移动路径的练习后，更加快速地寻找到移动靶，并且及时扣动扳机完成射击。

（六）技战能主导类项目的速度训练

此类项目既强调了技术的重要性也同样突出战术能力对于隔网对抗、同场对抗、格斗对抗、轮换攻防类项目的重要性。提高反应能力的训练可以采用按照教练员指令和手势的方式，队员快速做出相同方向的快速移动，或是组合动作等练习；提高动作速率的练习方式主要是采用重复训练法，通过不断地快速完成两个或多个动作组合练习，逐步提高运动员在控球和无球状态下的技术能力，采用定距冲刺跑、变相的冲刺跑、急停练习等方式提高运动员的专项移动能力；提高移动速度的方式，主要通过发展力量和柔韧性，增加运动员下肢力量，并且随着步幅的加长提高移动速度。主要的练习方式是负重杠铃练习和拉伸。步频的增加主要是通过下坡跑、顺风跑、负重跑、折返跑等方式。

二、体能视角下的速度训练

绝大多数运动技术都是通过助跑或是其它方式的加速度，将水平加速度转换成垂直加速度或是其它方向的加速度，而身体处于一种高速不稳定的状态中。因此提高机体在不同环境下的稳定性并且还能保持速度不变，会对运动员的运动成绩产生巨大的影响。

教练员可以引进一些新的训练形式，采用绳梯或是摆放不同形状标志物的练习，提高运动员的反应速度、移动速度、位移速度、身体的灵敏性等能力。

（一）多向速度

多向速度对运动员身体的灵活性和肌肉的控制能力提出了新要求。例如在篮球比赛中，进攻队员运球时假动作晃过防守队员，需要根据防守队员的站位、本队队员的站位等及时调整自身的动作亦即必须具备多方向快速移动的能力。

绳梯训练是一种利用梯形绳索来训练运动员脚步灵活性、敏捷性的训练方法。通过不同的组合练习方式可以发展运动员不同的速度素质如图4-4中所示。通过小步跑、高抬腿等快频率的练习增强移动的速度。在幼儿中通过使用绳梯设计的一系列简单易行的动作，发展儿童身体的灵活性和协调性。在图4-5中教练员则将3个绳梯组合在一起，通过不同方向的练

图4-4 绳梯在儿童体育教学和训练中的使用

习发展运动员多向速度的能力。在训练工作实践中,教练员与运动员应该充分地发挥想象力,根据实地情况将一些废旧器材改造成新的可用器材,代替绳梯等用于日常训练。

图4-5 绳梯的多种使用方式

图4-6 灵敏性练习、多向步伐练习

绳梯训练(敏捷梯训练)对很多项需要脚步快速移动的运动项目诸如篮球、足球、排球、网球等都有很大的帮助;敏捷梯能提高快速脚步移动能力;能提高身体的灵活性、平衡性和协调性;敏捷梯的锻炼能增强脚底肌肉、踝关节和膝关节的小肌肉群功能,降低下肢受伤概率,能提高身体运动的节奏性;可以帮助提高队员的多方位的速度和加速度;会增加神经系统对速度的记忆,使运动员在必要的时候做出各个方向的快速移动;敏捷梯可以自由组合花样,训练方式多种多样,便捷实用,适于收起、随时移动和携带;在室内和室外不同条件的场地均可使用。

越来越多的实践证明,绳梯的使用可以有效提高运动员的移动频率和动作频率。

除了绳梯的多效功能之外,标志物的作用与绳梯的作用相近。

图 4-7　速度训练中常见的标志物

标志物的形状多种多样,在实际的训练中,我们可以借助标志物的摆放发展运动员的直线速度和多向速度。将标志物摆放成不同的图形可以发展运动员的多向移动速度、神经对肌肉的支配能力等,折返跑是一种简单常用并且有效的训练形式。

(二) 直线加速度训练方式

直线加速的训练方式可以通过绳梯和标志物的训练来实现。使用绳梯的训练中,将一根绳梯摆放好,通过调节绳梯之间的距离,使运动员分别完成发展步频以及完成动作的速率,合理的间歇和训练负荷的安排有利于运动员运动成绩的提升。此外还可进行直线的单向跑、一定距离内的接力跑和迎面接力跑、组合动作练习(小步跑接高抬腿)、单腿跳、跨步跳等练习方式都可以增强运动员直线加速度的能力。

 知识链接

邓侃锋,严进洪.鱼与熊掌可兼得:人体动作速度与准确性的关系.
http://mp.weixin.qq.com/s?_biz=MzI5MzA5MjQyNw==&mid=2650056605&idx=1&sn=71f6474ce252398eb3ade7e380cc79f8&scene=1&srcid=0502xn8tIA6sqXNVvEmbDZDu#rd

第四节 肌肉伸展性、关节灵活性训练指导

肢体运动由骨骼、关节和肌肉协同完成,而骨骼的运动要依托肌肉的伸缩、牵引和关节的转动来完成。所以,肌肉的伸展性和关节的灵活性程度是人体运动表现的关键致因。

一、肌肉伸展性和关节灵活性的发展原则

肌肉的伸展性是指肌肉在外力(牵拉或负重)作用下可被展长的特性[①]。肌肉的伸展性与弹性和粘滞性共同构成肌肉的物理特性。当肌肉温度升高时,肌肉的粘滞性下降,弹性和伸展性增加。关节的灵活性是指机体某部分关节在运动时快速、及时、有效并爆发性地沿冠状轴、矢状轴、垂直轴做屈伸、外展和内收、旋内及旋外、环转等动作,以保持机体平衡、稳定的能力。

由于肌肉和关节的物理和生理特性,肌肉伸展性和关节灵活性的训练必须在热身后进行,肌肉温度升高之后,粘滞性下降,灵活性升高,伸展的效果就越好。

(一)与专项相结合原则

在体育锻炼和运动实践中,肌肉的伸展性和关节灵活性的发展既不能过于追求全面化,无所侧重,也不能单一化和片面化,而应在全面发展的基础上,追求与专项需要的结合。在专项提高阶段之后就应准确、合理地强化专项训练内容。肌肉伸展性和关节灵活性的发展必须不能偏离专项。体能是技术和战术发展的基础,而肌肉伸展性和关节灵活性是体能训练的一个重要内容,因此,两种素质的发展应与高度发展的专项技术、战术相结合。不同的专项有不同的专项技术动作要求,其动作结构中要求不同部位的肌肉、关节以不同的形式进行不同速度、角度、方向的运动,本体感觉亦不尽相同,因此,肌肉的伸展性和关节的灵活性必须契合专项动作结构特点,即认识和掌握项目对肌肉伸展性和关节灵活性的要求是什么,才能明确发展什么及如何去发展。

(二)与关节肌肉类型相对应原则

运动可以使关节囊增厚,韧带增粗,关节周围的肌肉力量加强,增加了

---

① 全国体育学院教材委员会编.运动生理学[M].北京:人民体育出版社,2000:6.

关节的稳固性,同时也可以使关节周围的肌肉伸展性增加,灵活性增加。

在肌肉伸展性和关节灵活性的发展中,首先要考虑肌肉关节的类型,单关节肌(如肱肌)和多关节肌(如股直肌)的训练方法和手段不同,要考虑多关节肌"主动不足"和"被动不足"这一重要特征,以及多关节肌比单关节肌更灵活、更复杂多变、关节运动幅度更大的特点。当多关节肌"主动不足"时,应主要发展该群肌肉的力量,"被动不足"时,主要发展其伸展性。其次,要考虑稳定肌群和动力肌群的对应发展。稳定肌群主要分布在肌肉深层,肌纤维短,多属慢肌,肌群小,多是单关节肌,主要负责稳定性;动力肌群分布表浅,肌肉体积大,肌纤维长,多属快肌,多是跨关节肌群,主要负责关节大范围活动,产生较大力量。在运动实践中,一般要先拉伸动力肌群,后拉伸稳定肌群,这样才可以活动开大肌肉群,并避免小肌肉群疲劳。此外,当肌无力和拮抗肌紧张同时存在时,先伸展紧张的拮抗肌,再发展无力肌肉的力量。

(三) 功能性训练原则

功能性训练可以使专项体能得到有效的提高,使速度、力量、灵活性、协调性、平衡能力以及其它素质得到明显的提高,有助于改进身体姿势、动作和专项技能,预防运动损伤。在全身及部分肢体的运动中,关节的灵活性和稳定性构成了功能性。其中核心稳定性训练是提升功能性的直接、有效的方式,使关节和肌肉既具有灵活性,也具有稳定性,成为有效传递能量和保持身体姿势的支点。

人体在完成动作的过程中,大多是多关节和多肌群的协调运动,这就形成了运动链,即人体若干环节借助关节使之按一定顺序衔接起来。通过功能性训练,能够加强多关节肌群之间的协调性,强化神经肌肉的控制训练,提高训练的质量,加强躯干与四肢的平衡发展,提高运动链上各个关节的"灵活性"与"稳定性"。如将踝关节的灵活性训练、膝关节的稳定性训练、髋关节的灵活性训练、腰椎的稳定性训练结合一起,就能形成灵活—稳定的动态平衡。

(四) 系统性发展原则

系统性发展原则主要是指对肌肉伸展性和关节灵活性的训练要系统规划,对不同发展阶段、不同训练水平的运动员系统地进行安排。系统性的发展原则既体现在全身肌肉与关节发展的系统性和全面性,也体现在与各种身体素质发展的全面协调性;既体现在肌肉伸展性与关节灵活性的协调发展的统一性,也体现在不同时期、阶段发展的先后顺次性;既体现于肌肉伸展性和关节灵活性发展具有的阶段性特点,也体现在肌肉伸展性和关节灵活性发展的经常性特点;既体现在所采用的训练方法手段的全面性,也体现于训练方法和手段要适配于实现训练目标目的性;既体现于人体肌肉伸展性和关节灵活性整体发展,也体现于对部分较好发展的肌肉和关节的增强,以及对部分稍弱的肌肉和关节的补短;既体现于对于体能水平的促进,也体现于体能的康复。此外,系统性发展原则还体现在运动前和运动后肌肉伸展性、关节灵活性的发展应与训练内容具有高度匹配性。

（五）适宜负荷原则

在发展肌肉伸展性和关节灵活性的训练中,运动训练的适宜负荷原则同样适用。由于肌肉和关节的物理及生理特性,负荷量度的施加需要考虑肌肉和关节的现实承受力及机体的有效恢复,促使产生积极的训练效应。进行拉伸训练时,拉伸的速度、施加的力量、牵拉的力量与肌肉及关节的角度、持续时间、重复次数等都需要以肌肉和关节的适应性为根本,保证所有受到牵拉的关节都在其活动范围之内。一般地讲,长时间中等强度拉力练习的效果优于短时期大强度练习的作用①。此外,适宜负荷原则要求在牵拉肌肉和关节时,也需要辩证地区别对待健康的肌肉、关节和受损的肌肉、关节,发展和恢复有所不同。

二、肌肉伸展性训练

众所周知,良好的柔韧性有助于提高预防运动损伤,增加训练效益。肌肉伸展性的有效方法是拉伸、牵伸练习,目的在于改善或重建关节周围肌肉的伸展性、降低肌张力,改善关节活动范围,预防或降低损伤。

（一）拉伸或伸展练习的部位

在训练实践中,往往对拉伸训练的实施对象存在误区,即:拉伸的是韧带和肌腱组织。事实上,韧带和肌腱主要是结缔组织,伸展性极差,不可以被伸展或伸展范围极小。同时,韧带的重要功能是维持关节的稳定性,一旦被破坏,容易造成关节失去运动的功能。所以,拉伸或伸展训练,其实施对象是肌肉,而非韧带和肌腱。拉伸包括主动性拉伸和被动性拉伸。

（二）拉伸或伸展练习的方法

1. 摆动性牵拉

摆动性牵拉又称为冲击性伸展,属于动力拉伸法的一种。其优点在于增加肌肉和身体温度、增加肌肉间的血流量,使运动中特殊需要的肌肉做好准备。其缺点在于:往往因为突然性的摆动,造成肌肉张力是静力伸展

---

① 田麦久.运动训练学[M].北京:人民体育出版社,2000:226.

的两倍,易引起肌肉酸痛、疼痛甚至肌肉拉伤;可导致结缔组织病尤其是对于老伤;容易引起牵张反射,使被伸展的肌肉收缩。所以,在运动实践中,应慎用摆动性牵拉。

2. 动态伸展

动态伸展是以专项技术动作相似的动作,缓慢地将肌肉伸展到最大范围。动态伸展练习的动作常常集平衡、稳定、协调、伸展为一体,在完成伸展练习的同时,使机体的其它能力同步提高;提高、激活了稳定关节的小肌群的能力,作为功能训练的主要方式,可有效地降低或减少运动损伤。这种练习既可用于准备活动之中,也可用于运动后的放松。

3. 静力性拉伸

静力性拉伸是在一定时间和一定范围内,缓慢、持续地伸展。其优点是:牵张反射受到抑制,不会引起肌肉被动收缩;增加肌肉柔韧性和关节活动范围;只需要较少肌肉工作,能量消耗少;简单易行,无需固定地点、设备和帮助。其缺点是:容易使神经系统兴奋性下降;较长时间的静力拉伸,易使肌肉温度降低,力量下降,从而运动水平受损。所以,在实际训练中,每天至少两次,并且最好在训练和比赛结束后应用。

4. PNF 拉伸

PNF 拉伸也称本体感受神经肌肉促进法,其生理基础是肌梭和腱梭共同作用机制,即肌梭感受到牵拉,引起牵张反射。腱梭在张力过高并超过一定时间(至少6秒),发出不同于肌梭的冲动到脊髓,引起肌肉反射性地放松。在肌肉反射性放松的基础上牵拉肌肉,可将肌肉伸展到更大的范围。其优点在于提升柔韧性的作用明显,主动肌、拮抗肌互动性好,改善神经协调,提升肌肉力量。缺点在于血压会升高,存在一定的受伤风险。其伸展的时机是训练结束后和专门设定时间。在伸展练习中,应注意力量的控制;伸展的幅度应循序渐进;应与被伸展者及时交流,根据反馈调整力度;每个部位重复3－4次,每次伸展要保持6秒以上。

三、关节灵活性训练

(一)关节灵活性特征及其训练价值

格瑞·库克认为,人体是由许多关节组成的,每个关节或一系列关节都有着专门的功能,每个关节对于训练都有着特殊的需要。

- 关节的首要训练需求
- 踝关节灵活性(尤其是在矢状面上)
- 膝关节稳定性

- 髋关节灵活性(多平面)
- 腰椎稳定性
- 胸椎灵活性
- 肩胛胸关节稳定性
- 盂肱关节灵活性

显然,不同关节对灵活性和稳定性的需求恰好是交替出现的。

在现实中,许多力量训练者身上发现的损伤和技术问题都与适当的关节功能有着紧密的联系,与关节机能不良有着更加紧密的联系。简单来说,当一个关节出现问题之后,它的表现形式是它上方或下方的某个关节出现了疼痛等问题。

例如,深蹲。众所周知,深蹲的最大问题表现在深度。如果运动员难以蹲得很低,有经验的教练会建议你抬起脚跟。事实上抬起的脚跟弥补了踝关节灵活性的不足。因此,如果你在深蹲时蹲得不够低,你需要做的是训练踝关节灵活性。

再比如,有些运动员因为背部疼痛而中断了深蹲。其原因是髋关节灵活性不足。换句话说,当髋关节无法移动时,腰椎就被迫移动了。而髋关节就是为灵活性而生的,腰椎就是为稳定性而生的。本该具备灵活性的关节(髋关节)如果不够灵活,本该具备稳定性的关节(腰椎或腰骶关节)就会被迫移动,以作为补偿。于是,这个关节的稳定性下降,慢慢地出现了疼痛。于是,我们不难推出:缺乏踝关节灵活性,易导致膝关节疼痛;缺乏髋关节灵活性,易导致下背部疼痛;缺乏胸椎灵活性,易导致颈部和肩部疼痛(或下背部疼痛)。

(二)关节灵活性的训练思路

除了天生的关节畸形影响关节正常的活动度,一般来说,不同关节的活动范围是确定的。那么如果关节活动受限,通常要拉伸影响关节活动的肌肉乃至韧带,来恢复关节正常的活动度。关节活动度的训练,既可以采用主动拉伸练习,也可以采用被动拉伸练习。需要提醒的是关节活动度的练习,要循序渐进,要避免肌肉拉伤和关节受损。

要平衡发展关节周围肌肉力量以维持关节的稳定性。关节的灵活性与稳定性是相辅相成的。不能为了发展关节的灵活性而丧失了关节的稳定性,二者是辩证协同发展的。那些练柔术的演员,其关节灵活性的确是很好,但是其关节稳定性就比较差,在负重训练时易发生关节滑脱或错位。因此,在发展运动员关节灵活性的同时,也要平衡发展关节周围肌肉力量以维持关节的稳定性。

第五节 身体稳定性训练指导

一、身体稳定性训练的影响因素

稳定性是指在运动中主动肌和拮抗肌协同支撑或保持关节稳定的能力。稳定性训练常常是结合身体的某些环节,如核心稳定性训练、下肢稳定性训练等。

(一)重心的保持——平衡

平衡能力是人体重要的生理机能,它是保证身体稳定性的重要因素之一,帮助人体维持正确的身体姿势、平稳的站立、行走等,它的存在为复杂的动作练习奠定基础,而从实质上讲,平衡能力的维持是对重心的调整与控制。人体在从事任何一项简单或是复杂的运动时,随着身体姿势的不断变化,重心的位置同样出现相应的调整,这就要求运动员具备足够的身体能力来维持身体平衡,以保证稳定。

(二)支撑面属性

支撑面的属性直接影响到人体完成运动中身体的稳定性,通过改变支撑面的大小、数量、稳定程度等,都对身体的稳定性有着一定的影响。根据这一特点,支撑面大小的改变又可被当作难度进阶式的稳定性训练。例如平板支撑,我们可以由最基础的四点支撑,过渡到两三点支撑、两点支撑,或在支撑点下方放置平衡点,就是以难度进阶的方式通过减少支撑点、增加不稳定因素来提高身体的稳定性。

(三)肌肉力量

肌肉力量的大小是人体稳定性程度的重要保证之一。根据肌肉功能的不同,将肌肉分为大肌肉群和小肌肉群,在完成各项运动过程中,需要大肌群与小肌群的协调配合来完成、保证身体的稳定性。通常情况下,肌肉的收缩会伴随着牵拉肌肉两头向中心运动的趋势,而多数的动作要求肌肉的一端固定,另一端运动,此时,小肌肉群往往可以协助大肌肉群起到一端固定的作用,来维持身体的稳定。故从肌肉力量的均衡发展角度而言,小肌群的力量发展同等重要。

(四)本体感受

本体感觉是指本体感受器受到刺激所产生的躯体感觉。本体感觉是对位置、姿势和运动的感觉,传入神经累积输入到中枢神经系统。本体感觉涉及到运动员技术的准确性和控制能力。

本体感受是本体感受器将所接收到的刺激经中枢神经系统转化为人体对身体所在的空间位置、姿势、运动的变化的感知。本体感受的能力需要通过长时间的训练，才能使肌肉获得良好的"记忆能力"，准确地反映出动作的时间、空间等的定位，获得良好的运动表现。本体感受性的训练方法很多，可以通过平衡训练、稳定性训练、听视觉训练等方法来进行，同样，对于本体感受性的提升，也有助于身体稳定性的发展。

二、身体稳定性训练的指导方法

（一）身体结构的稳定性

1. 肩关节的稳定性

肩关节是人体具有最大活动范围的关节，是机体最灵活的关节，可绕三个运动轴运动：绕额状轴可做屈伸运动，绕矢状轴可做外展、内收运动，绕垂直轴可做内旋外旋运动，此外还可以做水平屈伸和环转运动。但肩关节也是稳定性相对较低的关节，这与它的主要结构有关，无论是发育的原因，还是损伤所致的骨结构缺损、盂唇病变、关节囊或韧带过度松弛以及肩关节周围肌肉麻痹等原因，都易导致肩关节不稳定。

肩关节的稳定结构主要由内部的肩关节韧带组织以及外周的肌肉群组成。其中最主要的结构是其肩袖肌群，几乎所有的肩关节伤病都会带来肩袖肌群的功能障碍。肩袖肌群主要由四块肌肉组成，分别是：冈上肌、冈下肌、肩胛下肌、小圆肌。它们分别从上、下、前、后包裹肱骨头，以此来稳定肩关节。

练习方法：

肩外旋训练：加强肩袖肌群中冈下肌和小圆肌的力量，稳固肩关节后方。

肩内旋训练：加强肩袖肌群中肩胛下肌的力量，稳固肩关节下方和前方。

单侧空罐训练：加强肩袖肌群中冈上肌的力量，稳固肩关节上方。

仰卧划船：加强肩袖肌群的动态稳定功能，保护肩关节动态稳定。

2. 髋关节的稳定性

髋关节的特点是稳定性强，灵活性稍差，是跑步的发动机，机体发力的主要位置。在股骨头的表面覆盖着一层透明软骨，它是由一种致密结缔组织的胶原纤维构成的网状结构，股骨头软骨具有弹性缓冲、抵抗压力、维持关节间润滑等作用，关节软骨完好是保证关节功能（屈伸、收展、旋转）的基本条件。软骨结构为海绵状,表面上无数的微小孔隙内能吸收大量滑液,软骨相当于质量最好的汽车外胎橡皮,能承受巨大的压力。

练习方法：

髋外展:增强髋关节稳定性和深层肌肉耐力。

3. 膝关节的稳定性

膝关节是机体最复杂的关节,膝关节稳定性的维持除了十字交叉韧带、内、外侧副韧带,髌骨及髌韧带外,下肢肌肉,尤其是股四头肌起着十分重要的作用,因此发展股四头肌的力量,这不仅有益于运动项目的高速度、高水平发展,并且对于预防膝关节创伤也有积极的意义。同时也应看到,正常的伸膝功能的强度三倍于屈膝力量,这是影响膝关节稳定性的另一因素。在重视发展股四头肌力量的同时,还应重视屈膝肌群的锻炼,使其力量与股四头肌力量保持相对平衡,以求得膝关节较好的稳定力和耐受力。

练习方法：

（1）弹带侧拉膝关节

练习目的:提高大腿肌肉的稳定性。

练习动作:单腿站在平坦的地面上,膝盖屈曲60到80度,保持静止。上身挺胸收腹,尽量保持竖直。膝关节向体侧牵拉一根弹带,使膝关节外展抗阻。阻力不要过大,脚尖可以稍向外展。保持40秒为一组,每天3到4组。

练习要领:抗阻的力量不要过大,要学习控制肌肉发力的方向。需要提示的是,锻炼时下蹲的角度不要大于60度,否则髋关节会代替膝关节的一部分力量,从而影响训练效果。另外,初学者不要过多地做膝关节内收练习,练习不当容易引起运动损伤。

（2）弓步上举

练习目的:提升大腿肌肉爆发力

练习动作:单脚站在平坦的地面上,另一脚放在椅子上。椅子不要过高,使膝关节屈曲保持在90度为宜,侧手将一重量合适的书本托放于肩膀上。开始练习时,屈曲腿要快速发力蹬起,并将书本举过头顶。动作完成后,要快速回到起始姿势。每20次为一组,每条腿练习3组：

练习要领:锻炼时,主要用屈曲腿发力,另一条腿主要起到稳定辅助作用。

4. 踝关节的稳定性

踝关节的力量不仅仅是用于支撑,还用于必要时蹬推的展踝发力,重视踝关节的力量训练不仅是提高下肢整体爆发力而且也是减少踝关节受伤的重要环节,还可以有效提高滑行中踝关节稳定性。

踝关节是人体在运动中首先与地面接触的主要负重关节,也是日常生活和体育运动中较易受损伤的关节之一。踝关节周围韧带(包括内侧韧带、外侧韧带、下胫腓韧带等)在保持踝关节的稳定性中发挥了重要的作用,因而也较易受到损伤。踝关节因何易扭伤这是由踝关节的功能和它的解剖结构决定的。踝关节在跖屈(也就是我们做踮脚这个动作)时,往往脚会向内翻,即脚心翻向内。由于踝关节特有的解剖结构,这时踝关节不能很好地匹配,处于"灵活有余,稳重不足"的 不稳定状态。

练习方法:

提踵练习:强化腓肠肌和比目鱼肌。

俯撑伸展踝:强化关节稳定,增加肌肉耐力

5. 肘关节的稳定性

前臂旋前和旋后运动:桡尺近侧关节和桡尺远侧关节。

6. 腕关节的稳定性

腕关节,又称桡腕关节,是典型的椭圆关节,注意尺骨不参与此关节的组成。腕关节由手的舟骨、月骨和三角骨的近侧关节面作为关节头,桡骨的腕关节面和尺骨头下方的关节盘作为关节窝而构成。关节囊松弛,关节的前、后和两侧均有韧带加强,尺侧副韧带连于尺骨茎突与三角骨之间,桡侧副韧带连于桡骨茎突与舟骨之间,其中掌侧韧带最为坚韧,所以腕的后伸运动受限。

练习方法:

(1) 前臂的内旋和外旋练习

练习目的:增加上肢远端力量

练习动作:坐位,用大腿固定前臂,腕关节超出膝关节以保证腕关节活动不受限制。肘关节大约呈60-75°屈曲。可以用另一只手固定活动的前臂以保证练习中之后的腕关节活动。注意力集中在伸腕肌群上,前臂应该是内旋的(掌面朝下);对于屈腕肌群而言,前臂则外旋(掌面朝上)。运动时,缓慢地对抗阻力,向上卷曲腕关节,保持一定的时间,然后回到起始位置。

(2) 手指上拨球

练习目的:增加远端腕关节和前臂力量

练习动作:坐位,通过大腿固定前臂保证腕关节刚好探出膝关节,保证不限制腕关节活动。肘关节大约呈60-75°屈曲。同时可用另一只手来固定练习的手臂以保证练习中单独的腕关节活动。前臂处于掌面朝上,手握一个0.5—1千克的练习球。动作开始时,快速有力地尽可能高地将球拨向空中,然后试着接住下落的练习球。重复几组。确保腕关节单独活动。

(二)功能性运动的稳定性

所谓功能性运动的稳定性,是指运动员在完成特定动作的过程中身体姿态的保持和身体重心的稳定。功能性运动的稳定性训练,通常是先由稳固支撑条件下的运动逐渐过渡到非稳固支撑,并不断进行练习动作的难度进阶,来提高运动员在应对复杂多变的竞技环境时掌控自身身体姿态和平衡稳定的能力。

表4-10 功能性运动的稳定性训练的分类、方法及难度进阶一览表

分类	方法	器械工具	难度进阶	难度进阶工具
稳固条件下的稳定性训练	1. 改变支撑面数量 2. 改变支撑面大小		无负重练习 增加负重 增加对抗 闭眼练习等	哑铃 弹力带 弹力环等
不稳固条件下的稳定性训练	在支撑面上增加不稳定因素	平衡垫 瑞士球 悬吊等	无负重练习 增加负重 增加对抗 闭眼练习等	哑铃 弹力带 弹力环等
静止条件下的稳定性训练	静力支撑		无负重练习 增加负重 增加对抗 闭眼练习 增加不稳定因素等	哑铃 弹力带 弹力环 平衡垫 悬吊等
运动条件下的稳定性训练	1. 急停训练 2. 技术动作拆分 3. 自身体重或小器械力量练习	Keiser 药球 跳箱 绳梯等	增加负重 增加对抗 增加不稳定因素等	哑铃 弹力带 弹力环 平衡垫 悬吊等

(根据美国体能协会相关资料整理)

1. 稳固条件下的稳定性训练

在稳固条件下进行的稳定性训练可以通过改变练习者支撑面的大小及支撑面的多少来进行。通过改变支撑面的属性,实则是练习方法的一个难度的进阶,在难度增加的情况下,仍保持正确的身体姿态,在大肌群被动员发力的同时,需要募集到到更多的深层肌肉及小肌肉群,从而提升运动员身体的稳定性。

(1)改变支撑面的数量

范例一:八级腹桥

简易动作示范:

图4-8　八级腹桥

原始动作:俯卧,用肘关节和脚尖支撑身体离开地面,使头、肩、臀、脚成一条直线。

目标肌群:肩胛带,腹部肌群,脊柱伸肌和稳定肌,髋躯肌和伸肌。

动作变形:通过抬起左/右侧手臂或抬起左/右侧腿来减少一个支撑面。

通过依次抬起异侧手臂、腿或依次抬起同侧手臂、腿来减少两个支撑面。

意义:增强躯干及肩关节的稳定性。

(2)改变支撑面的大小

范例二:无负重深蹲

简易动作示范:

图4-9　无负重深蹲

原始动作:两脚开立与肩同宽,深蹲至大腿与地面平行。

目标肌群:脊柱伸肌、髋关节伸肌和腹部肌肉。

动作变形:深蹲至大腿与地面平行,重心前移,后脚跟抬起,缓慢还原至双腿开立站立姿势;多次重复以上动作。

意义:增强躯干及下肢的稳定性,改善躯干与下肢的协调性。

2. 不稳固条件下的稳定性训练

在非稳固条件下的稳定性训练,是通过增加不稳定因素来进行的训练方式。常用的可用于增加不稳定因素的器械主要有博速球、瑞士球、悬吊等。同样这一类的训练是练习方法的一个难度的进阶,在难度增加的情况下,仍保持正确的身体姿态,在大肌群被动员发力的同时,为了维持重心在合理的范围内,并保持正确的身体姿态,同样需要募集到到更多的深层肌肉及小肌肉群,来确保身体的稳定性。

范例三:俯卧飞鸟

简易动作示范:

图 4-10 俯卧飞鸟

原始动作:俯卧在一个长凳上,双手握适当大小的哑铃,双臂垂直向下。

目标肌群:三角肌、斜方肌和菱形肌

动作变形:用瑞士球代替平面长凳,准备动作时双手握适当大小的哑铃,双臂垂直向下贴紧瑞士球,躯干置于瑞士球上。练习开始后上举手臂成飞鸟姿态,尽可能的保持上臂与地面平行,持续 1 秒左右回到起始位置。

意义:增强躯干及下肢的稳定性,改善躯干与下肢及躯干与上肢的协调配合能力。

范例四:无负重深蹲

简易动作示范:

图 4-11　无负重深蹲

原始动作：两脚开立与肩同宽，深蹲至大腿与地面平行。

目标肌群：脊柱伸肌、髋关节伸肌和腹部肌肉。

动作变形：双脚微开立站立于泡沫轴上（此动作难度较大，可用博速球、平衡垫等代替），深蹲至大腿与地面平行，缓慢还原至双腿开立站立姿势；多次重复以上动作。

意义：增强躯干及下肢的稳定性，改善躯干与下肢的协调性。

范例五：动态躯干伸展

简易动作示范：

图 4-12　动态躯干伸展

原始动作：仰卧位开始，髋部与膝关节弯曲，双脚置于与膝关节近似高度的方凳上。开始练习时双腿伸直并向上顶髋，使得肩、髋、膝、踝尽量保持一条直线。

目标肌群：髋关节伸展肌、腹部肌肉的控制躯干旋转的肌肉和脊柱伸展肌群。

动作变形：仰卧位开始，髋部与膝关节弯曲，双脚分别至于悬吊绳上，高度近似小腿胫骨粗隆所在位置。开始练习时双腿伸直并向上顶髋，使得肩、髋、膝、踝尽量保持一条直线，尽可能的维持身体稳定。

意义：当腰椎疼痛不能负重训练和需要避免压迫时，可以从躯干和髋关节伸动作开始恢复训练。

3. 静止条件下的稳定性训练

静止条件下进行的练习相对较少,以各种静力性的支撑为主,如手撑、肘撑、侧撑等。但练习的形式不拘泥于仅使用于静态训练,通常根据练习的目的、难度及涉及肌群,练习的手段可相应作出调整,具体范例如下:

范例六:侧撑

图 4-13　侧撑

静态支撑练习要点:这一练习的动作要求是用单侧的肘关节及双脚做支撑,异侧手臂顺势上举或置于地面辅助支撑,支撑过程中尽量保持肩、髋、膝、踝在同一条直线上。

目标肌群:主要目标肌群为腹部肌群,背阔肌及腿部外展、内收肌。

动作变形:侧撑同样可以根据练习方式手段的改变使其由静态练习变为动态练习。如图 4-13 所示。收回异侧上举手臂置于胸前,同时向内侧旋转置两肩、髋与地面平行,并根据实际情况重复以上动作。

意义:增强躯干及下肢的稳定性

4. 运动条件下的稳定性训练

范例七:跳箱

图 4-14　跳箱

动作要点:如图 4-14 所示,单脚站立于稍低跳箱上,异侧脚微抬起,向前跳下(落地稍屈膝)并顺势跳至较高跳箱上。

范例八:击剑步伐

图 4-15　击剑步伐

范例九:药球练习

图 4-16　药球练习

动作要点:屈膝 V 字支撑置于瑜伽垫上,双手握紧药球绳,快速用力砸向躯干两侧地面。

目标肌群:核心区域肌群包括腹内外协肌、背阔肌及大腿前侧肌群。

意义:增强核心旋转稳定性。

知识链接

核心稳定性训练

http://mp. weixin. qq. com/s?_biz = MjM5NTc1MzQ0Mg = = &mid = 4016300902&idx = 3&sn = 0cb60bf3d5c54f4930799f51e00f76b9&scene = 1&srcid = 0205pMJhMIESE7ulO2017v4yx#rd

延伸阅读

（美）弗恩·甘比达(Vern Gamb)著,刘宇,孙明运译.竞技能力的全面发展:身体功能训练的艺术和科学[M].北京体育大学出版社,2011.

第六节　恢复与再生训练指导

恢复与再生训练是训练和比赛活动结束后的重要环节。训练和比赛过程中人体承受了大负荷施压,机体的应激性保护和下一次训练比赛活动的需要,使回复训练和再生训练的意义极其重大。其目的是让肌肉再次得到放松,同时可以预防运动后的肌肉酸痛,有效增加身体的运动幅度,让身体感觉更加轻松,从而预防过度疲劳和竞技训练可能造成的伤病。

一、恢复与再生训练及其意义

恢复训练是在运动结束后,主动帮助活动者消除训练和比赛带来的生理疲劳和心理疲劳,使他们的生理机能和能源物质逐渐恢复到运动前水平的变化过程。再生训练是通过有计划的训练单元,在加快机体恢复的同时,对肌肉和筋膜等软组织的超纤维结构损伤进行修复,保证器官组织功能的正常发挥,帮助活动者机体从激烈的训练和比赛中恢复的训练活动。

再生训练是恢复训练的一种形式。二者共同点是目的相同,是为了让组织结构的功能继续保持,甚至增强和提高;再生的一部分属于恢复过程,但还有一部分是区别于恢复而独立存在的,其作用范围属于细胞分子结构水平。

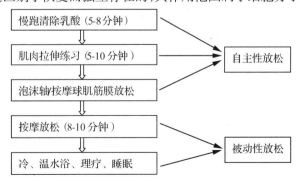

图4-17　恢复与再生训练的程序

二、恢复与再训练的主要方法与途径

（一）慢跑清除乳酸

运动时体内产生的乳酸,导致肌肉疲劳,肌肉酸痛,呼吸急促,这是因为运动时产生大量丙酮酸、乳酸等中间代谢产物,不能通过呼吸排除。这些酸性产物堆积在细胞和血液中,使人感到疲乏无力、肌肉酸痛。运动后进行合理的低强度有氧运动,如户外慢跑、趣味游戏、踢足球等,使心脏慢慢恢复正常的跳动频率,增强机体细胞的活力,通过血液循环系统来加速乳酸的消除和代谢废物的排出,缓解肌肉酸痛,并能加强神经中枢的抑制过程,帮助机体逐渐过渡到相对平稳状态。

（二）肌肉拉伸练习

通过拉伸肌肉,有利于减轻肌肉伤痛,增加运动幅度。适宜的拉伸可以促进无氧运动后体内乳酸的消除,对减轻过度训练后的酸痛非常有效。身体的拉伸分为动态拉伸和静态拉伸,前者一般在准备活动时用的较多,而后者多用在训练后的恢复练习。再生训练的身体拉伸活动以静态拉伸为主,以缓解肌肉紧张,消除肌肉的僵硬症状,增加肌肉活动。常见的方法主要是 PNF 拉伸和主动分离式拉伸。

（三）肌筋膜放松

再生恢复训练主要依据肌肉筋膜放松原理,对肌肉外膜进行主动梳理和按压,使肌肉和软组织在短时间内得到有效地放松和恢复。泡沫轴和按摩棒作为康复训练和再生恢复训练的主要训练器材广泛应用于神经康复和运动损伤后的恢复再生训练。通过泡沫轴/按摩球对筋膜的放松,降低组织肌肉与肌腱的张力,最终达到放松肌肉、恢复肌肉初长度以及提高肌肉的工作性能。

（四）按摩放松

按摩通常在起赛前 15—30 分钟完成,若运动员出现睡眠不足、过度紧张、食欲不良,精神状态不佳等状态,此时应进行镇静安眠的按摩来调整。运动后的按摩通常在训练后休息 1—2 小时或更长的时间后进行,最好是在温水浴后,在温暖、清静的室内进行,按摩时应依照胸、腹、上肢、下肢的次序以及顺血液和淋巴回流的方向进行按摩,使用揉捏、推压、摇晃、抖动等手法,用力是由重到轻。同时根据各个部位的疲劳情况,循经取穴,施行揉、捻、推、掐等手法,以调和气血,帮助运动员缓解运动疲劳。

（五）冷、温水浴、理疗、睡眠

训练后进行水浴是最简单易行的消除疲劳的方法。温水浴可促进全身的血液循环,调节血流,加强新陈代谢,有利于机体内营养物质的运输和疲劳物质的排除。水温为42摄氏度左右为宜,时间为10—15分钟,勿超过20分钟。训练结束半小时后,还可进行冷热水浴。冷水温为15摄氏度,热水温为40摄氏度。冷水淋浴1分钟,热水淋浴2分钟,交替3次。睡眠是消除疲劳、恢复体力的好方式。充足的睡眠能够降低大脑皮层的兴奋过程,使体内分解代谢处于最低水平,而合成代谢过程则相对较高,有利于体内能量的蓄积。此外,还可以通过其他理疗,用各种方法使肌肉放松,改善肌肉血液循环,加速代谢产物排出及营养物质的补充。还可以通过调节神经系统机能状态来消除疲劳,如气功、心理恢复、放松练习、音乐疗法等。

三、训练过程中的恢复与再生

（一）训练过程中的恢复与再生

在训练过程中通常采用积极性恢复练习,主要表现为训练中非主动肌群的主动伸缩而导致的原主动肌群抑制和放松恢复;原主动肌群的酸胀或肌肉强直收缩需要重点按摩、缓解和恢复。

恢复是训练中的一个重要环节。因此,运动中良好的运动表现应该具有积极性恢复。积极性恢复包括运动后的整理活动、物理和机械的放松与按摩、适当补充维生素、心理放松等。积极性休息可以加快能量物质的合成,并能促进乳酸的消除,使机体尽快恢复到运动前状态,甚至到达超量恢复。

在运动中的积极性恢复练习中,通过动作的变换或者顺序亦或是交叉训练,以达到运动效果的最佳化。如臂部肱二头肌和肱三头肌、腿部股四头肌和股二头肌均是相互起反作用的对抗肌群,动作可组合为:站立反握弯举——颈后臂屈伸或坐姿腿屈伸——俯卧腿弯举。这种锻炼方法,不仅能使局部肌肉负荷和休息交替进行,锻炼的部位不易疲劳,而且对局部肌肉群刺激比较完整,从而使所练的部位匀称发展。

深蹲练习过程中,屈髋关节的主动肌是股四头肌、髂腰肌,运动导致肌肉酸胀,通过按摩或者泡沫轴碾压、滚动放松,使主动肌恢复放松。放松时,可以采用非同步放松训练,即两腿循环交替放松。

（二）训练与比赛后的恢复与再生

泡沫轴、按摩棒、花生、触点球(触电球)等主要用于在训练前、训练结束后即刻肌肉放松。主要部位有:小腿后群,大腿前群、后群、内外两侧肌肉,腰背部等。通过滚动、加压按摩,加快肌肉组织细胞内的血液、淋巴循环和新陈代谢速率,从而达到放松的效果。每个动作持续30—60秒。动作过程中要注意让整条肌肉都受到按摩刺激,并且在疼痛点出保持一段时间。主要作用部位:筋膜、肌腱和韧带等软组织。

图 4-18　再生训练动作图示例

肌肉放松的一般顺序:由下至上:小腿肌群、大腿肌群、臀部、腰部、背部、肩袖肌群。

表 4-11　再生的针对性部位

器材	上肢	躯干	下肢
泡沫轴	前臂内侧、前臂外侧、三角肌、肩部	上腰背、下腰背、背阔肌、胸大肌、斜方肌	大腿内收肌、腓肠肌内外侧、股内侧、肌肉斜头、腘绳肌、髂胫束、屈髋肌群、股四头肌、臀大肌、臀中肌
按摩棒	前臂内侧、前臂外侧	上腰背、下腰背、背阔肌、斜方肌	腓肠肌内侧、腓肠肌外侧、大腿内收肌、腘绳肌、髂胫束、屈髋肌群、股四头肌
触电滚轴/触电球	前臂内侧、前臂外侧、三角肌、肩部	胸大肌、髂腰肌	腓肠肌内侧、腓肠肌外侧、腓肠肌、股四头肌、髂胫束

(三)恢复与再生训练的注意事项

第一,用泡沫轴与按摩棒进行运动前软组织细胞唤醒与激活以及运动后梳理与放松时,从下肢开始逐步过渡到上肢。根据目标肌肉,慢慢将泡沫轴来回滚动30—60秒。如果某处肌肉感觉特别疼痛,在该处多停留5—10秒。

第二,用扳机点球进行运动前软组织唤醒与激活,以及运动后梳理与放松时找到酸痛的点加压,从而消除肌肉中打结的现象并恢复肌肉原有的功能(长度、弹性、收缩力)。在酸痛点上持续按压30-90秒,保持姿势,直至酸痛感开始缓解。

第三,训练前的软组织细胞唤醒、激活顺序是:泡沫轴、扳机点,然后做拉伸。主要功能是刺激运动员肌肉激活和唤醒软组织细胞。

第四,运动后梳理、放松顺序和训练前相同,先进行泡沫轴放松、扳机点放松,然后是拉伸放松。主要功能是梳理和放松训练带来的软组织疲劳不酸痛,促进血液、淋巴回流和肌肉组织细胞修复。

恢复与再生训练与准备活动及训练过程的各个环节紧密衔接,呈现出同步再生和即时干预的特征,能有效地发挥预防损伤和康复的作用,保障训练过程的安全性。它以肌肉和筋膜的梳理放松为重点,利用触点球、泡沫轴和按摩棒等小器械,修复肌纤维的超微结构损伤。日常训练中应多对激发点周围筋膜软组织进行激活和梳理,预防潜在激发点的"转正"和形成。在实际操作中应视具体情况确定再生训练的时间和顺序,一般在赛前所占比例最大。筋膜梳理放松时要求运动员要准确掌握操作要领,才能达到预期效果。在训练中要适当增加再生训练的比重,才能保证身体功能训练的有效实施。

 知识链接

复合体能训练

http://mp.weixin.qq.com/s?_biz=MjM5MzU1Njg2MQ==&mid=10017551&idx=1&sn=af8859a1f713a3b41de43d0302a3bee4&scene=0#rd

【复习思考题】

1. 结合实际谈谈体能及其训练的功能及其意义有哪些?
2. 如何认识体能与专项体能和专项技术的关系?请举例说明。
3. 力量、速度训练中教练员指导的重点和一般技巧有哪些?
4. 结合实际设计一份专项体能训练计划。
5. 在训练和比赛结束之后指导运动员进行恢复与再生训练应该注意哪些问题?
6. 尝试在现有的恢复与再生训练器材设备基础上设计1—2种器材。

【主要参考文献】

1. 李笋南,齐光涛. 体能训练原理与实践[M]. 北京:北京体育大学出版社. 2012.

2. 王卫星. 高水平运动员体能训练的新方法[M]. 北京:北京体育大学出版社,2013.

3. 王卫星,李海肖. 竞技运动员的核心力量训练研究[J]北京体育大学学报,2007,8.

4. 陈小平,黎涌明. 核心稳定力量的训练[J]. 体育科学,2007,9.

5. 王安利译. 运动康复中的有效功能训练[M]. 北京:北京体育大学出版社,2011.

6. Greg J,Aaron J,Peter Reaburn,et al. . Effect of post-match cold-water immersion on subsequent match running nonperformance junior soccer players during tournament play. J of Sports Sciences,2011,29(1):1 – 6.

7. Bliss,L. S. & Teeple,P. Core stability:The centerpiece of any training program. Current Sports Medicine Reports,2005(4):179 – 183.

8. Buzzi, U. H. ,& Ulrich,B. D. Dynamic stability of gait cycles as a function of speed and system constraints. Motor Control,2004(8):241 – 254.

(本章撰稿人:李赞博士,天津体育学院副教授,硕士生导师)

第五章 运动员技术学习与技能发展指导

【学习目标】

- 能够区分动作、技术与技能的异同及其相互关系。了解动作模式和动作技术模式的关系。
- 了解运动情景与感知、运动节奏与技术节奏、运动技能形成与表现的相互关系。
- 掌握技术技能发展的方法和执教要求,结合技能发展实际,设计具体方案。

【本章导语】

动作规格、规范和运动项目的规则确立了运动技术的形成。同一运动技术在比赛活动不同情景下的运用不同,由此决定了运动员的运动技能。本章介绍了运动技术指导的基础,运动技术的教练原理。重点介绍了运动技能发展的六种教练方法,提出了运动技术技能教练的基本要求。

运动技术学习并形成运动技能的基础是练习时间和练习者自身。Erickson(1996)的研究表明,正常人学习与掌握技术并达到优秀运动员的水平应该有不少于10年(约10 000小时)的时间,这是"熟能生巧"的质变过程。那么,关于技术学习,则不得不再一次提及高威的"内心网球"。因为对于无论是初学者,还是达到一定水平的运动员来说,其学习、掌握和发展技术这一过程的最大敌人并不是动作技术,而是他们自身。为了帮助他们战胜这一"敌人",教练的工作就是通过提出有效的问题,帮助他们发现自己的潜力,并形成足够的觉察力和责任感,从内心深处形成积极的动力水平。所以说,教练的首要职责是提升运动员的感知力(或称觉察力)。

第一节　运动技术教练基础

一、动作、技术与运动技能

（一）动作与运动技术

教育学、心理学、行为学理论关于动作、技术和技能的习得过程已经有了许多经典的论述。由于运动是客观世界普遍存在的现象，人的动作，或者人体动作是人根据一定需要和动机驱动并指向客体的运动系统，也是行为系统。人的动作不是孤立的，而是包括在人的所有活动之中。因为具有目的性，并有一定的动机和指向，所以人的动作既具有生物性质，也具有社会性质。人的活动——身体运动是根据运动的需要由许许多多单个动作组合在一起的系统。因为不同的运动目的，动作形式及其组合方式所形成的动作结构系统有简单与复杂之分。

在体育和竞技运动语境下，动作、技术与技能是相互联系的三个概念，其本质属性一致，但是其意义各不相同。

动作是人体运动的基本单元和基本方式。为了完成和实现某一活动目标，人都会以与其自身解剖学身体特征相吻合的肢体活动方式去操作。人体动作的最小单位是肢体表现出来的推、拉、屈、伸、举、跳、旋转、以及躺卧、站立、行走等。在特定的、复杂的运动情境下，这些动作单元需要进行多维的组合以更好地符合人的活动需要。因此，同样是"跑"的动作，人会根据"跑"的目标、场景（即条件）表现出不同的"跑"的肢体动作方式。严格意义上说，"跑"是一种复合动作，走、跳、投等动作同样如此。所以说，动作是通过运动来实现的，但动作并不是个别运动的简单的机械的组合，而是复杂程度不同的完整和有目的的运动系统。

为了保证和实现这一系统能够发挥最好或最大的效益，我们必须通过反复练习使这一系统高度协同，从而使某一动作，特别是复杂的动作达到自动化的地步。为了达到动作系统的协同，需要我们由专门的动作规范，即技术来实现。所以我们经常会将动作与技术结合起来称为"动作技术"，即某一动作的规范性、合理性、有效性尺度。这种自动化了的动作系列称为动作技能，它在人类的生产活动中具有重要的意义。

那么，什么是技术或者动作技术呢？由于在运动活动中，单个的动作或者若干动作还不足以符合运动的需要，并且尽管有许多动作行为是人类的本能，但是随着人们活动情景的变化，那些动作不能够完全适合运动的需要。不仅如此，每一个人在由简单动作到复杂动作的学习过程中，需要一定的规范性，以使其有一个合理的、有效的动作掌握。为此，人们在长期的运动实践中，总结和归纳了动作的基本规范，由此形成了我们的运动经验和知识。那么，这些有关动作的经验和知识就是我们所说的技术。技术是人类为了满足运动的需求和愿望，遵循运动的客观规律，在长期的运动实践过程中，积累起来的知识、经验、技巧和手段，是人们从事运动的方法、技能和手段的总和。

技术有两个层面的含义。其一，是对动作是否符合行为目的和需要的规定性描述。我们常常说，某一技术是否正确、是否合理，实际上是对某人在完成其目标过程中，某一动作的生物学与社会学的描述或评价。其二，技术还是已经被实证了的合理的、科学的、有效的动作系列（系统）。这些动作系统已经固定下来，且为人们所认同。

正是因为如此，技术被认为是完成某一动作和动作链的具体方法[①]。这一方法是基于运动项目形态和人体生物学基础而形成的，也是长期以来人们认识运动项目形态和人体生物学特征后的一种选择和认可。所以，我们对技术在合理性、有效性、经济性等方面的诊断和评价成为某一运动项目技术的标准。

有的时候我们说"技术动作"在严格意义上是不符合语法要求的。准确的称谓应该是"动作技术"，亦即动作的规范性、合理性和有效性。但是，我们很多时候，尤其是在严谨的科学研究中，往往使用"运动技术"一词。

（二）运动技能

在竞技运动中，动作技术是动作的功能延伸，又是运动技能形成的基本条件。任何一种运动方式（项目）都有其特定的动作方法要求。同样是跑的动作，在田径的径赛和乒乓球、篮球、冰球项目中就有不同的动作技术规定。同样，任何一种技术，无论是简单，还是复杂，动作方式的规范性、规定性必须与动作的合理性和有效性相结合。如何实现这一结合，就必须掌握合理、熟练、有效完成这些动作方式的技艺，这就是动作技能。

技能或运动技能有广义和狭义之分。广义的技能是指人们在完成一项具体的任务和完成这一任务的质量或技艺，它是一种才能。我们可以说运动技能、劳动技能、舞蹈技能、军事技能，等等。狭义的则是与技巧同义，

---

① 田麦久.运动训练学[M].北京：人民体育出版社，2012：180 – 181.

我们可以说技术技巧,也可以说战术技巧,还可以说心智技巧,当然也可以说身体素质技巧,所有这些技巧都是一种专门的、特殊的才能,于是我们将其用"竞技能力"概括。

运动技能是能够将各个独立的或组合的动作技术串联起来,根据比赛或运动情景的需要,形成一个完整的技术或者技术组合。显然,在比赛中,仅有完整技术和技术组合是不够的,因为我们的对手、环境在时刻变化。在网球运动中,对方的发球、击球之后球飞向本方场地时,要盯住网球,知道网球来球方向和高度、旋转方式和速度、落点,然后运用内部技能完成有效回球。篮球、足球中的抢断成功取决于对对手传球意图的预判,运用内部技术,在合理的时空背景下获得来球,是为完成抢断任务,这一预判、决策、行为过程就是抢断的外部技能。在走、跑、游、划等体能主导类运动项目中,技能的运用是更好地提高运动技术的效益,保证体能最大限度地发挥与运用。

马腾斯说"技能是能够在正确的时间和地点完成所需的技术"[①]。如何保证能够在正确的时间和地点完成技术呢?认知水平、决策水平是其基础。技能的形成或者说标志是运动者对所掌握技术在什么样的运动情境下去区分且变化地运用的程度。所以,我们说技能有简单与复杂之分,这是由于技术环节本身的复杂性、技术运用环境的复杂性所致。

我们一般将技能划分为封闭式技能与开放式技能。这是根据动作技术内部结构和外部表现方式来划分的。有学者按照竞赛条件或环境将运动技能划分为封闭式和开放式两类。Peter J. L. Thompson 说,那些竞赛环境是稳定的,并且可以预料到的,运动员几乎可以忽略的以便集中于自身技术的完成的就是封闭式技能,例如田径运动中的 100 米、110 米跨栏跑运动员比赛时就不会刻意注意到对手的技术及其运用。而在中长距离的跑中,运动员往往就不能够忽略对手的技术,所以是属于开放式技能[②]。汤普森的这一划分虽然有值得高雅之处,但是从竞赛环境角度来考量技术与技能无疑还是有重要的比赛实践意义。

有学者根据运动方式的周期性与非周期性来划分闭式技能和开式技能。例如,汤普逊以运动环境的稳定性为标准划分动作技能的性质具有一

---

① 雷纳·马腾斯著,钟秉枢,于立贤,刘润芝等译.执教成功之道[M].北京体育大学出版社,2007:182.

② 汤普森的这一观点似乎也只是对竞赛环境的一种广义划分之后形成的。即使是在短距离跨栏跑中,对手或者邻近分道的运动员的比赛情况有时候也可能对本人产生极大影响,例如栏架倒下,对手摔倒等。因为此时既是预料之中的,却也可能是突发事件。

定的意义。这种划分能够很好地帮助我们理解技术与技能的区分。他认为,运动环境是稳定的也是运动员可以预料到的,几乎可以忽略周围环境而集中全部精力在努力完成动作上就是闭式技能。运动员需要对外界的因素做出反应时即为开放式技能[①]。

另外一方面,由于竞技对手、环境变迁等客观要素的不确定性,已经获得的具有模式化的技术并不能够完全适应于比赛中的需要,而是需要运动员去根据对手、环境的变化,对已有的动作技术进行适应性调整,甚至是修正,以此达到战胜对手的目的。这也是为什么我们往往是将技术和战术,将技能与战术运用能力结合起来评定运动员竞技能力的原因。

技术、熟练技术,技能与熟练技能的意义在于使运动技术效果经济性的最大化。为此,在任何一个水平上的练习者或者运动员都有其完成某一技术的模式。当这种模式成为最佳的、有效的式样时,我们说其掌握了某一动作的技能,这一动作技能不仅成为其技术运用的前提,也是他人学习或练习的标准。在运动活动中往往是决策行为与技术行动共同产生的,这一点在高水平运动员的竞技活动中表现的尤为突出。

尽管体能是"按照一定的技术要求完成某种动作的能力"[②],但是动作、技术与技能三者之间是一种递进且相互联系的关系,如图5-1所示。

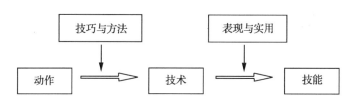

图5-1 动作、技术、技能的关系

需要指出的是,这里有两个问题需要澄清。第一,技能的开放式和闭合式称谓并不准确。这一点我们通过前面对动作、技术、技能的界定就应该明了。我们只能够说开(放)式技术和闭(合)式技术。如果说开式与闭式技能,那也是指向动作技术或运动技术的运用情景。第二,所谓开放式运动技能和闭合式运动技能的划分只是一个理论视角。在实践中,任何一个运动技术是否属于闭式还是开式除了首先取决于其动作技术本身外,还取决于技术应用环节。一般而言,开式技术必然包括有闭式技术,闭式技术则不一定包含开式技术。

---

① (英)Peter J. L. Thompson 著,张英波,孙南译.教练理论入门[M].北京体育大学出版社,2011:165.

② 中国体育科学学会,香港体育学院.体育科学词典[S].高等教育出版社,2000.

严格意义上说,所有的动作技术都是闭式的环路,因为任意一个动作技术都有其内部规定性和结构,这种规定性和结构不容破坏,否则就不成其为动作技术。而所有的技能都是开式的,因为任意的动作技术的使用需要运动者根据情景去选择,选择能力及其效果是技能的表现。

二、动作模式与动作技术模式

21世纪初叶以来,欧美的一些康复训练和体适能训练的专家基于恢复、康复的目的提出动作模式、动作程序和功能训练的概念。Mark Verstegen,Gray Cook 等人认为"竞技运动的本质即是动作模式"。动作模式是竞技训练的基石,是竞技运动(应该是运动——引者注),也是技术的最小单元,反映着运动素质和技术,决定运动表现力,是决定优秀运动员最根本的因素。他们认为,因为大脑不能分辨单一的肌肉运动,但是却可以识别动作模式。这种识别是使所有肌肉之间建立所需要的协调,即动作程序。动作程序产生相应的动作模式,大脑中储存记忆的空间使得在学习和精炼动作时能快速启用动作模式的信息,从而使动作模式达到一个自动化、经济化的状态①。

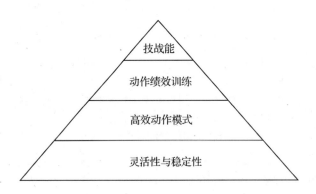

图 5-2　最佳动作模式金字塔(材料引自 Gray Cook,2010)

Gray Cook 说,只有稳固的动作模式才能形成良好的运动表现和运动技术,否则极易形成潜在的伤病隐患,最终影响技术的发挥。强调动作模式,强调动作和技术内部的联系和中枢神经系统的联系无疑是功能训练的基础。Thomas Kurz 等人甚至认为,通过动作模式的训练可以达到技术的稳定和高效。并且由于是最符合人体运动方式的,所以可以最大化地减小伤病发生的几率。

---

① Gray Cook. Movement – functional movement systems[M]. Target Publications,2010:26.

张英波认为动作程序是认知模型的一个重要组成部分,其核心是有效利用那些允许"自由动用"的肌肉和关节,同时又抑制另一些肌肉和关节参与动作①。无论是动作模式还是动作程序,强调动作技术的内在联系是有积极意义的,特别是对合理、有效技术的形成,并最终形成技能的过程有决定作用。

源于医学康复的功能性训练是为了改善肢体损伤人群关节的稳定性、神经肌肉控制、肌肉力量和肌肉耐力所采用的多关节、多方位、强调本体感觉的运动,主要通过减速、加速以及稳定性能力、不稳定状态下身体及其重心控制能力以及对地反应力和冲力的调控能力。将功能性训练引入到竞技运动中的运动员运动训练活动中是对发生伤病的运动员的一种康复性或者预防伤病发生的辅助性训练体系。Santana J. C.,Steven Plisk 等人认为,功能训练不仅是一种将日常动作与竞技动作的融合,更是一系列使人体适应于与其相互协调一致的、专项化的动作模式练习②③。这种专项化体现在生物力学的适应、内外机制的协调和能量的供应形式上,不只是简单模拟动作的外在形式。功能训练更加强调对动作模式而不是对单一肌群的训练,动作模式训练是实现功能训练目标的手段。

功能性训练是从整体角度发现运动员个体薄弱点,也是对日常动作的复制,同时增加了协调、平衡、力量以及高度注意力训练。核心力量训练是功能性训练的重要组成部分,功能性训练是专项化、个体化训练的体现,以此缩小训练和比赛的差距,有利于运动员获得最佳竞技状态。国内诸多学者将功能性训练引入到我国的运动训练领域,提出传统训练是功能性训练的基础,甚至认为功能性训练是一般素质和专项素质的桥梁,因为传统训练并没有将获得的身体素质最大程度上转化为专项真正需求的素质。

我们把不同动作项目对跑的动作技术规定性,并形成的一种固有程序或式样称之为动作模式。这种动作模式符合人体基本活动的要求,同时更符合特定运动方式的规定性。从这个意义上说,竞技即动作是有道理的。

从竞技活动和训练学角度而言,技术和技能是基于动作技术各要素之间的相互联系及其方式,这些固定的联系和方式形成一种固定的式样,这才是所谓的动作模式。理论上,任何动作技术只有一种最佳或最优的动作模式。事实上却并非如此,这不仅是因为不同的个体的身体、心理特征,也

---

① 张英波. 动作学习与控制[M]. 北京体育大学出版社,2003:94.

② Santana J. C. Functional Training [J]. United States Optimum Performance Systems. 2000:45.

③ Steven Plisk The ambassadorial fascia in low back disorders:evidence based prevention and rehabilitation[M]. United States . Human Kinetics,2002:79 – 80.

由于不同运动项目的需要。同样是跑的技术,其动作模式因为力量、心肺机能水平就会有不同水平的动作模式。田径运动中的跑和球类运动中的跑则因为项目的特征也形成了不同的跑的技术动作模式。这是由于不同的个体因为其生理和心理特征,在动作技术要素的联系上有不同的表现。当然,对于任何初学者而言必须有基本的动作模式,并有必要了解与熟悉这些基本动作模式。因为他们在其技术学习时依照这个式样,可以使大脑皮层与运动系统之间构建相对稳定的动作技术联系。

表5-1 动作模式分类

模式	基于基本活动需要的动作模式	基于竞技需要的的动作模式
单个	躺、卧、立、握、伸、推、拉、屈、转、旋	走、投、接、踢、击、打、挑、拨、运、传、划
复合	单个、独立的肢体动作	多个肢体动作的专门组合

正是因为我们对动作有专门的规范性和合理性要求,于是形成了相应的动作技术,而在不同的运动情景下,需要我们使用不止一种动作技术去实现运动的目标。哪怕是跑的动作技术,也需要上下肢的动作技术进行组合才能够实现,于是就形成了不同的动作技术模式。

动作技术模式是各个独立的动作模式的组合。在任意一个运动项目中,其各个动作技术环节就构成了不同的动作技术模式。短跑的起跑、加速跑、途中跑和终点跑就形成了四种不同的跑的动作技术模式。而在基本的动作技术模式上,在不同的项目之间(运动形态和运动目标所致),也有不同的动作技术模式。例如,田径运动中的跳跃、投掷运动中的"助跑动作技术"则需要根据运动目标使用不同的动作技术组合模式。球类项目中的运球与传球动作模式组合,游泳项目中的腿部打水动作模式与上肢的划水技术模式组合等也是同样道理。

表5-2 动作技术模式分类

模式	内部	外部
单个	任意运动形态所需的各技术环节构成的动作技术模式的组合	不同行为主体同一运动形态的动作技术模式
复合	动作技术的时间性	动作技术的空间性

动作技术模式不仅存在于某一个个体在某一运动中,还存在于两个和两个以上的个体之间的运动之中,并形成了一种组合的、复杂的动作技术模式。排球运动中的扣球,前排的快球与强攻在"助跑、起跳、扣"等动作模式中构成了排球进攻动作技术的模式。篮球、手球、冰球等运动项目中,

运球和传球,运球与投射也会形成相应的"运—传"动作技术模式与"运—投"动作技术模式,这些动作技术模式往往是一种固定的复合动作技术模式。强调日常动作与竞技活动中的动作技术融合,强调训练的整体性,这些无疑都有一定的意义。但是,不同专项的运动方式特征、不同个体的人体解剖学特征,特别是在高水平竞技中,基本的动作模式往往都会发生变化以适应比赛的需要。

动作技术模式的形成是因为这种或(因运动需要而产生的)多种动作方法首先必须符合运动方式(运动项目)的需要,然后是符合解剖学、生理学、力学的基本原理。所谓的人体基本活动能力是我们人类生活、工作所必须的动作方法。将这些方法应用到解决运动活动(训练、比赛)之中时,那么这些技术就有了专项与专门的特性。

三、认知、反馈与运动程序

我们这里所说的是运动程序,而不是动作程序,也不是动作模式。这是因为在运动者掌握、使用与选择动作技术时都会获取有关动作技术的相关信息,如运动情景(场地、器械的大小与形状、自己与对手所在位置、运用技术的目的)、完成动作技术的速度、力量和方向,完成动作技术时与之后的自我感知,完成动作技术时或之后的反馈与调节。

球类运动中,运球、传球、投射的动作技术运用与选择会根据运动者自身所处的位置,特别是与同伴、对手和球门(框)的位置确定,会选择不同的动作技术,以不同的速度、力量、方向完成所选动作技术。做出选择之后,运动者会做出瞬时判断,以确定动作技术使用的效果好坏的可能性,并且动作技术目标结果和实际结果之间的差异会反馈给运动者自身。

运动员在经过大量的某种运动情景的感知与决策、反馈与调节之后能够形成特定的"运动程序"。这是他们经过对不同情景下复杂的运动技术运用规律的总结之后所形成的。运动程序是基于动作模式和运动情景而产生的。不同水平的运动员,其运动程序不同,反映出他们的运动技能水平高低不同。最能够说明运动程序的是球类项目中的各种假动作。"假动作"既是一种主动的不同动作技术的结合,即特定的运动程序,也是一种熟练技能表现。当然,其产生的基础却是运动者的不同动作技术的不同选择和应用的结果。

延伸阅读

吴嘉明,邓侃锋,严进洪.脑适能练习是很有效的准备运动.
http://mp.weixin.qq.com/s?_biz=MzI5MzA5MjQyNw==&mid=265005
6615&idx=1&sn=5f93754658c3a54132a08c1c4610886e&scene=1&srcid=0502L
YKToqB2YWVIt83hLjQV#rd

第二节 运动技术的教练原理

一、运动情景与运动感知

我们通常会对球类项目的运动员进行"球感",对水上项目运动员进行"水感",对体操运动员进行"器材感"的测试、描述和评价,其缘由是通过这一诊断来发现他们最基本的感觉客体的能力。在一些运动中,空间感、距离感也是很重要的感觉要素。按照现代管理理论,每个人都存在着这些感觉,或者说具有一定的感觉能力。教练的目标是应该尽快并且最大限度地挖掘他们的这些能力。

不同的运动,有不同的运动情景。这种运动情景决定了某一运动片段或阶段运动员的动作技术行为方式,也决定了动作技术模式。不同的动作技术模式构成了一个完整的竞技活动中的运动节奏。集体球类项目的比赛防守一方,在对方形成进攻态势之后,首先是对对方有球的跑动路线、所处位置、身体姿态的感知下,迅速判断有球队员可能的传球或投射球的线路,进而做出自己的移动路线和站位的选择。与此同时,还要观察对方无球队员的跑动线路、速度快慢等。同样的道理,进攻一方也会对防守一方所有队员的运动态势进行感知和判断,以确立和选择自己进攻的最佳方案和时机。持拍类球类运动项目中,体现感知力的包括对这些信息的准确识别,也包括对信息识别后的移动、引拍与挥拍决策,最终的击球行为是基于前面所有的感知活动。这种在运动活动中对对手和同伴综合的感知,并形成良好的判断取决于运动员的注意力水平和感知水平。注意、识别、决策和行动既构成了技术学习的过程,也形成了一种学习过程的节奏,这种节奏最终映射到运动员关键动作技术运用上。

运动员的感知与认知水平不仅仅是技术掌握的前提,还反映在技术习得后,如何使其适应技术环境的需要。此时的技术不一定再是固定的动作模式,而是以这一基本动作模式为基础,对技术进行再一次的加工、处理,以适应某一特定技术环境的需要。这一加工与处理过程是双向的,不仅对技术本身信息的加工处理,也对环境信息进行加工处理,并使两者匹配、协调。

无论是阅读比赛情景、技术环境还是技术节奏把握,技能还与战术意图和战术行为紧密相关,也就是说,技能水平的高低还反映运动员对战术的理解和表达,这一点在那些技术组合多样化的运动中表现尤为突出。任何单个技术并不能最好地解决运动需要,只有在与其它技术进行组合之后方可以应对复杂的比赛环境和技术环境。如果说技术升华到专门的技能之后是其技术结构的适应性变化,那么根据项目特质和比赛的需求,技能还必须与战术形式和战术行为相匹配。或者说,战术形式需要相应的技术形式才可以最终体现战术意图,最后的战术行为也是通过具体的、变化的技术行为来实现的。

在竞技活动中,特别是对那些集体球类项目,或者竞争双方有直接身体接触的运动项目的比赛中,技术环境在不断发生变化。所以,仅有其内部契合的技术环节还不能够完全适应竞技的需要,这是技术结构与技术环境之间形成的运动节奏。适宜的运动节奏是运动技术与其表现环境的高度契合。契合实现的前提仍然是运动员能够迅速有效地阅读技术环境。从这个意义上说,技能是通过感知认知动作技术内部要素,阅读比赛情景,迅速有效决策并付诸行动的能力。

二、运动节奏与动作技术节奏

运动节奏有两个方面的含义。运动节奏首先是运动系统内部各个要素之间的联系方式和组合方式。任何一个运动系统都是以动作技术的姿态、轨迹、时间、速度、速率、动作力量等要素构成。这些要素在动作技术系统中所占比大小,或者说其贡献大小就决定了某一动作技术的规范、合理和有效程度,其结果是使动作技术的最佳效应,能够随心所欲地完成动作技术,这就是动作技能或者是自动化的运动技能。

运动节奏既反映人体进行某一专门活动的固态节奏,也反映在竞技状态下固定节奏基础上演绎的动态节奏。这种动态节奏是固态节奏为了适应特殊条件而形成的。任何运动技术都由若干技术环节构成,这些技术环节在时间上的自然状态就反映该技术的固态节奏。这一固态节奏是通过人体运动时外部和内部两个方面来表现的。外部的表现是构成运动技术的若干要素，即肢体在完成动作时所必须的起始、持续和结束的过程。内部的表现是不同运动形态、负荷下能量物质的供给方式与途径、能量的消耗与恢复程度以及不同项目、负荷下的心理感知、反应、判断、思维的快慢和准确程度等。

竞技运动中，所有的动作技术构成都是由最小单位的动作技术环节或动作模式构成。若干单个技术在时间、空间上规律性排列就形成了该运动的动作技术形态。这种时间、空间上的规律排列具有一定的节奏性质，即通过专门的动作幅度大小、动作速度快慢、力量轻重等要素来体现其固态技术节奏。篮球单手肩上投篮技术的双手持球、身体自下而上的发力、举球伸展、甩腕技球等技术规格和要求就是一种固定节奏。排球的发球、扣球，羽毛球、网球、乒乓球的发球、接发球，跳远、跳高运动中的助跑、起跳、腾空、落地等单个技术中都存在这种固态节奏。打破这种节奏对于初学者和练习者而言就会影响其对技术的掌握。只有在特殊情形下，遭遇防守或者运动中身体状态发生改变时，这一固定节奏才会发生改变。或者说，在竞赛环境下，运动员的单手肩上投篮就会演绎成其它诸如跑投、抛投、跳投等动作技术。

在竞技活动中，单个技术是组合技术和复杂技术的基础。单个技术之间的组合有固定的，也有不固定的。固定的诸如"隔网对抗项群"中的"发接发击球"就是竞技双方发球与接发球之间存在的固定技术组合。任何一个运动员在发球之后都会面临对手接发球完成之后回球过来的击球技术，这一衔接是不可改变的。所谓不固定的技术组合，往往都是通过相同的单个技术不同环境下使用，或者不同的单个技术在同一环境下组合使用，以实现其运动的目标。同样是投篮技术，根据进攻的需要和防守的现实，必须将单手肩上投篮演绎成跳投、抛投、跑投、灌篮、空中接力灌篮、勾手投篮等不同的组合技术。只有通过这些不同的投篮技术，才能够适应对手、环境，并达到投篮得分的目的。那么这些不同技术的应用就需要对投篮技术外部的节奏进行改变，亦即从外部动作形态到内部供能途径与心理活动进行调节性改变。于是，单个技术动作的固态节奏就演绎成动态节奏。

不仅多个单个技术链接形成组合技术，而且在许多运动中，都会和固态节奏一样出现相对固定的技术组合。上面说到的"发接发击球"组合就是一种。但是在开放性、集体对抗性运动项目中，往往需要组合的、复杂的动作技术和技术组合才能够更好地完成竞技的目标，于是组合技术、或者高难度技术得以产生。

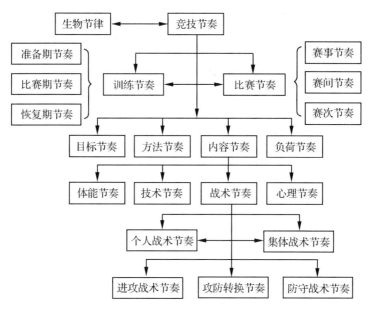

图 5-3　竞技节奏体系（高玉花，2013）

我们将在竞技条件下人们的行为在身体、心理上发生的专门性的节律性变化称之为竞技节奏。它更多的表现的是节奏的变化性、动态性。而运动节奏更多的是一种固态节奏，或者包含了动态节奏在内的体育运动中这一类活动行为或方式的概括。

三、动作技能形成与表现过程

运动技能的习得是一个长期的过程，不仅如此，习得无论是开式运动技能还是闭式运动技能，或是开式—闭式复合运动技能，都会因为运动主体和运动环境的差异和变化而发生变异。普通的运动技能由于其应用环境相对固定，其习得过程的干扰因素相对较少。例如，自行车的骑行技能。普通人的自行车骑行的目的单一，且骑行环境平稳。但是，同样是自行车的骑行技能对于一个自行车运动员来说，却因为动作技术与技能运用的变化以适应骑行环境——竞技博弈环境，骑行技能会不断受到外部干扰。干扰骑行技能的首推激烈比赛中体能的耗竭，其二是对手激烈拼争下的运动技能干涉，其原由是运动（比赛）中的心理变化而导致的技术变形和技能暂时性失效或失用。即使是那些顶级运动员已经稳定了的、所谓自动化了的动作技能也并不能够一劳永逸地在训练和比赛全过程之中表现出来。我们可以称之为运动技能磨损或折旧。

运动技术的学习与掌握并形成专门的技能一般都要经过泛化阶段、分化阶段和精确自动阶段。从行为学角度来说,运动技术的表达或表现则是经过认知、决策与执行三个阶段。这一行为过程是一个从简单行为向复杂高级行为演进的过程。

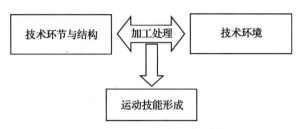

图 5-4　信息加工与运动技能形成

运动员的感知与认知水平深刻地作用于技术学习过程。中枢神经系统和运动系统是否成为一个平顺的"链"决定了学习者学习技术的保障。这个"学习链"的平顺与否首先取决于运动系统与中枢神经系统的衔接,其次要看衔接发生后的信息传递是否通达和及时。

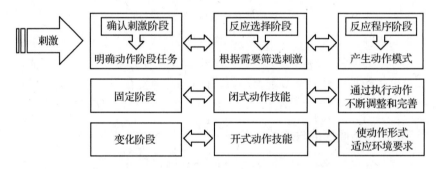

图 5-5　动作信息处理各阶段中两类技能的区别(刘展,2003)

大多数球类项目中,虽然强调运动技术结构的稳定性,但是更多地追求技术环节的可变性。篮球运动中的行进间单手肩上投篮技术转化为行进间单手抛投技术就是一个典型的技术环境阅读之后的改变。与抛投技术相类似的还有足球射门技术中的倒勾射门、乒乓球反手攻球技术中的直拍横打等等。当然,在这些项目的技术环节中,其末端技术,特别是球离开手或脚这一环节的技术,依然保持着相当高的稳定水平。

对于那些周期性、单一技术运动项目而言,诸如田径径赛的跑、水上项目的游与划、场地与公路自行车的骑行等技术则强调技术结构的稳定性。哪怕是那些周期性和非周期性运动相结合的项目,其技术结构都不能够有明显的改变,这一点在体操、跳水、跳台滑雪、花样游泳等项目上也有同样的体现。这些项目一方面追求运动技术各个环节和环节连接的难度,也要保持这些难度技术的稳定。对于运动员而言,技术难度与技术稳定本身就是一对矛盾,教练员并不能够像运动员那样切身感受这一矛盾的影响,尽管他或她或许曾经有过类似体验。

第三节 运动技术技能的教练方法

一、运动技术的基本教练模式

马腾斯提出了技术教学的四个步骤,即技术介绍,技术示范讲解,技术练习,技术错误纠正。这一技术学习模式是对于初学者和技术需要完善的运动员而言,所以可以被称为基本技术教授过程。这四个步骤其实是两个阶段,技术介绍和技术示范讲解是一个阶段,技术练习和技术错误纠正是第二个阶段。在第二阶段呈现的是循环链状态。运动员练习始终是在试错中不断纠正错误,最终习得正确技术。

二、创设练习环境——引起注意、激发动机

正如本章引言中所说,技术的学习与发展需要练习者长时间的重复练习,其中练习次数的多少是其技能否习得的基本条件。但是,是不是我们就要一味地追求练习时间和练习次数呢?也不是因为运动员在重复练习中形成的"熟练",既可能是正确的动作,也可能是错误的动作,甚至是错误的动作模式。

无论是初学者还是中高级运动员的技术学习与改善,基本的动作技术一旦掌握虽然具有一定的稳定性,但是运动情景的变化或不确定性决定了我们的教练必须为运动员提供不同的条件来为运动员表现动作技术,哪怕是简单的动作技术也是如此。

这里所说的创设练习环境有两个方面的意义。其一是为了使运动员有一个明确、适宜的练习自然环境。其二则是为运动员专门设计复杂多变的练习环境以培养他们的运动技能。前者是为了使运动员,特别是初学者能够集中自己的注意力于动作技术的规范和细节上,以便有效、高效地进行技术学习。后者则是通过增加技术学习情境复杂性而发展运动员的技能水平。良好适宜的练习环境或情境还能够有助于运动员产生积极的强烈的练习动机和兴趣。

三、明确练习和教练目标——"教""练"双方需求

建立与发展和运动员的关系应该有表层和深层的意义。表层的关系发展是教练员与运动员的交流和沟通。如教练员和蔼或死板的面部表情,说话的语调与音调,服装服饰,能够迅速叫出运动员的名字,对不同水平运动员都保持相同的关注和友善。有些年轻的或者缺乏经验的教练员为了取得运动员初步印象高分往往会采用一种"竞争性",乃至"挑战性"互动方式。冷酷表情和简单言语,指出问题和指责多于肯定和鼓励,动辄以"我过去曾经是如何""过去是怎样"的语言激励运动员,企图因此获得运动员的认可和服从。

教练员与运动员深层的关系则是前者对后者的了解和理解。教练员对他们的了解和理解不仅仅只是对他们的性格、爱好,也不仅仅只是他们的运动经历和现有成绩水平,更重要的是尽快知道和掌握他们当前和今后一段时间里需要什么。教练员要掌握运动员需要什么,就必须在训练和比赛前做好功课。其中所涉内容虽然庞杂,但是重点的内容应该是他们的技术技能发展需要什么和怎么实现。

四、准确、有序、适时、精炼的讲解与示范

讲解与示范是运动员技术学习中教练员最为常用的教练方法,是对某一运动的技术规范、要求的说明与指示。这一方法的实现是基于信息的双向传递。信息的发送,是正确、合理技术规范的传递。其目的是使运动员对完整技术或某一技术环节形成概念。基本技术的讲解是单纯的技术信息传递,而结合环境或技术运用情景的讲解则是技能信息的传递。

教练员的讲解与示范的第一要义是准确、重点突出和精炼。讲解要求内容准确、时机恰当且及时、方式简洁。啰嗦而不分重点的讲解只会使运动员不知所云,且极易产生抵触和畏难情绪。有些教练员为了强调运动员错误动作的严重性,不惜采用夸大,甚至丑化运动员技术动作的做法是十分不可取的。这是因为讲解或示范的信息反馈到运动员,容易致使他们的技术学习的自我效能感水平降低。

语言与示范是提供给练习者最迅捷的指示,同时也是使运动员培养理解与分析问题能力的最佳手段之一。对于有些问题,尤其是涉及到技术原理的知识、理论,通过语言讲解与动作示范是难以达到的。

第二要义是有序和适时。有些教练员往往不注意技术学习的进程,单纯地按照运动技术的自然结构和环节进行按部就班的讲解和示范,或者在

运动员练习时,尤其是出错时会不厌其烦地进行讲解与示范。其本意虽然是好的,但是却因为技术环节的相对独立性,尤其是运动员在试错中的主动体验与感知因为教练的不恰当讲解而遭到破坏。

值得注意的是,在教练活动中,模仿成为运动员学习技术与技能的重要途径。模仿是人的天生行为活动。教练员的行为方式及其特征在长期的训练活动中都会被运动员有意或无意的模仿。久而久之,教练员的技术风格与特点也会给运动员打上深深的烙印。

五、运动技术完整与分解练习的时机

所谓的分解训练方法并不是一种教练方法,只是一种学习方法。对于那些复杂的技术,尤其是那些技术难度水平高的运动技术,运动员只有通过从简单到复杂,从单一到组合技术的练习才能够获得对该技术的掌握。将运动技术进行分解是为了使学习者不至于产生畏难情绪,提升他们的自我效能感。分解训练和练习并不是运动员学习技术的最终目的,其训练指向应该是完整的技术。

分解练习的基本方式有两种。单纯分解是将一个复杂且可拆分或需要分解的技术人为地划分若干环节或者部分,根据训练的目标和任务进行练习。理论上说,任何一个运动技术都有可分解的环节,并且任何一个技术都有简单和复杂的技术环节。进行分解练习的目的往往是对某一或某几个重要的且是较高难度的技术环节进行单个的专门的练习,以便准确、迅速地掌握该技术,为完成完整的技术做好准备和铺垫。单纯分解并不一定强调各技术环节的练习顺序,但是大多数情况下都会按照运动技术的重点和主要环节顺序进行难易或先后顺序的练习。

另外一种分解主要是针对由多个技术环节构成的且运动程序和模式不完全一致的运动技术的练习,即渐进式或递进式的分解方式。一般情况下,是根据该运动技术的自然(或规则规定的)环节进行依次、累积式的练习,最后形成一个(或一套)完整的技术。

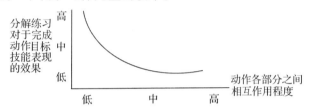

图 5-6　动作环节之间相互作用程度和分解练习
与完整动作目标技能表现的效果关系(Schmidt, Wrisberg, 2000)

六、不同情景下技能的学习与掌握

竞技是运动技术、技能的比较和较量。竞技发生时,不同行为者的技术行为会因为一些原因而发生改变,原有的技术规格会遭到影响和破坏。显现的是能量物质的消耗,疲劳的产生。不同运动者的竞技较量中,他们因为技术细节和技术风格的差异导致不同技术之间的扰动,于是出现我们所说的技术变形或变异。

个人项目首先是运动员以个人独自完成比赛活动的方式,其竞赛过程中动作技术行为效果间接地受制于他人影响。个人技术的稳定性与经济性决定了其竞技表现的优劣。

运用动作科学原理中的"运动感知觉"训练进行人体运动感觉与动作调节的成功案例有许多。鲍威尔1991年打破的男子跳远世界纪录是当前体能主导类项目中少有的几项成绩几乎达到极限的成绩。鲍威尔的专项优势是其所具备的平跑速度和起跳爆发力。其技术漏洞却是跳远比赛中最为常见和致命的起跳犯规。为了解决这一问题,他的教练团队根据刘易斯等人采用助跑中设第二标志物的做法,将自己的助跑分成了"稳定动作程序阶段"和"视觉控制阶段"。

为了保证"稳定动作程序阶段",训练中采用各种改变动作时间和空间特点的手段,如助跑道上摆放小栏架、用强力电风扇吹风等提高自己抗干扰和稳定控制动作的能力。在"视觉控制阶段",在起跳板前4步使用胶带或鞋,形成一个视觉控制标志,保证起跳前的适宜步长、速度和重心位置,为准确起跳和起跳过程中将人体助跑的部分水平速度转化成垂直速度做出良好准备。

集体项目是两人及以上的人员共同完成比赛活动的方式,其竞赛过程中动作技术行为效果直接地受制于他人影响。他们竞赛过程中动作技术行为不仅受制于自身综合能力的表现,更受制于对手的技术行为直接影响的运动方式。集体项目竞技中,不同个人技术的协同性与互补性及其稳定性决定了其竞技表现的优劣。

延伸阅读

张建传、杨懿. 网球的上半身平衡+击球点训练.

http://mp.weixin.qq.com/s?_biz=MjM5NjE4NjE2MA==&mid=265118

3447&idx=2&sn=8cddce349eaf6a08dea917d9fd90db34&scene=1&srcid=0425no egWB9BiBfOrGJ50W#rd

第四节 运动技术技能的教练要求

一、像比赛一样去安排练习

技术的学习与掌握效果、技能的表现结构只能够通过比赛体现。

这一点虽然不能够说在初学者完全实施,但是也应该在他们训练的一定阶段提出这样的要求。由于技术系统的内部结构及其形成的节奏和技术应用的环境和对技术使用的时间与空间要求,形成了技能表现的节奏,那么运动员的技术在肢体用力大小、速度快慢等方面都必须与比赛相结合。否则,其掌握的技术是单一的、机械的,没有针对性的。

对于中高水平的运动员而言,像比赛那样去训练这一点就更加重要。比赛法是一种训练理念,并不是要求运动员参加更多的比赛,更不能是简单的以赛代练。我们在训练活动中设计良好的训练情景,仍然能够实现比赛的目的。

技术习得的标志是运动员某一技术表现时有正确与准确的用力方法和时间、合理的动作节奏、运动过程节省与经济。具体体现在技术环节协调、技术细节缜密、没有过度的吃力感觉、体能分配恰当。

复杂技战术环境下的技术选择与变化,战术选择与变化能力反映了技能水平的高低。对抗性竞技运动项目运动员动作控制与调节训练的重点,在于创设多种多样、灵活多变,甚至难度更高的实战环境,培养运动员迅速、灵活地制定动作计划、准确地选择和提取动作程序,来克敌制胜(如各种球类项目、跆拳道和击剑等)。而非对抗性竞技运动项目运动员动作控制与调节训练的重点,在于稳定和可靠地固定提取同一种动作程序,最大限度地保证同一种比赛动作准确无误地表现和运动成绩的高水平发挥(如田径、游泳和举重等)。

二、促进运动员仔细观察与积极思考

毫无疑问练习,还是运动技术习得中重要的途径之一。练习是使大脑

皮层技术印记的刻画过程。对于正确、合理技术信息的获得，运动员的反馈就是通过身体的运动——反复地练习来表示。不仅如此，运动员的反馈或练习还应该有其对技术的理解、疑问和探索。

掌握某一或多项的基本运动技术规格只是合理、有效完成运动形态和运动项目所需的前提，显然仅有基本的技术规格是不够的，尤其在复杂的运动环境下，技术的运用还需要与对手、竞技情景相匹配，并使合理、有效的技术不仅要更加熟练，而且更为稳定、经济和具有可持续性。"熟练"应该是对那些将基本技术稳定与实用地运用于运动情景之中的运动员技术的描述。

优秀运动员的技术仍然需要发展，只是强调技术运用的熟练和降低复杂环境下技术失衡、变异的风险。为此，参加比赛或模拟比赛环境的训练是贯穿于训练活动始终的。

如果说对于初级水平的运动员的技术教授还是一种传授，那么对于中级水平运动员的技术发展来说则是合作模式下的自我潜能发掘。为了实现这一目标，在他们的技术学习或练习中不断进行思考是其核心，促进和保证运动员在训练或学习中思考问题，需要教练员不断提出问题。

三、优化技术技能的练习程序

马腾斯提出了技术学习的三阶段执教，即心理阶段、练习阶段和自动阶段的执教步骤。心理阶段的实质是因为动作技术的熟悉程度，也就是大脑皮层的痕迹深度及其与运动系统的联系紧密与稳定程度。所以在这个阶段，运动员处于模仿时期，教练则是采用讲解与示范的方法，结合一定的重复练习方法进行执教。

随着人的生物性进化程度越来越高，在执教中，教练必须抓住重点，而不是细节进行执教。这一点非常重要。尤其是对于初学者而言，过于全面和细微的技术学习，特别是对他们指出的错误越多，会极大地破坏他们学习和练习时的成就动机和降低他们的自我效能感，进而削弱他们的自信心和学习动机。

我们有些教练员唯恐运动员对其执教能力产生负面评价，或者因为他们以往就是以这种模式进行学习与练习的，所以在初学者练习时不断地指出和纠正他们的错误，而不顾及每次练习时的主要目的和任务，将次要矛盾扩大化，并掩盖了主要矛盾。即使是简单的单一动作技术在初学者的学习与练习中并不一定不是他们的主要矛盾。

对于单一的、简单的技术教练，我们一般会采用完整的重复的练习方法，在基本掌握其技术标准和规范之后，再通过提高练习负荷强度以巩固深化练习者所掌握的技术。跑的技术中的下肢与上肢动作技术可以是主要通过摆、伸、屈、蹬等基本动作的练习之后，再进行脚的滚动式着地、腿的屈膝缓冲、蹬伸、后摆、折叠前摆以及双臂的屈曲前摆与后摆等单个动作技术进行组合式练习。教练的训练组织则是设计相对简单的训练情景，并以中等强度的负荷和简单的训练方法组织练习者进行练习，以便使练习者能够在大脑皮层形成一定的痕迹，促进他们能够形成动作技术记忆。练习者练习获得的这种动作技术记忆能够将不同的动作技术进行组合，并最终形成特定的动作技术模式——跑的腿部脚部动作技术内部联系和双臂动作技术内部联系以及两者之间的联系。

持拍球类运动技术的教练中，握持球拍技术掌握之后会很快进入到击球动作技术的教练，这是因为持拍类项目的击球动作技术的学习基础是练习者对球、拍、人的空间关系的感知过程。一般来说，教练会首先采用静态的练习方法进行教练。引拍、挥拍、击球是练习者功能手臂的基本动作技术。每个技术都有其独立的技术规范，所以教练中往往会采用单个与组合练习相结合的方法进行。此时并不一定去强调击球效果，而是从假设的常规的来球速度、方向、角度、旋转进行引拍、挥拍与击球的"攻球"技术练习。这时，对球的运动状态的注意与判断成为这一类运动项目动作技术练习的首要任务。

当简单的动作技术得以掌握，教练员应该根据完整的运动技术的结构，要么是进行组合的、复杂的动作技术学习组织，要么是通过改变练习情景增加简单动作技术练习条件的难度。为了提高、强化、完善跑步的动作技术，对练习者跑的速度和速度变化的要求就成为教练组织中一个重要的任务。因为只有如此，才能够使练习者在高强度中稳定其动作技术，同时还能够培养练习者速度感知的能力。

毫无疑问，速度感知是练习者今后在不同的运动技术，不同的运动情景下利用自身速度能力的一个重要因素。在持拍类项目的"攻球"基本技术掌握之后，就会进行"运动中的攻球"技术教练。这里的运动除了是练习者的身体移动，还包括"球"的运动方式。练习者身体"左右前后的移动"，球的"旋转、方向、角度和落点"都是练习者进行复杂攻球动作技术练习的刺激条件。多球练习是这一类运动项目中进行动作技术练习所常常使用的练习手段。

四、技术创新与教练创新

运动训练和竞赛的长期性、艰巨性、高绩效性、可持续性要求我们的教练必须进行技战术方法手段的不断创新。创新的意义在于对客观事物规律变化的认识和把握,能够为其在新的时期和条件下确立活动的目标,完成新的任务,达到新的高度。

运动训练方法与手段的创新是运动训练活动持续实施和运动员发展,运动成绩提升的原动力之一。长期的、艰巨的运动训练和运动竞赛需要训练手段与方法的不断创新。运动技术的发展,运动员体能的挖掘与发展需要不断创新运动训练方法与手段。

此外,通过方法手段的创新的一个重要意义之一是不断为运动员提供激励动力,克服运动训练过程中的一些瓶颈和障碍。例如,训练方法手段的创新对优秀运动员多年训练活动过程中"高原现象"的意义。

【复习思考题】

1. 请你描述在你的训练和比赛活动中,你是如何与运动员进行关于训练和比赛计划设计与制订的事例和情景。
2. 请你根据实际分析运动情景在动作技术或运动技术学习与运动技能发展中的影响。
3. 成功地表现获得的运动技术技能需要考虑哪些因素?
4. 根据某一运动技能学习实际,分析教练员在运动技术技能传授中应注意的事项。

【主要参考文献】

1. 田麦久.运动训练学[M].北京:人民体育出版社,2012:180-181.
2. 皮特J.L.汤普森著,张英波,孙南译.教练理论入门[M].北京:北京体育大学出版社,2011.
3. 弗兰科S.派克著,张思敏译.进阶教练训练手册[M].台北:品度股份有限公司,2006.
4. 张英波.动作学习与控制[M].北京:北京体育大学出版社,2003.
5. 杨锡让.实用运动技能学[M].北京:高等教育出版社,2004.
6. 理查德·玛吉尔著,张忠秋译.运动技能学习与控制[M].北京:中国轻工业出版社,2006.

(本章撰稿人:熊焰博士,苏州大学教授,博士生导师)

第六章 运动员战术学习与战术能力发展指导

【学习目标】
- 认识竞技战术和竞技战术能力,并掌握其构成要素。
- 了解个人战术与集体战术,进攻战术、防守战术和相持战术的关系,并能够区分各种战术的形式和特征。
- 了解与掌握竞技战术能力培养与发展的基本途径和方法。
- 掌握竞技战术方案的设计与应用要点。

【本章导语】

本章主要介绍体育和竞技体育领域里竞技战术的内涵、构成要素,强调教练员和运动员都必须具备竞技所需要的战术能力。分析了竞技战术能力所包含的战术知识学习,设计创新,观察与预见,判断与决策,执行与应变等能力之间的关系。对教练员、运动员竞技战术能力培养的途径和主要方法进行了重点介绍。

竞技体育活动中的"战术"是为了制衡和战胜对手而设计和实施的体能运用、技术运用、心智运用的谋略和行为。竞技战术有其一般的规律,但是在不同的比赛阶段、不同赛事性质、不同比赛环境下,同一战术运用也各不相同。在一定的客观物质条件下,根据比赛的时机、地点、队伍和对手以及环境等情况,灵活地运用和变换战术,对夺取比赛胜利和制衡对手具有重要意义。

第一节 竞技战术与竞技战术能力

一、战术、战术能力和战略及其相互关系

战术是战争、博弈、游戏、体育比赛等社会活动情景下通用的语言和概

念。体育或竞技运动语境下的"战术"是教练员、运动员赛前共同设计,并由运动员赛中执行操作的旨在制衡或战胜对手的计划谋略和具体行动。为了区分与战争等其它社会活动,我们将体育领域的"战术"统称为"竞技战术"。

竞技战术是建立在运动员、教练员对运动项目和竞技比赛的认知基础上形成的专门知识系统,体现了运动员、教练员的专业知识理论、参赛目标确立、参赛人员认知、比赛经验总结的知识理论和思维范式。

竞技战术能力是运动员、教练员在以战术知识为基础,在比赛活动中思维(观察、判断、决策)和行为控制运用战术的才能,体现了他们比赛情景阅读、比赛过程控制的水平。马腾斯将"战术技能"作为描述运动员"运用对规则、对战略、对战术,以及最为主要的是,对自身的理解能力,解决比赛或对手所造成的问题"的能力[①]。

战术是战术能力形成的基础,战术能力反映了战术的积累与应用。战术的实施效果反映了教练员、运动员的战术基础和战术能力,特别对于运动员完成某一运动技能、发挥体能水平,实现比赛预期目标具有重要的意义,所以战术能力是竞技能力的重要组成部分。

在竞技体育比赛中,无论其竞技战术体系多么丰厚,其运用结果既可能是获胜,也可能是失败。这是因为决定比赛胜负的因素十分复杂。在其它因素相等的前提下,比赛双方的战术设计与实施水平才是决定胜负的因素。当然,在竞技制胜因素较为不平衡或相对低下的一方,也可以通过战术的作用形成"以弱胜强"的结果。

战略是高于战术的一个概念,它更多的是站在比赛全局的高度,对于比赛进程的一种认识、思维和决策。或者说,战略是对诸多战术的宏观规划。

在战争中使用的技术和在运动比赛中使用的技术有着本质的区别,唯有战术、战略是极其相近,甚至是一致的,尽管战术战略的形成与发展和技术存在着紧密的联系,甚至受制于技术水平。在"竞争"、"博弈"的语境下,战术反映着竞争和博弈的基本规律,从属于战略,又对战略发展产生一定的影响。

游戏"剪刀—石头—布"中的计划与实施很能够说明战术、战术能力和战略的异同。游戏者均掌握着三种动作及它们之间的关系,游戏开始时的决策(准备出哪一武器)以及行动(事实上出的武器)首先反映的是你能

---

① 雷纳·马腾斯著,钟秉枢等译.执教成功之道[M].北京体育大学出版社,2007:225.

否准确的出手(动作),其次是如何根据对手和游戏进程需要变化出手的节奏和规律性,这就是战术知识。游戏中是连续使用"某一武器",还是跳跃性地使用"某一武器",还是依据对手的武器使用频率判断之后选择某一"武器",会产生多种组合,如何组合即是我们所说的战术。因为三种动作(武器)形成一个相互制衡的"链",博弈双方谁先打破这个链就涉及到战术问题,即什么时候打破,采用那种动作打破。如何获得并表现这些战术就涉及到战术能力。在"剪刀石头布"游戏中胜出多的人往往是其战术能力的优势,因为双方的战术知识及其储备是相同的。

如果将"剪刀石头布"游戏放置在多人多次的博弈比赛中时,每个人都必须有一个整体的宏观的战术运用方案,这就是战略。所以说战略是游戏、博弈、竞技的一种创意,战术是游戏、博弈、竞技的一种具体行动谋略,战术能力则是运用战术的技巧和方法。

二、竞技战术的构成要素

经典的运动训练理论中将战术的构成要素划分为七种。胡亦海认为,战术原则也必须是战术的构成要素之一,这是因为在竞技战术的形成和初步表现是战术方案,所以战术原则是制定和实施战术的思想与行为准则[①]。为此,竞技战术由战术的观念、指导思想、知识、意识、形式、原则、节奏和行动等要素构成。

表6-1 竞技战术的构成要素及其含义

序号	战术构成要素	含义
1	战术观念	教练员和运动员在实践体验和理性总结基础上形成的,关于竞技战术的本质、规律、价值实现的根本看法
2	战术指导思想	在战术理念的引导下,根据项目比赛规律而提出的战术发展、战术训练和战术运用的指导性认识
3	战术知识	竞技项目理论中有关战术规律和战术运用的知识体系,包括战术的发展过程与发展趋势、战术原则、战术内容、战术形式和方法、战术的运用以及比赛中技术的合理运用等内容
4	战术意识	运动员在比赛中为达到特定战术目的而决定战术行为的思维活动

---

① 胡亦海.竞技运动训练理论与方法[M].北京:人民体育出版社,2014:205.

续表 6-1

序号	战术构成要素	含义
5	战术形式	竞技项目战术中具有稳定形态和结构的行动方式
6	战术原则	制定和实施战术的思想与行为准则
7	战术节奏	是战术要素和竞技者的战术在时间、空间维度上的时序性变化，综合反映着战术的时空特征。表征着战术的内部构成和运动员的实施特征，更为精确的体现着战术意识，更详细的揭示竞赛过程
8	战术行为	运动员为了完成预定战术目的和方案而采取的行为方式和动作组合，是运动员战术意识的具体体现

战术的观念或理念是教练员、运动员关于竞技运动、运动竞赛、竞技战术等现象的本质及其运行基本规律的认知与凝练，它引导和决定着战术设计、战术形成、战术方案与战术实施的方向。战术指导思想则是根据比赛实际，在战术观念的引领下建立的指导战术实施的针对性思路。战术知识是所有关于运动项目、竞赛规则等比赛经验、理论和方法的综合，是战术形成的理论基础。战术意识是在获得的战术知识、比赛经验基础上的关于战术的看法，即在长期的训练和比赛中所获得的有关战术的价值观和评价。战术形式是具体的战术行为方式，并固化为各种技术行为模式。战术行为则是通过具体的技术和技术组合实现的战术表达。战术节奏是战术能力各要素和竞技者战术在时间、空间维度上的变化。

三、竞技战术的分类及其特征

（一）个人战术与集体战术

广义的理解，战术是发生在群体之间的。比赛双方，无论是一对一的比赛，还是集体间的比赛，只有且只能够是比赛发生，战术才具有意义。所以我们说，教练员、运动员具有的战术知识、战术指导思想以及设计的战术方案没有具体的战术行为表达，都不能够称之为完整的战术。在这个意义上，战术与战术能力是紧密相关联的。

当然，战术是通过每个个体的思想、意识和行为来体现的，或者说，战术行为是运动员、教练员的战术观念、指导思想、原则、意识和知识的最高反映。

在一些个人项目中，战术仅指向那些"一对一竞赛"或者"独自参赛"的"个体"。我们称之为"个人战术"是根据其需要和比赛环境设计的与另一个个体比赛的战术。

在集体项目中,个人战术是从集体比赛需要出发设计的与本群体内其他成员的个人战术相匹配的战术。在这个群体或团队中,每个个体的战术设计必须从集体战术需要出发,通过每个个体的战术意识和技术行为组合而形成。所以说,集体战术是特指两人及以上的群体或团队进行比赛时所采用的战术,它并不是个人战术的简单叠加,而是基于个人战术基础和特定环境,根据比赛的需要设计和制订并实施的战术,它是建立在每个成员通过具体的技术和战术行为基础上的。

（二）进攻战术、防守战术和相持战术

竞技比赛的形态和局面如同战争、游戏一样是以"进攻""防守"这两种基本形式展现的。

竞赛规则、竞技实力和比赛条件决定了竞赛双方的整个比赛活动始终处在"攻"与"防"的局面中,所以无论是个人战术还是集体战术都因为比赛的"攻"与"防"都有"进攻战术"与"防守战术"之分。在攻防这一交替变化中,因为竞技实力和比赛条件会出现一种暂时的"攻防平衡",于是形成了比赛双方的"相持"局面,此时便有"相持战术"。

（三）体能分配战术与心理战术

在个人战术和集体战术的内容体系中还包括有体能分配战术和心理战术等内容。这是比赛双方或一方根据战术的需要,或者发挥自身的特点,抑或是为了实现战略的目的,通过竞技能力内容体现的战术形态。

竞技比赛实现的基础物质条件是运动员的体能。为了保证和维持激烈、长久的比赛活动,运动员的体能因为比赛负荷的刺激会出现消耗和降低,如何在恰当的时机运用体能则与技战术存在紧密的关系。在整个比赛过程中,个人项目中的每个运动员将体能进行合理的分配以适应不断变化或不断激烈的比赛,也就是根据比赛进程进行体能输出。在集体项目中,每个个体不仅进行自我的体能输出管理,教练员还需要统筹考虑每个队员,每个位置和当前比赛的需要对运动员进行调换来保证全队的体能水平符合比赛的需要。

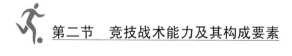

第二节　竞技战术能力及其构成要素

一、竞技战术能力

竞技战术是一种客观的知识体系,它是人们长期运动竞赛实践的认识与总结,并以专门的形式和载体呈现。对于教练员和运动员而言,首先是必须掌握这些知识,然后才可以去运用这些知识,他们运用这些知识并取得一定成效的才能就是我们所说的竞技战术能力。例如,教练员必须将排球进攻战术中的"双快一跑动",防守战术中的"边跟进防守""心跟进防守"进行分析和讲解,使运动员必须掌握这一战术知识,即"双快一跑动","边跟进防守""心跟进防守"到底是什么,是如何运行的,然后才去实践这些战术知识。这里,掌握与获得这些战术知识的过程反映了运动员的一种能力,可以说是学习能力。在竞技比赛活动中,采用什么战术,如何实现这些战术就反映了运动员具有的战术运用能力,也就是我们所说的竞技战术能力。

在竞技战术构成的八要素中,战术观念是起始,战术行动是归宿。这是因为战术行动过程及其效果取决于教练员、运动员的战术能力。

二、竞技战术能力构成要素

(一) 战术知识学习能力

竞技运动的形成与表现机制和原理涉及到自然科学、社会科学、人文学等几乎所有的人类知识系统。其中,生物学领域的解剖学、生理学、生化学、物理学,人文社会科学领域的教育学、管理学、心理学、组织学等成为体育,尤其是竞技体育活动的基础理论。在这些理论基础之上,根据人体运动的机制与原理,形成了竞技体育理论的知识体系。运动生物力学、运动心理学、运动学、技能学则又成为专项运动知识与技能的基础。战术知识是以上所有知识体系中的一个内容,但是又与它们存在千丝万缕的联系。教练员、运动员必须掌握这一庞杂知识体系中的主要内容,方可形成自身稳定和有效的战术知识,为运动竞赛提供支撑。

因为构成战术的是观念、指导思想、原则、意识、知识、形式和行动等要素,那么,教练员必须首先认清战术的本质及其形态。对于刚刚进入教练行业或执教时间不长的教练员来说,如何将已有的战术知识进行整理,并传授给运动员是他们运动训练活动的重要内容之一。

战术知识主要包括规则规程、裁判法、比赛的物质条件、竞赛双方的竞技实力状态评价、不同比赛情景的战术设计与选择。

规则与裁判法既是比赛公平、公正、公开运行的条件,也是教练员、运动员参加比赛和竞技行为表现的准则。教练员教授运动员学习规则和裁判法应该尽可能在比赛情景下进行,哪怕是模拟比赛。要十分强调那些容易引起误读、误解的规则和裁判方法的学习。例如,足球运动中的合理冲撞以及一方侵人犯规后是否有利于进攻方时的死球与活球的规则与裁判方法。了解与掌握规则与裁判方法,是为了更好地执行规则和裁判判罚。许多球类运动项目的比赛中的技术犯规就有恶意与一般之分。计时类项目中的出发犯规、阻挡犯规等也可以为规则和裁判所不容许。格斗对抗类项目比赛中对击打(刺)部位的规定则是必须严格执行。运动员了解并掌握基本的规则约束,并能够了解裁判判定的基本模式,将会有助于他们对战术的设计与运用。

(二)战术设计与战术创新能力

教练员、运动员具备了战术形成所必须的各类知识是竞技战术设计的基础。为了实现竞技比赛的预期和目标,必须根据比赛性质、参赛目标、本方实际,结合对手与比赛环境设计出合理有效的战术方案和战术预案。参赛预案实则是战术方案的一种专门形式,是赛前对赛中进程的可能性判断和应对的文件材料。

战术设计的基础是根据人们对运动竞赛特征的认识、对运动竞赛规则的掌握,根据教练员、运动员的竞技能力的现实水平。如中国排球运动发展中一个重要的事实是,根据运动员的身体形态、运动素质和个性心理特征,"快与巧"成为我们排球战术设计的基本理念和指导思想,于是形成了各种旨在通过快速多变灵活的技术战术,例如"短平快","背快"。将"短平快"与"背快"相结合就形成了我国排球运动进攻战术中最具特色的战术形式。这一战术形式体现了我们的战术理念、知识,更体现了一种学习与设计战术的能力。

优势运动项目发展动力中最重要的一点就是运动训练和竞赛方略的创新。其中除了技术的创新之外,就是与其紧密联系的战术创新。所以我们往往会把技战术创新能力与否看作是一个项目是否具有高水平的可持续发展的原动力。

设计的战术只有运用到比赛之中,并取得战术效果才是战术能力的最终目标。那么在比赛中如何能够保证战术的有效实施,就涉及到教练员、运动员的观察、思维和决策能力。

(三)观察与预见能力

进入一个与训练情景不同的比赛情景之后,教练员、运动员面对的就是竞赛环境与赛前制订战术方案以及训练中练习的各种技术战术组合的匹配。即使是坚持"以我为主"的战术指导思想,也必须对比赛环境,主要是对手的技战术实施进行准确及时的观察,这样才能够做到心中有数,也是知己知彼的最好体现。

观察是身体感官与大脑的活动。视觉、听觉、触觉等水平和能力是观察的物质基础。虽然每个人的遗传基础水平和效应水平不一样,但是通过专门的训练活动能够有效改善这些活动能力。

观察与注意力水平紧密相关。注意力反映了观察者注意分配的维度和效果。不同个性心理特征和不同竞技水平运动员的注意力分配水平是不同的。年轻的、缺乏比赛经验的运动员往往不能够很好地分配自己的注意,或者过于集中于某一情境,或者极易受到外部环境刺激而不断转移注意。有研究表明,同场对抗球类运动中的抢截或断球技术应用时,不同水平运动员的注意力不同。经验丰富的运动员对于进行中的比赛反应更加迅速,而且十分独到。如,当足球中的抢截球技术应用时,他们的注意力更多地集中于对手的髋部(威廉姆斯,戴维,1998)。

观察的同时也伴随着对竞赛情景发展过程的预见,也包含着对对手及其比赛环境变化的预见。球类项目中的抢断,或者对对方球的飞行路线、力量、落点都需要有强有力的预见。良好的预见可以为判断和决策,乃至执行提供帮助。我们说某个运动员反应迅速,倒不如说是他或她有极强的预见力。

(四) 判断与决策能力

观察的目的是为了了解情景的现实状态,为自己的技战术行为运用提供可能性选择。这一过程就需要教练员、运动员准确及时的判断和果断的决策。

判断是对观察和思维对象是否存在、是否具有某种属性以及事物之间是否具有某种关系的肯定或否定。当获知当前比赛的情景信息之后,筛选信息与处理信息,并对情景进行定性和定量的选择,这就是判断过程。本方赛前制订的战术方案中是要充分考虑到对方的战术方案性质和特定这一因素的。球类比赛中,对方上场队员以及基本阵形是如何,其战术性质与己方战术之间的关系如何,就需要教练员、运动员在观察之后迅速做出判断。尤其是在比赛活动中,多种战术形式不断交替,能否观察到这种变化,并迅速做出判断是自身战术方案执行和执行效果的前提。

判断的首要目的是为了本方战术行为的实施,实施之前需要一定的决策。对于教练员、运动员而言,采用什么技战术,如何选择和最终决定就是战术决策过程。"优柔寡断"与"果敢","果敢"与"冒险","以静制动"或"静观其变"都是教练员、运动员战术决策中时常发生的现象。琼·威克斯(Joan Vickers)提出了六种决策训练方法:

第一,完整地传授战术,然后进行分解:完整的战术传授有利于运动员对复杂问题的解决,因为他们可以对不同的战术之间的关系进行整体把握。

第二,让运动员观察其他人的决策:无论是高水平运动员还是一般水平运动员的技战术及其决策都应该是观察的对象。

第三,让运动员观察自我:观察他人的最终目的是为自己提供对照,用以反省自我,对自我的决策进行观察的关键目的是提高分析问题的能力。

第四,变化训练:固定的技术战术学习有利于运动员掌握战术知识,但是竞赛情景下,所有的技战术是不断变化的,只有通过变化的,甚至是复杂的训练才可以提高决策水平。如果说战术知识是战术技能的储备,那么这一储备容量的大小以及贮备中的选择反映了运动员的决策水平。

第五,控制反馈:在任何活动中,及时反馈信息是必要的。但是任何时候或者最大量的进行反馈则不一定。对于年轻运动员而言,较多的反馈要有利于较少的反馈。对于教练员而言,其执教艺术水平的高低与反馈数量的减少和质量的提高相关。当然,反馈是一种沟通,如何针对不同的运动员,在不同的时间进行反馈确实是一种执教艺术。

第六,提问题:合作型执教的基本理念就是通过信息交流与反馈,帮助运动员认知和解决问题。培养运动员提问题的能力也是教练技术的核心问题。有效的提问反映了教练员和运动员的互动关系和互动方式。

(五)执行与应变能力

教练员、运动员比赛活动情景中的所有战术思维过程的效果最终是通过战术行动执行来体现。坚定地执行赛前设计、制订的战术方案反映了教练员、运动员执行力意识和执行力水平。比赛情景下,教练员、运动员根据观察和预见,判断和决策的结果,迅疾转化为具体的行动则体现出另外一种,也是十分重要的执行力水平。对于优秀的教练员和运动员而言,这种变化情景下的执行力显得更加重要和关键。

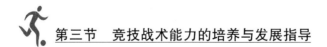

第三节　竞技战术能力的培养与发展指导

一、为战术学习而掌握战术知识

(一)学习战术知识

掌握战术形式和知识是学习战术和培养发展战术能力的基础。

个人项目和集体项目的战术表现形式不同。前者主要通过自身的技术行为和技术方法变化来实现,后者不仅有个体的技术行为和技术方法的变化,更加强调团队成员之间的不同技术行为和技术方法的多种组合来实现。个人体能主导类项目的战术和个人技能主导类的项目也有不同的表现。无论是哪一类项目的战术学习都是从战术的形式、规格、要求等知识学习开始。

每一个战术或每一套战术都有一个基本的战术形式,这一形式是通过运动员的战术意识、技术行为,例如某一情境下,技术的运用方式,或者为了解决某一情境下的进攻或防守,所需要采取的技术方式。篮球运动比赛中,全场人盯人紧逼防守战术,和半场区域联防的战术就需要运动员理解和掌握人盯人紧逼、区域联防的基本要求和价值。

掌握了战术的基本知识,就必须通过模拟比赛训练来习得相关技术和技巧,并能够在需要的时候,或者特定的比赛情景下(例如改变比赛节奏下的战术节奏变化,突然由半场紧逼改为全场紧逼,或者半场区域联防改为半场紧逼等需要时)获得不同战术需求下运动员跑动的路线、速度,防守有球和无球队员时的身体动作方法,还需要掌握在防守过程中出现漏防出现后的补防,或者为了某一战术目的实行双人或多人"夹击"。在此基础上,通过对运动员与对手在场上位置的确定,防守技巧的使用,防守方法的施行,继而完成全场紧逼还是半场区域联防的战术行动。

(二) 训练战术和战术训练

战术训练主要采用分解与完整的方法进行。分解是为了使运动员能够清楚在对手的进攻情景下,各自的位置和即将使用的防守技术。网球比赛中的"发上"战术是通过"发球"与"网前截击"两个技术的组合来实现的。所以对发球和发球后的跟进,对对方接发球的技术及其回球力量、速度、线路、旋转进行观察与判断之后,通过垫步的前行,一当确立来球线路和高度,随机做出截击决策,继而采用正手还是反手的截击技术动作。那么,进行"发上"战术的学习与训练就必须对发球后的跟进,网前截击等单个技术进行分解学习,然后采用完整的方法进行两个技术多种情景的组合练习,以此完成"发上"战术的知识掌握。至于何时选择和使用"发上",或者在不同情景下变化"发上"和其它战术,则是运动员的战术能力问题。

个人体能主导类的项目因为其竞技表现过程主要是体能主导下的竞技水平展现,其战术形式主要通过速度力量变化来实现。在跑、游、骑、划等这些个人或集体的项目比赛中,主要通过速度、力量的节奏变化,以"跟"、"领"等主要战术形式来实现。这些项目的比赛中,"跟""领"的基础是体能,技术动作是保障体能合理分配,提高体能效率的要素。战术的实施则是以打乱对方的比赛节奏,促进其体能消耗,或者降低其体能功效。这一类项目的战术学习主要是对"跟""领"的时机选择,采用的方法则是时间感和节奏感的培养。

战术训练还可以采用减难和加难方法进行。在球类项目的战术训练中,如果是进攻战术的训练,可以通过无防(减难),消极防守(减难)等方法进行某一战术练习,旨在巩固战术知识和战术行为。也可以通过增加防守难度(陪练),缩小场地范围(小场地),缩短时间或改变比分等情景变化来巩固运动员的战术。

想象训练法作为一种心理训练方法应用到战术训练中,主要是为了巩固运动员的战术知识,是运动员战术知识积累和强化的方法。当将想象训练法和战术运用情景联系在一起时,则是对运动员战术能力培养的方法。因为,通过想象专门的比赛情景下战术的选择与运用,可以丰富运动员的思维。

模拟比赛训练和实战的方法主要是对运动员战术能力的培养与发展的方法。因为采用这种方法的目的不再是战术知识的获得或巩固,更多的是比赛中不断变化的情景下运动员通过观察和预见,做出判断和决策,并最终通过执行和应对来检验运动员的战术运用能力。

(三)制定战术能力发展计划

马腾斯建立了一个教练员指导运动员发展战术能力的计划,总共五个步骤。

第一步,确定运动员比赛需要做出的重要决策。教练员通过观察运动员的比赛,根据运动员的比赛表现,确定运动员良好表现和失常表现是技术问题,还是战术选择问题,并能够确立运动员(队)主要的战术。

第二步,做出这些重要决策需要哪些知识。对于运动员做出正确的决策,正确地运用战术需要哪些知识,诸如规则、比赛计划、影响战术决策的因素、对手的战术特点及其优势和劣势、自我的优势和劣势是什么等。

第三步,确定一定情景中运动员应该和不应该注意的线索,并帮助他们解释这些线索,决定可能的行动。比赛情景下正确的决策的因素或线索有哪些,并能够做出区分。更重要的是帮助运动员了解和掌握这些线索。

第四步,确定运动员做出这些战术决策应该遵循的战术选择、指导原则或规则;运动员比赛活动中对情景的阅读之后可用的战术选择是什么?有没有战术选择优先级的确立。

第五步,寻求或设计至少一场练习赛,给运动员阅读情景和选择恰当战术的机会。根据确立的,常用的或者必须的战术,设立一定的训练条件,发展运动员的知觉能力，预见、判断、决策、执行和应变能力。

二、为成功参赛而发展战术能力

（一）提高注意集中力和分配力

教练员如何帮助运动员提高注意力和集中呢？马腾斯列出了以下几点方法（见表6-2）。

表6-2 提高运动员注意和集中的执教技巧

第一步	第二步	第三步
尽可能减少不必要的甚至是与技术学习相关但是暂时还不需要的那些因素或事物。	适度引入一些能够引起他们分心的因素和事物，以促进他们保持注意力集中。	
避免由于对运动员表现的评论而使他们分心。讲解、评论、提示应该在暂停时进行。	只有在间歇的时间或者运动员被换下场之后帮助他们分析比赛。	当运动员分析他们的比赛时，鼓励他们将注意力保持在情景和自己的动作上而不是在比赛结果。
建立竞赛常规，并在训练中实践，以便运动员进入比赛情景前做好心理准备。	帮助运动员对外部刺激的识别和过滤，并强化他们对应该注意的对象的保持。	
对于自信心水平较低且自尊心强的运动员多采用鼓励、积极性的建议，帮助其建立自信。		
运动员的注意力水平与其体能水平相关。体能储备不足和分配不恰当极易导致注意力水平下降。		

根据马腾斯材料改编

（二）竞赛与对手认知

对于任何运动员来说，他们最期望就是比赛。因为比赛是通过比赛中的自我，比赛中的对手，比赛的环境共同形成了他们的实力展现形式。他们也许能够很好地面对训练中的自我和训练中的环境，但是他们对比赛，特别是加进了对手之后的比赛只有通过无数次的体验才能够形成正确的认知，由此积累比赛的经验、理论和知识。我们常常说，比赛中最大敌人就是比赛中的自我，实则是因为"自我"对比赛认知的缺乏。

现代竞技体育中，运动员的参赛越来越频繁。不同类型、层次的比赛有其专门的规定。运动员也因为频繁的比赛学习与掌握了不同类型比赛的方法,但是这并不是说我们不要继续保持对即将来到的比赛的全面、详细的了解。

尽管现代运动竞赛的信息已经十分公开,但是,运动员并不是任何时候都能够掌握到任何一个对手的全部。即使是老对手,训练的效应总是会体现在比赛中。在集体球类项目中,这一表现更为突出。因为教练员的更替和运动员的变化所造成的技术风格、战术风格是竞技比赛中制胜对手的重要法宝。那么,如何认知对手的这种变化就反映出比赛阅读能力水平。

(三)比赛场景阅读

一旦进入比赛环境,运动员、教练员面对的就是比赛条件对自身的作用和影响。虽然说,自身的竞技能力实力水平决定了比赛的基本进程和结果,但是如何利用和表现自身的竞技能力则与对自我的定位和对对手以及环境的认知有关。所以,马腾斯将战术技能分解为"阅读比赛或情景","获得做出恰当战术决策所需知识"和"把决策技能应用到问题中"三个相互依存的要素。

比赛阅读首先强调的是对技能的认知,即涵盖技战术使用的方法、时机等知识。这里不仅包括自我具有的技战术知识,更包括技战术能力,也就是在什么情况下使用什么技术和战术是最合理和最佳的。

比赛阅读还包括对对手技能、比赛进程、比赛环境的认知,这是与自我技能认知相联系的。对手的技术水平和技术特点,战术知识和战术能力,尤其是战术设计是运动员、教练员自我战术认知的基础。一般而言,比赛进程因为双方竞技实力的水平关系会发生急剧或缓慢的变化,也因为双方技战术能力的表现结果出现正常和不正常的变化。而比赛环境,诸如天气条件、场地器材、观众导向等也会影响到比赛进程。因此,运动员和教练员必须通过敏锐的观察,迅速判断,并正确决策。

人们阅读客观事物和对象首先是眼、耳的观察,然后是心的思考和判断。观察能力又是基于自身所具有的战术知识和注意力及其分配水平。有目的、及时的观察和发现比赛活动中的各类现象是阅读比赛情景的第一步。持拍球类的项目比赛中,面对一个来球,首先要观察到来球的方向、旋转、落点,然后是对手的位置以及本人所处的位置,最后进行决策,是大力的进攻还是主动的防守式的回球,是回击直线球,还是斜线球,是旋转还是不转球。因为这一拍不仅关系到这一回合的攻防关系,还关系到随后几拍的可能走向。那么,运动员就应该通过对手、来球的观察,迅速做出回球力量、线路与落点的决策,并最终实现回球。

(四)战术节奏认知与把控

竞技战术节奏,是战术要素和竞技者的战术行为在时间空间维度上的节律性变化,是战术和参赛者战术能力在时间和空间上的综合体现,反映了战术的持续性和广延性。具体体现在体力分配、层次布局、战术形式、战术配合等方面,通过组合、衔接、反复、对应等形式呈现,是速度、力量、技术、手法、角度、线路、落点等对战术组成要素进行选择与组合。战术运行节奏是战术要素在时空维度上的节律性变化,反映着战术的内部结构;战术实施节奏是竞技者的战术行为在时空维度上的节律性变化,反映运动员战术实施的外部结构,是战术运行节奏的选择与应用。二者综合反映着战术组合及运动员战术实施的持续性与顺序性。第一层涵义的竞技战术节奏反映着运动竞赛的专项特征,即使是同一形式的战术,其内部节奏也可能完全不同;第二层涵义的竞技战术节奏重在描述竞技者的战术实施特征,一定程度上可以反映竞技者的战术运用和调整能力。这两个层次的竞技战术节奏反映着一个事物的两个过程,二者可理解为递进关系(图6-1)。

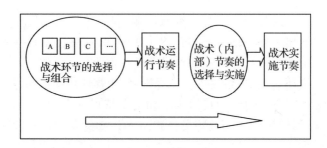

图1 排球战术运行节奏与战术实施节奏关系图(高玉花,2013)

不同专项比赛中其竞技战术节奏表现的侧重点不同。如体能主导速度性项群的竞技战术节奏体现为运动员的战术实施节奏。速度节奏包括全冲型节奏(all-out pacing)、积加速节奏(positive pacing)、匀速节奏(even pacing)、消极节奏(negativepacing)、抛物线型节奏(parabolic-shaped pacing)和变换节奏(variable pacing)等6种类型[1]。有研究表明,第30届伦敦奥运会男子1500m自由泳前8名运动员全程速度节奏属于抛物线型节奏;出发游阶段的速度节奏是积加速节奏;第4名朴泰桓途中游的速度节奏属抛物线型节奏,其他7名运动员的途中游阶段的速度节奏基本是匀速

---

[1] CHRIS R A, PAUL B L. Describing and Understanding Pacing Strategies during Athletic Competition[J]. Sports Med, 2008, 38(3):239-252.

节奏;8名运动员冲刺游阶段的速度节奏是消极节奏①(图6-2)。

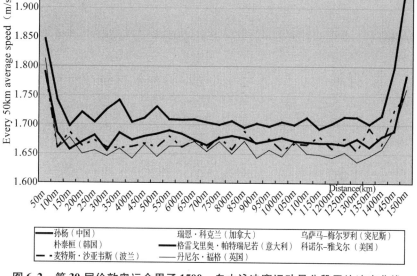

图6-2 第30届伦敦奥运会男子1500m自由泳决赛运动员分段平均速度曲线

(高玉花,2013)

(五)比赛计划与战术方案

战术方案是基于战术观念、指导思想,根据战术原则,结合自身的战术知识和运动竞赛的实际制订的行动预案。

在日益激烈,纷繁复杂的现代运动竞赛活动中必须做到有计划的准备。程序化参赛方案就是一种为了有效实现比赛目标的活动程序,是教练员、运动员实现参赛活动目标,成功参赛的保障。通过程序化方案的制定可以使参赛的群体包括教练员、运动员和管理人员、工作人员形成共识,从而形成强大的心理氛围;程序化参赛可以避免运动员因大赛造成过渡紧张而忽略某些重要参赛环节;程序化参赛实施可以使不同的角色各归其位,使比赛的现场忙而不乱;程序化参赛实施可以为运动员发挥比赛能力提供必要的保障。

现代运动竞赛由于比赛性质在规模、方式、模式上与传统的竞赛有很大的不同。其中,严密的组织与管理程序是其重要特质。

每次比赛的竞技状态调控、技战术方案设计、赛间训练的准备等等无

---

① 高玉花.第30届伦敦奥运会男子1500m自由泳运动员的战术节奏分析[J].中国体育科技,2013,49(1):115-119.

一不是按照比赛的时间和内容进程进行。

程序化才能节省化。运动员竞技能力的获得和竞技能力的表现是由两个环节密切构成的,即训练过程和比赛过程,前者是运动员的生物学改造过程,后者主要是社会学表现过程。"克拉克现象"的产生就是由于运动员难以有效地调控外部环境所带来的刺激与运动员主观期望之间的落差。

程序化参赛的主要作用主要是利用时间、空间、生理、心理等多种因素的有序安排和实施,为运动员提供脉络清晰的操作路径,为运动员尽可能表现出自己应有的竞技能力提供客观保证。

通过程序化方案的制定,可以使参赛的群体包括教练员、运动员和管理人员、工作人员形成共识,从而形成强大的心理氛围;可以避免运动员因大赛造成过渡紧张而忽略某些重要参赛环节;可以使不同的角色各归其位,使比赛的现场忙而不乱;可以为运动员发挥比赛能力提供必要的保障。

程序化参赛方案制定原则必须坚持五个统一,即:时间连续性和阶段性的统一;空间层次性和整体性的统一;心理准备的充分性和战术安排灵活性的统一;体能调适最佳化和情绪调适适宜性的统一;方法操作具体性与个性的统一。

程序化参赛方案的制订的原则主要包括以下几点:第一,时间连续性和阶段性的统一;第二,空间层次性和整体性的统一;第三,心理准备的充分性和战术安排灵活性的统一;第四,体能调适最佳化和情绪调适适宜性的统一;第五,方法操作具体性与个性的统一。

【复习思考题】

1. 你是如何理解战术和战术能力的?
2. 竞技战术的形式有哪些?它们之间的相互关系如何?
3. 结合个人专项和比赛实际,描述出某一战术运用的情景,并对这一情景进行分析。
4. 选择一个你熟悉的优秀运动员或者一支优秀的运动队,对其比赛中常用的战术进行分析,并对教练员、运动员的战术能力进行评述。
5. 如何让运动员参与到战术方案和程序化参赛方案制订之中去,并能够发挥他们的作用?

【主要参考文献】

1. 田麦久.运动训练学[M].北京:人民体育出版社,2012.
2. 雷纳·马腾斯著,钟秉枢等译.执教成功之道[M].北京:北京体育大学出版社,2007.

3. 陈小蓉.体育战术学[M].北京:人民体育出版社,1999.
4. 田麦久,熊焰主编.竞技参赛学[M].北京:人民体育出版社,2011.
5. 胡亦海.竞技运动训练理论与方法[M].北京:人民体育出版社,2014.
6. 刘建和.运动竞赛学[M].北京:人民体育出版社,2008.
7. 符巍.体育运动战术概论[M].北京:中国轻工业出版社,2011.
8. 钟秉枢.做NO.1的教练:团队管理与领导艺术[M].北京:北京体育大学出版社,2012.
9. 高玉花.竞技战术节奏的理论诠释及其在排球竞赛中的应用[D].苏州大学博士学位论文,2013.
10. CHRIS R A,PAUL B L. Describing and Understanding Pacing Strategies during Athletic Competition[J]. Sports Med,2008,38(3):239-252.

(本章撰稿人:高玉花博士,广州体育学院副教授,硕士生导师)

第七章　运动训练与竞技参赛计划制订

【学习目标】
- 了解制订运动训练和参赛计划的目的和意义。
- 掌握运动训练和参赛计划制订要考虑的因素。
- 正确理解和分析运动训练计划与参赛计划制订的原则。
- 掌握并能够运用有关知识制订不同形式的运动训练和竞技参赛计划。

【本章导语】

运动训练活动和竞技参赛活动都是复杂系统的工程。只有通过严谨、科学的计划才能够为训练和参赛活动提供战略性规划,以保障训练和参赛的目标实现。本章一般介绍运动训练和参赛计划制订的目的意义,制订运动训练和参赛计划要考虑的各种因素;重点介绍超负荷与适应、专门性与多样性、专门化与个体化等训练计划和参赛计划设计的基本原则;结合实例介绍运动训练与参赛计划制订的基本流程和步骤。

运动训练绩效的保障是精细的计划设计和严格的计划实施,运动训练计划与组织实施的细节决定训练质量。运动训练的目标是竞技适应,运动训练负荷的施加是适应与恢复能力的提升。运动员和运动项目的特点与个性是计划设计的基础,伤病预防的设计与竞技能力训练计划制订同样重要。

第一节　制订训练和参赛计划的目的

运动训练和竞技参赛是一种集阶段性和周期性,长期性和复杂性于一体的竞技组织活动,同时又是一项涉及对人、财、物等诸多方面进行管理的系统工程。这一活动与工程有其专门的目标、内容和过程。为了实现训和比赛的目标,达到训练和比赛效果的最优化,就必须明确可行的目标,安排适宜的内容与负荷,设计科学有效的方法手段,并规划有序而有效的活动全过程。

一、以适宜的进度与节奏传授与学习技能,提高训练参赛绩效

运动训练和竞技参赛的计划是以时间序列为纵,以内容序列为横,纵横嵌合而成的序列与组合。在时间维度上,依次递进或反复地安排适宜的内容是使运动员能够循序渐进地学习与掌握运动技能。因为,运动技能的知识体系由一个由易到难,由简单到复杂的自然秩序构成。大多数情况下,这种秩序不可逾越与打破,教练员、运动员在训练和参赛活动中能够保证阶段性,也能够保证系统性。在这个递进和反复中表现了不同对象、不同阶段、不同目标下的训练节奏和参赛节奏。内容的前后搭配,负荷的大小更替,手段方法的简易组合是依据我们的培养与发展目标,训练和参赛实际需要而实施的,这种搭配、更替、组合具有鲜明的节律性。也只有在这种节律性支配下,我们的训练和参赛活动过程的效益才有可能达到最大化。

二、促进运动员的主动参与,增进他们训练和参赛的乐趣与动力

运动训练和竞技参赛活动中,运动员主体意识的自我认知是体现在训练目标的明确,适宜的动机水平形成等方面的。运动训练和竞技参赛活动的长期性、艰巨性不仅对于青少年儿童,还是成人乃至职业运动员在价值取向、兴趣动机、思想作风、意志力水平等诸多方面都是一个极其严峻的考验与锤炼。

无论是从提倡"以人为本",还是从尊重运动训练和竞技参赛活动的客观规律角度出发,运动员训练和参赛的动机强度既与主观态度相关,也与我们的训练和参赛活动设计与组织水平相关。教练员的工作不仅仅只是完成从其自身角度和目标出发设计的任务,更要实现激发运动员始终保持对训练和参赛活动的兴趣和动力。也只有这样,我们的训练和参赛活动才是最优化的,也是高绩效的。

运动员对训练和参赛活动的价值判断,态度形成与我们的训练与参赛组织设计与实施密切联系在一起。运动员过早退役,大多是因为伤病或者生活学习的原因。但是,也有不少运动员是因为心理疲劳加深,即对训练和参赛活动的恐惧,甚至厌烦而导致他们选择了离开。在我们不断强调提高训练和参赛绩效的时候,我们的基本宗旨是要充分发挥运动员的主观能

动性,使他们能够真正成为训练与参赛的主角。

三、防止负荷或训练过度,降低训练与参赛风险

运动训练和竞技参赛是一个长期、艰巨的活动过程,人的自然生长发育和一般社会适应并不足以满足这样一个长期而艰巨的活动需要。奥林匹克运动的宗旨"更快、更高、更强"。实现这一目标,只有实施长期而艰巨的超负荷、高质量训练才能够满足运动员在激烈的竞技博弈中战胜对手,进而获得理想而优异的运动成绩。

运动负荷施加是使运动员能够达到生物学意义上的不断改善与发展的目的。但是,运动员机体承受运动负荷,尤其是极限运动负荷的水平是有限的。一定疲劳程度下竞技能力水平的不断提升是一种良性(适应性)应答,而过度疲劳直至损伤的出现则是机体对这种刺激的恶性(报复性)应答。产生这种良性和恶性应答是与运动训练与竞技参赛活动负荷设计息息相关的。在运动训练和竞技参赛活动中,由于过度负荷导致的过度疲劳、运动损伤等现象时有发生。我们很容易忽略的是,在运动员机体已经开启自我保护警示时,由于我们的计划不周,也由于我们急功近利思想的作祟,或者由于我们教练员的盲目与武断,造成运动员发生不可挽回的运动寿命折损。

在竞技运动,尤其是针对青少年的运动训练活动中科学地设计与施加运动负荷是一个关于高绩效和可持续发展的科学训练理念问题。这一点,也许只有在一部分运动员成为职业运动员之后才会更加深有体会和感悟。

四、有效管理运动训练和竞技参赛的时间、空间和装备

竞技运动活动必须具备足够的时间与人力物力财力条件,只有这样才能够满足长期、系统、艰巨的竞技活动需要。运动训练和竞技参赛活动的长期性是时间要素的体现。没有足够的时间,不可能有长期的训练和参赛活动完成。教练员必须充分管理好时间才能够提高训练和参赛活动的效益。

以现代奥林匹克运动为代表的当代竞技活动对参与者、组织者的基本条件和准入要求愈来愈高。人力资源的保障、场地器材装备的供给已经不再是早期的,或者社会生产力水平较低时期所表现的简单、粗放的竞技活动生产方式下所具有的。不仅如此,科学技术发展及其对竞技运动的渗透,使其越来越离不开高科技的支持。中国竞技运动的"举国体制"之所以遭人诟病并不在这种竞技运动运行模式本身,而是我们的组织与管理者

领导方式,教练员执教方式的粗放性,致使有限的资源没有能够发挥高绩效。投入与产出比的失衡才是我们的行政主管部门以及教练员、运动员在竞技运动发展中遇到的最大瓶颈。

只有通过科学、合理的计划设计,才能够保证我们在使用或占用各种资源时能够得到最佳的回报。

五、提升教练员的管理能力和增强教练员管理自信心

教练员既是一名管理者,也是一名执行者,训练和参赛计划的制订与实施反映其管理与决策水平。有效实施训练和参赛管理,获得最大绩效,不仅能使训练和参赛活动的阶段性目标和终极目标顺利达成,同时也能够提升教练员管理自信心。正是这种自信心的适度张力又反过来促进训练和参赛活动的有效组织和理想目标的达成。所以说,教练员的角色不仅仅只是运动员竞技活动的指导者,还是运动员竞技活动的"管理员"。

第二节 制订训练与参赛计划需要考虑的因素

训练与参赛计划是对未来训练与参赛活动过程的构想与设计。面对即将到来的训练和参赛活动,应该完成哪些任务,实现哪些目标,如何保障实现和提高目标和完成任务的效果,就必须要充分考虑到训练和参赛全过程和计划制订的诸多因素。

一、设立训练与参赛目标

目标是一切管理活动的起点和归宿。无论是训练活动还是参赛活动都应该指向具体的、可测定的、可执行的、阶段性的目的,这些目的就是训练和参赛计划设计时必须确立的目标。

一般而言,训练和比赛活动的目标因为不同维度有不同的划分。按照活动时间,目标有长期、中期和短期目标之分。按照活动主体,目标有运动员个人和团队的训练和参赛目标,教练员的个人和团队的训练与参赛目标。按照活动方式则有训练目标和参赛目标。按照活动内容,目标则有竞技能力训练目标、不同竞赛性质参赛目标。为了设立合理、具体、可执行的目标,必须考虑诸多要素。

第一,运动训练和参赛活动的需要。运动训练需要的是竞技能力与综合实力的发展、提升,竞技参赛的需要是竞技能力和综合实力的最佳表现。

训练和参赛计划就应该始终围绕这一需要进行设计。由于运动训练和竞技参赛的长期性,这些目标具有难易、简繁的递进性,也有时间空间维系下的阶段性特征。满足训练和参赛活动的需要,还必须设计符合专门的训练、赛事形式要求的目标。所谓比赛需要什么,我们就训练什么就是这个道理。

第二,运动员、教练员的现实状态和现实需要。目标的设立必须适应运动训练和竞技参赛的需要固然重要,但是必须满足活动主体现实状态和发展状态这两个基本条件。现实状态是指训练和参赛之前,运动员、教练员在生理、心理方面呈现的个体存在的身体发育状态和作为团队成员的社会角色状态,在竞技能力方面所呈现的体能、技能、战术能力、心智能水平状态和参加不同赛事所表现的运动成绩状态。所谓发展状态则是运动员、教练员通过训练和参赛在未来一定的时间里,身体状态、社会角色、竞技能力、运动成绩可能达到和应该达到的水平则是发展状态。只有在了解与掌握运动员、教练员的现实状态和发展状态之后,才有可能对其进行训练和参赛目标的设立。

第三,训练和参赛的环境条件。训练和竞赛活动是在一定的时空条件——特定的环境下进行的。针对竞技运动的训练和参赛而言,竞技环境有硬环境和软环境之分。所谓硬环境是除人之外的能够满足训练和参赛活动的一切自然环境,包括物资设备、气候条件等。所谓软环境则是运动员、教练员训练活动所需的人文环境,包括训练与参赛的信念与价值取向、态度与动机水平、沟通与协作水平、团队凝聚力水平等。

只有在全面考察和分析运动员、教练员训练和参赛的环境条件,结合训练和比赛的需要以及运动员、教练员的现实状态,训练与参赛计划的目标才有可能是具体的、可执行的、合理的、科学的。任何一个条件的缺失都会导致制订的目标难以实现。

训练和参赛目标应该是促进和保证运动员、教练员通过一定的努力而能够实现的标准。在一些情况下,低标准的目标仍然有其意义和价值。对于少年儿童技能学习初期或者瓶颈期,适当降低目标的标准水平,一旦他们能够实现时,可以有效地满足他们的成就感,进而对自信心的提升和训练参赛的动力巩固产生积极效益。对于处于"运动训练过程高原现象"的优秀运动员或者竞技保持阶段末期的运动员适当降低目标标准。

二、分析运动项目特征与比赛性质

运动项目、位置(集体项目)、比赛性质及其规则决定训练目标与过程。竞技运动项目种类繁多,各自具有其不同的运动形态特征和运动项目特征。运动形态特征是基于人体运动的方式方法,根据不同的运动目标而产生的不同运动形态。即使是属于同一运动形态的运动,也因为时空条件的差异,会产生不同的运动模式。同样是跑的动作形态,在田径、篮球、排球、足球、棒球等项目中就有不同的形态变种或动作模式;同样是投或掷的动作形态,掷标枪、掷铁饼和推铅球就不同;在足球守门员手抛球、篮球发动快攻的一传、排球进攻时的扣球、棒球投手的掷球的动作模式也不同。

教练员必须掌握某一项目的运动形态特征和运动项目特征,才能够确立我们的训练和参赛目标,设计训练和参赛的过程,进而制订与之相适应的训练计划。

运动项目特征是基于运动形态特征,结合运动竞赛方式和规则而产生的。正如前面所述不同的运动形态特征是由于运动方式或动作模式的差异一样,运动项目特征因为不同的竞赛方法、竞赛规则和规程,特别是运动竞赛中对运动员在竞技能力方面的不同要求,诸如机能水平、运动素质、技战术策略、心智水平就产生了不同的项目特征。同样是同场直接对抗的球类项目,篮球与足球因为场地空间大小,运动员双方身体接触范围、有球队员身体持球规定,比赛过程设计与成绩评定方式的不同,就形成了两种不同的运动项目特征。即使是同一运动项目之中,例如乒乓球、网球、羽毛球的单打与双打,乃至混合双打,因为场地器材的专门形态,击球方式方法,成绩计分方法就产生了单、双打的运动项目特征。在集体项目中,特别是那些空间大的运动项目,其运动方式、技战术所需要不同的位置也决定着教练员在训练和参赛计划制订中要考虑的细节。

表7-1　认识运动项目——以篮球为例(McInnes,1995)

运动方式	运动时间	比赛负荷特点		
走和站立	4分钟	28%的时间花在用力中	左右方向的运动占31%,其中2/3是剧烈运动	低强度跳30%
慢跑	4分钟			中等强度跳45%
跑	4分钟	剧烈活动一次持续13-14秒		高强度跳25%
快速跑	4分钟		个人慢移动持续1-4秒	平均跳70次,后卫55次,中锋83次,前锋72次
低中强度移动	9分钟	每场比赛有105次高强度用力	短距离最大速度跑1-5秒	

续表 7-1

运动方式	运动时间	比赛负荷特点	
高强度移动	2 分钟	每 21 秒有一次剧烈用力	
跳	41 秒		
跑	垂直方向用力	前后方向的力	侧向力
垂直力:3X 体重	开始:三步上篮落地;	急停:1.3X 体重	侧滑步:1.4X 体重
前后方向的力:0.5X体重	停止:侧滑步变急停		
侧向力:0.25X体重			

通过以上数据,发现:
1. 篮球运动是高强度的运动;
2. 大部分的跳是低中强度的跳;
3. 上述各种力加上大量的滑步致使足外侧压力增加,第五跖骨易受伤。

(马腾斯,2007)

  比赛性质是比赛的类型、级别的反映。一个运动员在其运动生涯之中有许多的比赛机会。而在比赛和训练之间,在不同比赛性质之间,如何取舍,即如何确定我们的参赛目标,是训练和参赛计划制定中要考虑问题。在坊间流传的"以赛代练",还是"以赛带练"只是提示我们以比赛为最终目标,从比赛的实际出发安排我们的训练活动。事实上,除了职业运动员当他们将比赛作为一项工作的时候,他们的比赛会增加,对于专业运动员或者中低水平的运动员而言,过度的或不恰当的比赛只能够会破坏他们正常的训练与比赛节奏,进而制约他们在一般运动基础和专项运动基础上的发展,最终导致他们进入最佳竞技状态时期或者进入职业工作时期不能够有可持续发展的后劲。所以说,教练员必须根据运动项目的比赛性质制订其训练与参赛计划。

  对于比赛认识的目的意义除了掌握比赛的性质以确定我们的目标,更在于通过全面充分了解比赛的自然与人文环境条件,设计我们的针对性与适应性计划。对于易地比赛而言,时区的不同是影响运动员竞技状态的首要的因素。由于时区的不同,其比赛地的自然条件,尤其是气候与天气条件对比赛进程的影响往往会决定性的。那些户外性质的运动项目的比赛受到自然因素的影响之大,有的时候会超出我们的想象。除了对比赛自然环境的认识之外,对其人文环境的了解与熟悉程度也会作用到运动员的比赛行为。

对比赛的认识还应该包括在自然与人文环境下运动员的热身准备,运动员比赛中发生受伤风险的几率大小和我们的应对与处置方法。同样,不同的比赛对运动员赛后的疲劳程度的影响也是不同的。

三、诊断与分析运动员现实状态

对运动员现实状态的诊断分析主要包括两个方面。第一,采用观察和测试分析运动员竞技水平与运动成绩水平状态,主要包括机能、运动素质、技战术、心智能水平等。第二,由于运动损伤是运动训练和竞赛活动中的一种常态,所以要针对不同的对象制订运动损伤预防方案,并考虑与比赛相关的运动损伤模式。

无论是在任何时期即将进行训练和参赛活动,运动员都存在着生理学、心理学和训练学意义上的状态。我们通过对其机能素质水平、技战术水平、心智水平的测试、诊断来了解与掌握他们所处的适合训练和参赛的现实状态。这一现实状态是我们进行计划制订的基础。因为了解掌握这些要素,我们才能够在内容、方法、负荷,乃至组织方式上进行有目的、针对性的设计。训练内容、方法是通过运动负荷的施加来具体表现,所以作为一种特殊职业或专业角色的运动员,必须接受复杂的运动技能和超负荷的施加才可以实现竞技水平的发展与提升。

我们说,没有负荷就没有训练,就没有参赛。有训练,有参赛就会有疲劳和伤病出现。训练与比赛的性质规定了复杂的运动技能与超负荷使运动员承受着巨大的身体和心理压力。尽管我们会设计与制订科学周详的计划,合理可行的组织实施,但是持续、高强度的训练和比赛活动必然产生疲劳,而由于计划设计与组织实施存在的不确定性,疲劳转化为过度疲劳,并与潜在风险相结合将导致运动伤病的发生。那么,如何面对和处置伤病首先应该是我们教练员的重要职责。合理、科学的方法手段运用,适宜负荷的施加,科学恢复手段的采用就是对训练和参赛所有活动防止过度负荷造成过度疲劳和伤病的设计组织。

四、训练与比赛完成的时间可能性和内容复杂性分析

时间是训练和参赛活动的基本要素,也是训练参赛计划的基本维度。因为不同的训练体制和组织方式,提供给运动员、教练员的训练与参赛时间有不同的规定性,尤其是训练时间。但是,训练和比赛时间终究还只是运动员、教练员全部时间的一部分,尽管是重要的部分。从训练和比赛的需要出发,从提高训练和比赛的绩效出发,我们更需要的是不仅仅只是时

间的简单排列,更重要的是对时间的系统管理。

训练与比赛的时间管理首先涉及到的是我们能够提供多少时间,并且将有限的时间与训练和比赛的实际需要结合起来。我们制订的训练计划完成有无必要的时间来保证。同时,时间的长短也决定了我们训练与参赛的内容复杂性。时间的管理还包括有非训练和参赛时间,或者说训练与参赛之后运动员恢复调整的时间控制与利用。比赛时间和过程决定着计划,所以训练计划的制订要充分考虑比赛的规则、规程,还需要设计面对比赛不同轮次、赛次的规定。

延伸阅读

田麦久著.运动员基础训练过程与训练计划的制订,北京体育大学出版社,2006.

第三节　制订训练与参赛计划的原则与策略

训练与参赛计划的时间、空间要素需要我们对其进行符合目的标准、运动项目特征与比赛性质、运动员现实状态、训练与比赛环境等诸多方面的设计、规划与管理。这些设计、规划与管理工作必须遵循基本的训练学、参赛学原则,也还需要遵循管理学、运筹学的基本理论。

一、超负荷、负荷节奏与负荷后的恢复能力

我们的训练活动必须根据机体的适应情况不断增加负荷水平。这种负荷增加不仅仅只是量的增加,更重要的是质的提升。不仅仅在适应之前,也应该在适应之后。

"适应—负荷—再适应"的螺旋式上升模式是基于训练结构和内容的渐进式改变,进而实现对运动员机体的改造。而且螺旋式渐进式的负荷施加并不是绝对的斜线式或者直线式。在一个大、中周期,乃至一个小周期中只有通过合理的负荷变化才能够有效改变运动员的机体机能水平,即使是优秀运动员的一个小周期的训练负荷也不可能永远是直线型的。

负荷节奏是指训练过程中大、中、小训练负荷适合运动项目、比赛和运动员的需要在时间和内容上有序排列,也包括训练和恢复的有序组合。适宜的负荷节奏是运动员、教练员适宜竞技状态形成的基础。负荷节奏通过负荷量和负荷强度的交替与匹配来实现,其意义表现在训练、参赛节奏的变化以及不同方法的组合上。负荷量和负荷强度是竞技负荷中相互统一的两个方面。我们评价教练员、运动员训练与参赛的实效,除了负荷量和负荷强度本身的大小之外,负荷量和负荷强度如何达成在时间、空间上的节律性状态,即负荷节奏也是必须要充分对待的问题。同样的负荷量和负荷强度,不同的节奏,其结果完全不同。这也是我们为什么十分强调训练负荷节奏调控的缘由。

延伸阅读

Mujika《竞技训练中的恢复》(Recovery for Performance in Sport)和《竞技训练中的减量与最佳状态调整》(Tapering and Peaking for Optimal Performance)

二、循序渐进安排训练与参赛内容、负荷

在运动训练和竞技参赛活动中,内容与负荷是两个最为活跃和敏感的要素。训练和参赛的内容涉及到运动员练习、操作时的难易与简繁程度,也涉及到运动员完成练习、操作时所需要承受的量度大小。

循序渐进地安排训练和参赛计划的内容与负荷是基于以下三个基本原理:

第一,运动员的竞技能力发展、竞技水平提高自身就是一个呈渐进上行趋势的过程,这是运动技能习得、体能发展、心智成熟的内在规律。

第二,任何事物的发展都是一个量变与质变交互的渐进过程。运动训练活动的长期性特征就是一定的时间背景下训练内容和负荷量度在数量、质量上的积累反映。一个单元的训练内容和一个阶段的训练内容之间是个体与整体的关系,一个单元的负荷量度和一个阶段的负荷量度是量与质可能发生的关系。当我们训练和参赛的活动目标不断改变或调整时,当前

发生了的质变成为下一次质变的基础。

第三,运动训练和竞技参赛活动需要有一个循序渐进的设计是因为我们每个运动员发展中的自然规律与社会规律的制约机制,更是运动训练和参赛活动可持续性进行的需要。总体而言,盲目和极端地"跨越式"发展其实是"揠苗助长"和"急功近利"的代名词。其最终结果只会破坏训练和参赛活动的"运行链"。同时也加大运动损伤风险和"厌烦或回避训练参赛"的产生可能性。

为了增强训练的时间、顺序和刺激交互作用以获得最佳的适应性反应,最终实现特定的竞赛目的,Vern Gambetta 提出了"有计划的竞技能力训练"(PPT, planned performance training)。PPT 的使用是对传统的训练分期理论的发展,改变了过去的将训练分期视作一种模型,其宗旨就是处理好运动训练和竞技参赛活动中的易难、简繁、一般特殊等多种关系。

运动员机体接受的外部刺激与机体产生的应答会使其在动作技能、机能水平、心智水平形成一定的适应和积累。每一次的练习,每一个单元或阶段的练习都会施加到运动员机体并产生效应,多次、多个单元或阶段练习后效应的叠加能够深刻影响运动员在生理学、技能学上的改变。

运动训练和竞技参赛活动中的内容、负荷、方法手段都是为了运动员在身体机能发展和动作技能习得产生适应。这一适应的基础就是训练与参赛效应的积累,经过反复积累而稳固已经获得的发展与习得。正是这种积累效应既反映了训练和参赛活动的量变过程,也能够导致质变的产生。但是,身体通过训练产生的适应性效应一般是微小的却需要较长时间,与此同时产生的疲劳虽然是短暂的却是持续较长时间的。

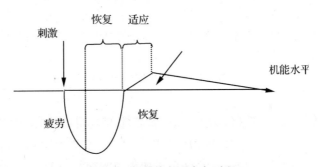

图 7-1 超量恢复现象与过程

超量恢复原理是运动训练实施的基本原理。超量恢复的本质是适宜的负荷施加能够促进运动员机体应然性的适应。所以说,超负荷不仅是对运动负荷施加方式的规定性,同时也是机体产生适应的结果性描述。运动活动中的超量恢复现象反映的是身体机能与素质的适应与发展关系。适宜的负荷施加对机体产生的刺激在疲劳消除后,通过一定的恢复势必产生原来水平上的超越。在这一模型和理论中尽管没有指明在何时再一次施加负荷,但是很显然的是必须在超量恢复效应消失前,甚至是在超量恢复达到较高或由最高开始下降时就必须进行。这种适应应该是一种不断上升的正弦曲线。

一个周期的训练计划无法造就一个优秀的运动员,但是可以毁掉一个运动员。

三、专门性、多样性与整体性

训练活动的专门性不仅仅只是训练方法手段的专门性,还有训练内容和负荷的专门性。我们都知道人体在不同的运动活动中其机体供能方式不同,这些不同的供能方式决定了我们必须采用不同的负荷,也就是针对这一供能方式,发展运动员专门能力的负荷内容和负荷方式及其负荷节奏。

就像人们日常生活中对于药物的适应——"耐药性"一样,长期的、周而复始的训练活动过程及其所采取的手段与方法都会导致运动员机体的"耐药性"产生。发生在训练活动中的"耐药性"应该缘于训练手段方法和负荷的适应,同时也缘于运动员竞技能力的提升对原有训练刺激的适应。

有研究表明,经过2-3周的适应期、稳定期后就需要调整训练。通过改变练习的内容、环境,特别是改变练习的量、强度、难度和训练频率和内容来实现调整。这种改变的本质是训练过程在时间与空间维度上的节奏变化,也就是我们所说的训练活动安排多样性。

但是,强调训练的多样性也不能够忽视训练的整体性,今天的训练要和昨天的对应,又要和明天的融合。

四、专项化与个体化

专项化是项目特征及其规律的规定性所决定的。个体化是每一个运动员个体生理、心理特征的特殊性所决定的。无论是专项化,还是个体化都是使训练活动符合运动员的需要。"早期专项化"对青少年运动员的诸多影响,已被业内人士认识。其弊端在于容易淹没运动员的其它运动天赋,致使后期的训练活动并不是在其最适宜的运动天赋基础上进行,从而降低训练绩效。另外一个弊端则是过早的专项化训练容易导致运动员的片面发展,特别是由于基础夯实不够,特别容易造成技术短板,尤其是身体基本运动能力发展不力情况下的伤病潜伏。

训练活动中实施个体化训练已经不再是人们存有疑惑的问题。无论是运动训练过程内部,还是外部环境或条件都需要我们时刻紧扣根据运动员的需要与实际去实施训练,也就是"SAID"原则(specific adaptation to imposed demands)。

第四节 制订训练与参赛计划的步骤

当我们明确了运动训练和竞技参赛的目标和性质,掌握了计划制订的基本原则和要求,那么就开始计划的具体设计,其设计是通过专门的文字和表格形式体现出来的,亦即我们撰写的课、周、阶段、年度和多年训练计划,一般比赛和重大比赛,或者某一赛事的参赛计划。

一、确定运动员的技能需要和技能现实

在竞技运动领域里,技能是指运动员学习与掌握的专业知识理论、养成的运动思维模式、习得的动作技巧综合运用到运动实践中的能力集合。通过运动员运用某一或某些技术的方法、方式和模式而表现出技能水平的高低与优劣。技术与技能是不可分割的两个方面。技术是技能形成的基础,技能是技术存在的表现。在技术学习与技能形成的不同阶段,其表现特征不同。在初级阶段,技术技能是简单的、独立的、碎片化的。在高级阶段,技术技能则表现出复杂的、联系的、整合的。我们把比赛需要什么就练什么作为训练的基本理念通过运动员为纽带而反映出来。比赛的需要,是学习的需要,还是自身发展的需要。

训练计划制订要充分考虑运动员的技能需要和技能现实。确定运动员的技能现实就是实现对运动员的竞技能力状况和运动成绩状况综合诊断,这是训练计划制订的出发点。

表7-2　青少年篮球运动员的技术技能

基本进攻体系:移动进攻,1-4、1-3-1 高位/低位
基本防守体系:人盯人;2-3 区域联防

运动员的核心技能
1. 传接球—反弹传球和胸前传球
2. 投篮—跳投、定位投篮和罚篮
3. 移动与掩护—下压上提、背切、持球、无球
4. 篮板球—抢位、挡人
5. 运球—抬头,左右手
6. 防守—步伐、移动

内线球员:
1. 转身跳投、擦板球和左右手上篮
2. 挡拆、向上和向下掩护
3. 投篮假动作(假动作和左右手的强力推进)
4. 低位与高位的防守位置和脚步动作

外线球员:
1. 交叉步、转身和变速运球
2. 运球中的传球和投篮
3. 接球投篮
4. 迫使对手运球时使用弱侧手或停球

(马腾斯,2007)

教练员要清楚运动员当前已经掌握的技能是什么,也要清楚在所有技能中,他最擅长的能力是什么。所有这些都是训练计划制订中要考虑的要素。因为只有这样才能够设计有针对性的内容、负荷、方法与手段,乃至组织实施。

二、了解运动员的年龄、关系、责任感和习惯

不同运动形态和运动模式有不同的技术技能要求与规范,每一个运动员又有其个体差异性。

首先是运动员的年龄、身心发育和社会成熟水平。不同年龄阶段的运动员其生理、心理发展水平和稳定性水平不一。对于绝大多数运动项目的运动员而言,在一定的范围之内,他们的年龄大小对于其从事运动训练和比赛的能力是正相关的。在我们的训练计划制订中必须时刻把握其身心状况,以此作为计划制订中内容、负荷设计的依据。

我们不仅要了解每一个运动员,还要了解每个运动员之间的相互关系。这不仅对于个人单项的团队或单个训练,还是对于集体单项的团队或单个训练都极其重要。作为一个团队,哪怕是只有一个运动员的团队,由于教练员、医疗、科技服务人员共同完成他或她的训练和比赛工作,各个成

员之间的关系,尤其是运动员为中心的网络关系对训练实施及其绩效有着重要的影响。对于两人或两人以上的单项或集体项目的训练来说,运动员与运动员之间的关系,运动员与团队其它成员之间的关系如何潜在地影响着训练过程和结果,教练员必须时刻关注这种关系包括这种人际关系的变化。因为这种人际关系水平可以决定,也能够反映运动员之间相互了解程度如何,他们在团队中共同完成工作的可能性和实效性。

教练员不仅要了解运动员之间的关系,还要能够评定运动员在训练中承担责任的能力和效果如何。这一点不仅在集体项目中,即使在单项中都尤为重要。运动员承担责任的能力和水平重要的是反映他们训练活动中的态度、品质与执行力。比赛经验是运动员的宝贵财富。运动员对运动竞赛和自身竞技参赛实践的认知、判断、概括,主要包括了其所需和已经所学习掌握的专门知识和技巧。运动员在比赛中通过体验或观察比赛的全过程以及比赛之后获得的心得并应用于下一次的比赛之中。对于在比赛中学习获得的知识技巧,运动员的比赛经验是其对刚刚发生的所有活动心得的整理与整合,也成为未来训练和比赛重要的素材。这些心得对新的知识与技能的学习也会产生积极的作用。教练员通过一些可观察指标来评定运动员的比赛经验丰富程度,由此决定训练计划的制订。

教练员了解运动员还必须掌握他们在团队交往中的沟通方式与习惯。对于完成训练活动的具体任务,一些运动员习惯于告诉别人做什么,一些运动员习惯于鼓励他人解决和思考问题。这是两种不同的领导模式,反映两种不同的团队合作理念。

三、分析个人和团队所处情景与条件

影响运动训练的因素或变量是繁杂的。在我们的实践和科学研究中每时每刻都在试图寻找运动训练的运行规律,或者试图厘清其主要矛盾。但是,由于训练活动的工程浩繁,在很多情况下那些被视为次要,甚至是不起眼的那些因素或条件往往会成为训练活动实施的瓶颈。以下这样一些问题供我们在计划制订时要考虑。

在整个赛季有多少训练?训练时间是多少?
在整个赛季有多少比赛?
你会有什么特殊活动(队会、家长座谈会、宴会、比赛)?在什么时间?
你执教多少名运动员?有多少助手?运动员与教练员的比例是多少?
训练的可用设施和装备有哪些?
用于旅行和其它支出的经费有多少?

需要哪些教学资源（视频、书籍、图表、CD）？
有哪些其他辅助人员？
可能影响你训练计划的其它因素是什么？

四、建立运动员技能发展优先级

运动训练活动千头万绪，同一运动员在不同时期、阶段的现实状态不同。为此，必须考虑到训练活动中的优先发展和整体发展。为此我们应该对比赛技能重要性和技能学习的准备进行考量。

通过回答以下问题评价每种技能来明确比赛技能的重要性：
为了达到目标，在可用的时间里教授什么？
如果充分利用了时间，应该教完什么？
如果时间容许，可以教授什么？
通过自问自答了解运动员技能学习的准备：
他们是否具有学习技能的力量、耐力、柔韧和运动协调？
他们是否具备学习技能的心理能力？
在你传授技能之前，他们有无必须学习的先决技能？
传授这种技能安全吗？

五、选择适当的教与学方法

毫无疑问，运动训练活动中所有目的的达成、内容的完成、负荷的施加都必须通过特定专门的手段、方法来实现。选择什么样的手段、方法既关系到运动员技能习得与发展，也关系到运动训练资源的充分利用和组织活动的高绩效运行。

我们常常秉持着科学方法决定训练活动的质量和效果的理念。这一理念的含义实际是，适宜且有效的手段与方法就是科学的。另外，如何对待过去的、传统的训练手段与方法在强调创新的今天十分容易引起争议。如若从解决实际问题出发，我们应该倡导的是简单的低投入能够有高绩效的结果。

有人就认为，在运动训练活动中，运动员完成需要很少决策的技术技能时，传统方式是有效的；对于有重大伤病风险或技能过于复杂时，传统方法是恰当的。而当重点是要求运动员学习技术中蕴含的原则时，采用比赛方式是最有效的。比赛方法还是学习战术技能最有效的方法，尤其在复杂、快速多变的运动情景中，比赛方法可以培养运动员实战情景下应对复杂的技战术的能力。比赛的方法无疑对于帮助运动员学习如何承担责任与提升其在团队中的领导力,使他们能够在未来的训练活动,更重要的是在比赛活动中完成阅读比赛、准确判断、果敢决策等独立性活动是其它方法难以完成和达到的。

六、撰写训练计划

运动训练计划基本包括时间、目标、器材装备、准备活动、技能复习、技能学习、整理活动、教练员评价等至少八个方面的要素。

时间既是可提供或保证的训练时间,也有具体的日期。在具体日期包含了一些自然环境因素在其中。所以,日期与时间是紧密结合在一起的条件。

目标与任务是本次或某一阶段训练活动中运动员在自然适应与社会适应所能够达到的标准和要求。具体表现在器官机能的生理生化学改善,运动素质的自然与后天发展,运动技术技能的习得与发展等自然适应,也包括价值取向、态度动机、意志品质、合作沟通等方面的社会适应。

延伸阅读

王衡. 训练计划设计

http://mp. weixin. qq. com/s? _ biz = MzA4MzcQxMg = = &mid = 200322081&idx = 1&sn = 27e977348a08e925de6e4b8f90c491ea&scene = 0#rd

足球运动员在休季时的力量与体能训练方案.

http://mp. weixin. qq. com/s? _ biz = MjMzU1Njg2MQ = = &mid = 200629276&idx = 1&sn = 4825d0242d7438c3a6f8e77b32701d8f&scene = 0#rd.

【复习思考题】

1. 请你描述在你的训练和比赛活动中,你与运动员进行关于训练和比赛计划设计与制订的事例和情景。

2. 关于运动训练和竞技参赛活动和计划制订中,运动员最容易提出的问题有哪几类?

3. 收集一套不同阶段、不同形式的训练和参赛计划,对其进行分析。

4. 你认为运动训练和参赛计划制订的意义有哪些?

5. 如何理解运动员现实状态诊断及其对训练和参赛计划制订的影响?

【主要参考文献】

1. 田麦久,徐刚,熊焰,陈笑然.运动员基础训练过程与训练计划的制订[M].北京:北京体育大学出版社,2006.

2. 田麦久.高水平竞技选手的科学训练与成功参赛[M].北京:人民体育出版社,2013.

3. 胡亦海.竞技运动训练理论与方法[M].北京:人民体育出版社,2014.

4. 陈小平.竞技运动训练实践发展的理论思考[M].北京:北京体育大学出版社,2008.

5. 雷钠·马滕斯著,钟秉枢等译.执教成功之道[M].北京:北京体育大学出版社,2007.

(本章撰稿人:熊焰博士,苏州大学教授,博士生导师)

第八章 教练员参赛指挥与临场指导

【学习目标】
- 掌握教练员参赛指导的基本策略,认识竞技能力整合与竞技状态调控的意义。
- 掌握比赛小环境营造的方法与手段。
- 掌握教练员临场指挥的意义、基本策略、主要手段途径和一般要求。
- 掌握教练员临场指挥能力的构成要素及其培养途径。

【本章导语】
在激烈的比赛中,教练员的临场指导决定着全队比赛指导思想、比赛策略、战术的变化以及运动员自我控制等诸多方面。本章主要介绍了运动员参赛过程中教练员临场指挥的主要途径和方法,以及教练员临场指挥中应处理好的关系和必须遵循的基本要求。重点介绍了教练员执教和临场指挥应该具备的观察力、判断力、决策力、应变力、抗压力、表达力,以及良好的沟通力。提出了教练员临场指导能力培养的途径。

竞技运动实践表明,一个优秀的运动员和一支优秀的运动队的背后就有一位优秀的教练员和一支优秀的教练团队。运动员的竞技表现除了其自身的竞技实力水平之外的一个重要因素就是教练员的指导与临场指挥。临场指挥能力是教练员的专业知识与职业能力反映,是执教能力的核心。

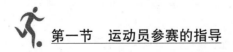

第一节 运动员参赛的指导

竞技场上波澜迭起、瞬息万换,运动员竞技状态的调控,比赛进程的节奏掌控,利于己方比赛小环境的营造,最终比赛成绩的优劣都与教练员的参赛指导息息相关。尤其是对于集体对抗类项目,教练员临场指导水平的优劣对于运动员的竞技表现和比赛结果具有重要的影响。对于竞技实力相当的比赛双方而言,教练员的临场指导水平往往决定着比赛的胜负。

一、比赛场景阅读与分析

竞技场上激烈比拼,赛场局势瞬息万变。优秀的教练员要想合理有效地指导运动员参赛,掌控赛场局势,就必须具有一双"火眼金睛",透视阅读比赛状况;同时还必须具有睿智的思维力,进而做到理智缜密地分析赛场局势,分析竞争各方运动员的表现,分析彼此的战术配合效果以及基于阅读赛场局势来预测比赛的走向。

(一)阅读和分析比赛场上局势

教练员指导运动员参加比赛,一方面要做好赛前信息的收集和分析并采取应对之策;另一方面,是在比赛过程中能够全面阅读和准确分析比赛场上的局势。赛场局势是一种宏观的整体的比赛状况,阅读比赛就是对竞争各方竞技表现、裁判员执裁行为、对方教练员的临场指导以及观众整体反应进行综合分析之后的一个总体判断。这是一名优秀教练员必须具备的能力之一。

阅读和分析比赛场上局势,是教练员采取进一步应对措施的依据。其中,最核心的是阅读和分析本方运动员在赛场上所处的位置和状态,是处于领先、相持还是落后,是斗志昂扬还是士气下滑,是稳定发挥还是状态失常。教练员通过阅读和分析比赛场上局势,才能进一步找到问题产生的原因,并采取有针对性的应对措施。

(二)阅读和分析运动员的表现

运动员的场上表现,是教练员阅读和分析比赛的首要环节。教练员不仅要预读和分析己方运动员的竞技表现,同时还要关注对方运动员的竞技表现,尤其是要仔细观察和分析竞争双方在激烈对抗过程中的表现。

对运动员的场上表现,可以得出不同的分析结果。例如,从体能角度来分析运动员的体能状态优劣;从技能角度,来分析运动员的技术运用效果;从战术角度,来分析运动员战术配合;从心理角度,来分析运动员的心理状态稳定与否等。

运动员在竞技场上的表现,决定了比赛结果的走向。尤其是对竞争双方重点运动员的阅读和分析,一方面要充分发挥己方运动员的特长和优势,另一方面要分析如何遏制对方重点运动员的发挥。只有细致阅读和理性分析竞技各方运动员的细节表现,才能准确分析问题存在的原因,进而提出合理性的改进措施。

（三）阅读和分析彼此战术运用

阅读和分析竞争各方的战术运用，是教练员指导运动员参加比赛的重要环节之一。教练员阅读和分析竞技战术的运用，首先是要分析己方战术运用的执行力。既定的战术安排往往是在分析竞技双方对抗效果的基础上，由教练员做出的进一步的应对安排。如果没有取得预期的效果，首先是要分析战术安排的执行力问题。如果战术安排没有得到有效的执行，那就要进一步强调执行战术安排或者考虑更换运动员来解决执行力的问题。

如果战术运用的执行力没有问题，但是仍然没有取得理想的竞争效果，那就需要教练员来阅读和分析战术运用的合理性与灵活性问题。比赛双方在战术运用上就是遏制与反遏制。如果既定的战术安排没有达到预期的效果，一方面要基于对手的特点和表现来考虑战术的安排是否合理；另一方面，就是要教会运动员处理好墨守既定战术与临场灵活发挥的关系。基于对赛场局势发展变化的预测，教练员至少要设定两种或三种灵活应对的方案，以备运动员机动应对。

教练员阅读和分析战术的运用，既要分析己方战术的安排，又要分析和预测对方的战术部署。只有认真阅读和分析对手的战术运用特征和特点，才能制定己方的有针对性的进攻战术和防守战术。教练员在阅读和分析战术的运用时，既要考虑战术安排的针对性问题，同时必须考虑战术执行队员的组合配合问题。因为战术配合需要队员之间的默契，而这种默契往往是相对固定的组合搭配长期相互适应的结果。

（四）阅读赛况和分析比赛进程与结果

教练员对比赛场景的阅读与分析，其目的在于指导运动员采取相应的改善方案。但是教练员也必须清醒地认识到，比赛结果的胜负从根本上取决于运动员的竞技实力。无论教练员怎样细致地阅读比赛进程和细节以及如何分析和安排对策措施，当竞技双方实力悬殊时，教练员则完全可以基于阅读比赛状况和发展局势预测出比赛的结果。这时候，无论是己方实力超出或落后于对方，教练员的指导参赛就要定位于充分激励运动员并发挥出自身的竞技水平即可。

当竞技双方实力相当时，教练员对比赛场上情况的阅读和分析就更为重要。通过对赛况的精准阅读和分析，不仅可以提升教练员的自信，而且可以提升运动员的信心和士气。同时教练员也可以分析出影响比赛结果的关键因素或关键环节，并进而去努力达成。尤其是在比赛的关键局点或赛点时，更是考验一个优秀教练员阅读比赛和分析比赛趋势的能力的时候。教练员必须具有强大的自信，审时度势的冷静，精准细致的判断，胆大心细的用人和周密细致的安排,才能在关键时刻指导运动员赢得比赛。

二、竞技能力整合

(一)竞技能力的特征与竞技能力整合

运动员的整体竞技能力由体能、技能、战术能力、心理能力和运动知能(知识能力)五个竞技子能力所构成。在运动训练过程中,这五个竞技子能力的发展速度并不一致,具有明显的非同步性特征。因此,教练员在指导运动员参赛的过程中,对相关训练要素进行非同步性安排,以追求竞技能力整体水平的提高。

刘大庆、田麦久(1997)的研究表明,每一名运动员个体竞技能力的各个构成因素的发展大都呈不均衡状态,这种不均衡状态是普遍存在的①。那么,教练员在指导运动员参赛的过程中,要处理好运动员"扬长"和"补短"的关系。一般情况下,教练员要多鼓励"扬长"。当"扬长"不足以克敌制胜时,就必须要采取有针对性的训练安排来"补短"。

运动员竞技能力的提升,可以说是一个系统训练的结果,是一个长期不断累积的结果。当运动员的竞技水平达到一个比较高的阶段时,或者到达成绩增长缓慢或几乎停滞的高原期时,我们称之为"高原现象"或"平台效应"。这个效应有两方面的含义:一是长期坚持训练所达到的平台或竞技水平;二是在一定时间内平台效应能够得到维持或者缓慢下降,并不是一中断训练或者减少训练就导致运动成绩的下降。当运动员训练水平达到一个水平阶段之后,往往不需要原来的大运动量训练就可以保持。这在一定程度上也说明了,为什么有些伤病运动员好长时间没有系统训练,结果伤病好了以后,经过一段时间恢复训练成绩反而提高了。

(二)竞技能力的"弱链桥接"

所谓"弱链",其本意主要是指由于运动链上各环节或环节内部出现的肌力不足、疲劳、损伤引起的部分环节相对薄弱的现象。在运动训练中,往往也泛化指向构成运动员竞技能力的各个要素之间出现了严重的不平衡现象,而那个相对最薄弱的环节,阻碍了运动员竞技能力的进一步提高或易于导致运动损伤。

通常情况下,每个运动员都会存在这种薄弱环节,即"非衡结构"。这种非衡结构在一定程度上可以代偿"薄弱环节"的能力不足,即所谓的"补偿效应"。但是时间长了,强势环节和薄弱环节的差距越来越大,一方面会

---

① 田麦久等.运动训练学(体育院校通用教材).北京:人民体育出版社.2000:71.

存在运动损伤的风险加大,另一方面会直接影响运动员的竞技表现。这个时候"扬长"已经不行了,会进一步加大运动损伤的风险。因此只能是"补短",也就是"弱链(环节)桥接"。因此,教练员要善于对运动员的竞技能力进行整合。首先要在弱链上下功夫,即把"弱链"桥接好。有时候,运动员的弱链可能和专项训练无关。例如,短跑运动员的上肢力量、核心区力量与下肢力量要尽可能协同起来。如果上肢或核心区是弱链的话,就会影响运动员速度和速度耐力的表现。所以,教练员指导运动员参赛要特别注意通过桥接弱链来整合提高运动员的竞技能力。

(三)竞技能力的"实战适应"

运动员竞技能力的提高不能脱离特定的时空环境,其竞技子能力的提升对环境适应具有一定的选择性。在训练场上发展提高的竞技能力,必须放到竞赛环境中进行检验才能真正地整合提升运动员的竞技能力和竞技表现。因此,教练员指导运动员参赛,在赛前必须要做的就是"适应实战"的比赛。例如正式比赛前进行不同种类的训练方法(见表8-1)。

表8-1 比赛训练法的基本类型及其特点

基本类型	教学性比赛	检查性比赛	模拟性比赛	适应性比赛
比赛规则	正式规则或自定规则	正式规则或自定规则	正式规则	正式规则
比赛环境	相对封闭	封闭或开放	封闭或开放	开放
比赛过程	可人为中断	不可中断	不可中断	不可中断
比赛对手	队友或对手	对手	队友或对手	对手
比赛裁判	临时指定	正式确定	临时或正式指定	正式指定

(田麦久,2000)

如果是集体对抗类项目,则更需要进行有针对性的实战适应式的比赛或模拟比赛。教练员要刻意安排针对主力阵容薄弱环节的模拟比赛,以达到整合整体竞技能力的目的。另外,关于实战适应的对手,要尽可能考虑不同风格打法的队伍,尽可能选择在竞技实力方面相当或稍高一些的队伍,这样有利于磨炼整合提高己方队伍的整体竞技能力。

(四)竞技能力的"动机激励"

运动员的体能、技能、战术能力和运动知能相对于心理能力,具有较强的稳定性。相对而言,运动员的心理能力是运动员竞技能力结构中最为活跃的因素。正是运动员的心理能力在参赛过程中的可变性和易变性,在很大程度上决定了运动员竞技能力的水平稳定与否。因此,基于叶克斯—多得森定律,只有运动员保持良好的适宜的动机水平,才有利于运动员竞技能力的发挥。

能否成功激发运动员的心理能力并有效保持,是整合运动员竞技能力的关键环节。教练员在参赛过程中,要高度关注运动员的心理变化,要不断地适时地对运动员进行动机激励。要确保运动员保持良好的动机水平,拥有理性的参赛认知,充满必胜的积极心态和勇于拼搏的进取精神。一个优秀的教练员,在很大程度上也是一个优秀的动机激励专家。

三、竞技状态调控

(一)竞技状态的调控思路

基于竞技能力和竞技状态的内在因果联系,运动员竞技状态的调控思路,需要从运动员竞技状态产生的内因和外因的调控入手。

1. 内因调控

运动员竞技状态的调控需要提升运动员的整体竞技能力,同时激励运动员使其保持适宜的参赛动机水平。内因调控的思路或理念,首先是要调控体能。因为不管是什么项目,运动员体能方面如果出现了机能下降或运动损伤,首要的任务是恢复体能或处置伤病。依据参赛的不同阶段,运动员竞技状态的调控,赛前侧重于体能水平的调整,完整技能的展示、战术配合的数量默契以及心知能力的提升;赛中主要侧重心理能力的激励和战术运用的得当合理;赛后侧重于体能和心理能力的恢复以及运动知能的总结提升。

表8-2 运动员参赛阶段竞技状态内因调控

参赛阶段	调控理念	运动员竞技状态的内因调控调控内容	调控方法
赛前	确保体能的基础地位,稳定心理能力的动力基础,顺应实战需求模拟训练。	体能相对均衡,无损伤或无大碍;完整展示比赛技能和战术能力。	明显减量,强度接近或达到比赛要求;模拟比赛和高水平的热身比赛。
赛中	扬长避短,充分发挥自身优势;稳定心理能力,理性战术部署,确保整体竞技能力优化发挥。	合理分配体能;运动员的心理稳定;战术配合的贯彻与灵活应变。	理性分析赛场局势,合理利用规则,适宜动机激励稳定心理能力,明确部署战术安排和细节要求。
赛后	尽快体能恢复或伤病康复以及心理疲劳恢复;总结比赛提升理性认知。	恢复再生训练、康复性训练、心理放松训练、运动知能训练。	整理活动、肌筋膜放松、物理疗法放松、心理沟通、集体研讨比赛。

(根据有关材料整理)

2. 外因调控

影响运动员竞技状态的外在因素主要是:赛场气氛、观众反应、裁判行为、对手表现、气候、温度、湿度、场地器材条件以及住宿、睡眠、饮食、时差等因素。运动员竞技状态的调控,从外因的角度,就是要把各种影响因素的正面效应发挥到最大,而把其负面效应减弱到最小。

关于运动员的竞技状态调控,作为教练员在外因调控方面主要是充分利用竞赛环境、裁判行为和观众的正面影响来激励运动员。同时对于不利影响,要指导运动员理性看待竞赛环境等行为,最大限度规避和减少外在环境的负面影响。根据参赛的不同阶段,在赛前要尽可能收集参赛的相关信息,尤其是关于竞争对手的信息;理性分析比赛各方的实力以及对比赛结果进行合理预测,明确自己的比赛目标和任务,形成适宜的参赛动机和理性的参赛认知。

表8-3 运动员参赛阶段竞技状态外因调控

参赛阶段	调控理念	运动员竞技状态的外因调控调控内容	调控方法
赛前	形成对外在影响信息的理性认知;屏蔽有可能影响竞技发挥的不利信息;利用有利信息激励运动员。	理性对待各种参赛信息;积极对待食宿安排;保持乐观的参赛心态和动机水平。	广泛收集和分拣信息并理性处理;尽力安排好运动员的食宿,排除后顾之忧;积极备赛排遣杂念。
赛中	充分利用赛场气氛鼓舞士气;理性解读各种影响因素,激励运动员勇于面对;指导运动员聚焦自身比赛小环境。	运动员和教练员的心态、语言和行为;赛场各种信息的理性解读和应对。	理性分析赛场局势,合理利用规则;教练通过语言和动作传递积极鼓励信息或应对信息。
赛后	屏蔽负面信息,充分利用正面信息鼓励运动员,促进心理疲劳恢复;总结比赛提升理性认知。	赛场信息、队员比赛认知、媒体信息、教练员及管理人员态度、后勤服务行为等。	客观解读比赛形成理性认知;适度批评或鼓励运动员,同时勇于承担责任;以运动员为本。

(根据有关材料整理)

(二)竞技状态的调控评价

调控运动员竞技状态的目的是为了使运动员在训练大周期的最好竞技状态出现在比赛期内,并取得优异的比赛成绩。竞技状态调控的效果评价,从根本上关键是看运动员的竞技表现,是否发挥出运动员应有的竞技能力水平或者达到当前训练周期内的最好成绩。

竞技状态调控的好坏主要是通过运动员在比赛阶段的表现来评价。赛前主要看运动员完整技能的展示水平以及没有妨碍竞技表现的运动损伤情况;赛中主要看运动员竞技表现的水平是否正常或超水平发挥以及运动员心理能力的稳定和最终的运动成绩;赛后主要看体能恢复的程度和心理能力的状态以及运动员对比赛的理性认知。

竞技状态的调控评价要坚持"两分法",既要看到调控的成功可取之处,也要看到调控不足或失败的地方。不能因为比赛获胜就肯定一切,这样容易忽略训练调控中存在的问题和隐患。也不能因为比赛失利就全盘否定一切,这样不利于总结、提高和完善竞技状态的调控水平。

知识链接

高水平运动状态

http://mp.weixin.qq.com/s?_biz=Mz12ODAzMDk20Q==&mid=210360445&idx=1&sn=35c1d61d2e37461d39fc1d879be73ce4&scene=1&srcid=02154COkAydzzkwzPYXdjB6h#rd

四、比赛小环境营造

运动员参加比赛的竞技状态除了与自身竞技能力的高低直接相关外,与运动员所处的比赛环境也息息相关。比赛环境会给竞赛参加者(包括教练员、运动员)的心理和行为带来很大的影响。参赛环境在赛前会影响良好竞技状态的形成,赛中的偶发事件会打破原有比赛系统的稳定,导致实时竞技状态的偏移。在一定条件下,比赛环境甚至左右着比赛结果。因此,为了更好地促进运动员最佳竞技状态的形成和保持,教练员在参赛指导方面,尤其是在正式比赛过程中,要努力营造良好的利于自身竞技能力发挥的比赛小环境。

(一)步骤连贯——程序参赛小环境的营造

程序化是系统理论中的重要研究内容。系统工程理论指出,对于一个系统来说,只有程序化才能使能量节省化。程序化参赛就是教练员和运动员将参赛的时间、空间、生理、心理等多种因素进行有序安排,为运动员提供脉络清晰的操作路径,为运动员尽可能表现出自己应有的竞技能力提供客观保证。

程序化参赛是对赛前准备工作的系统安排,是对参加比赛的科学管理,是集约化参赛的具体体现,是细节决定成败的核心表现,可以达到参赛准备工作充分、忙而不乱、稳定心理、避免失误,表现最佳竞技状态的目的。

教练员指导运动员参加比赛,通常要做计划,设置周密细致的参赛程序和步骤,使运动员在参赛过程中将更多的精力用在参加比赛的各个环节的应对上,进而减少其它关联度不大的信息的影响或干扰。只有按照程序步骤一丝不苟,才能确保任务的完成。

周密详实的参赛程序设置和细致入微的备战细节安排,有助于运动员营造自己比赛的小环境,有助于运动员发挥出自己良好的竞技状态。在参赛程序设计时,要特别关注容易引起运动员紧张和焦虑的环节,要设计出具体的细节安排,让运动员"有具体的事情"来做,而不是把思维过多地停留在焦虑紧张的心态上。

(二) 心无旁骛——自身比赛小环境的营造

运动员参赛过程中的情绪控制对于其竞技发挥具有重要影响。影响情绪的因素大致可分为环境、生理、认知三大方面。因此情绪控制细分起来又可分为环境因素的影响及控制、生理因素的影响及控制和认知过程的影响及调控。从竞赛实践看,三大因素往往又互相作用。因此,教练员指导运动员参加比赛,关键是诱导运动员控制好自己的情绪,提高自身抗干扰的能力,做到心无旁骛,积极营造自身比赛小环境。

1. 专注自己竞技发挥

竞赛环境往往从两方面给运动员以影响:一为积极的促进,一为消极的干扰。如何不受或少受干扰的影响,已越来越成为保证运动员比赛获胜的不可缺少的条件。国内外竞赛实践已多次提供了例证,不具备较高的抗干扰能力,很可能导致比赛失败。

因此,教练员要指导运动员把精力专注聚焦在自身竞技水平的发挥上,才能在很大程度上避免或者减弱竞争对手和其他外界环境信息的干扰。一方面教练员在赛前程序化参赛设计时,就要强调运动员"以我为主",专注自己的竞技发挥;另一方面,在比赛过程中教练员要给运动员减压,使其放下包袱;同时激励运动员要勇于展示自我,专注自己全力发挥或超水平发挥出自己的水平。

2. 坚信实力决定成败

运动员参加竞技比赛,从根本上讲是综合竞技实力的比拼。运动员对自身竞技能力的自信程度对于其抵抗参赛环境其他信息的干扰具有重要的影响。通常来讲,自信程度强的运动员,相对更不容易受到参赛环境的影响。

 **案 例**

雅典奥运会男单八分之一决赛,马琳对阵瓦尔德内尔败下阵来。实际上从实力讲,马琳占有明显优势,也正如"人在奥运年"栏目中马琳被采访时说的那样:"我觉得再怎么打,瓦尔德内尔是应该赢不了我的。就包括现在,我觉得那场比赛如果我准备充分,我觉得他还是赢不了我的。"但是主教练刘国梁评价马琳的表现时说:"我觉得马琳最大的问题还在于自己,自己最主要的自信。这种自信是从骨子里面的自信,而不是表面的,表面上马琳做的可以,咋咋唬唬显得很自信,但真正到了奥运会,到了生死关头,到了决胜局、决胜球的时候,你对自己是不是还充满自信,从不怀疑自己会输,没有消极的信号闪过,都是积极的。对马琳来说,如果这几个方面他能做好,将会有非常大的突破。"

因此,作为教练员,要在训练当中都要有意识地培养运动员"坚信实力决定成败"的理念。即使是在一定程度上落后于对手时,依然要稳定情绪,排除杂念,积极营造自身比赛小环境。

3. 干扰信息逆向解读

在竞技比赛中各种干扰信息的出现,可以说是不可避免的,并且具有复杂性和随机性的特点。为了对付这种情况,有经验的运动员、教练员总是通过各种努力来自觉培养抗干扰能力。对于干扰信息进行逆向解读,也不失为一种营造自身比赛小环境的手段。例如,在客场领先对手遭到主场观众嘘声影响时,可以解读为是针对竞争对手的,而不是针对自己的。在遇到裁判的不公正待遇时,可以解读为"下面将是自己获胜的转折点"。

干扰信息的逆向解读,听起来好像有点精神胜利法的味道。但从心理学角度分析,这实际上是运动员自觉或不自觉地完成了一个"信息性质置换"过程,把带有"负"性质的刺激置换成了"正"刺激。

(三) 默契配合——团队比赛小环境的营造

对于非个体对抗类项目,团队之间的默契配合是比赛获胜的必要条件,也是竞争各方比赛小环境营造的关键环节。然而比赛的默契配合却需要长期的磨合训练才能培养出来。因此,教练员在训练中就要设定相对固定搭配的运动员组合。在训练中和比赛中,往往采取相对固定组合的运动员上场比赛。如果根据战术意图更换运动员下场,也往往要保证场上运动员是相对固定的运动员组合。因为,只有长期固定组合的训练配合,才有助于形成相互之间的默契配合。

例如女子网球的"海峡组合"中国金花彭帅和中华台北名将谢淑薇,凭借高度的默契配合,12次闯入决赛,最终都如愿捧起冠军奖杯,包括夺得的温网冠军和总决赛冠军,100%的决赛胜率令人咋舌。总有人对这对同年同月出生的"姐妹花"充满好奇,是怎样的默契才能达到如此的境界?彭帅的回答非常幽默而富有哲理:配合默契如男女谈朋友,1+1>2。

NBA马刺队的默契配合可谓完美地诠释了团队作战的精髓。马刺队的配合默契源于其成熟的稳定的战术风格,是球队在长期的团队合作中形成的技战术组织形式,不会因为某个球员在或不在,上场或不上场,输球或赢球而随意改变。马刺体系十多年来在波波维奇的执教下,已经形成了马刺战术至上风格的整体篮球打法,是马刺队中缺少超级球星却能勇立NBA潮头不倒的根本原因。马刺的团队默契配合,不仅体现在固定战术的执行方面,更多是体现在随机的基础战术配合方面。马刺在固定战术配合没有创造出机会之后,他们会启动随机的基础战术配合,尤其是高位挡拆和高位策应以及突分配合,衔接很自然,很流畅。这是其他球队难以做到的,其他球队固定配合创造不出机会后,就开始单打独斗,而马刺不会。由于球员战术素养高,阅读比赛能力强,马刺会马上启动各种基础战术配合,而不会站位式进攻和单打独斗。他们会选择随机进行战术组合,这是马刺战术至上,长期刻苦训练所形成的团队默契的体现。

(四)内外互动——教练队员小环境的营造

在竞技比赛中,运动员比赛小环境的营造,往往不是由运动员独立完成的。教练员和运动员之间的场上互动,对于运动员比赛小环境的营造具有重要的影响。教练员的言语、手势、表情、眼神以及其它肢体语言,都是和场上运动员进行沟通互动的方式。

竞技场上教练员和运动员的互动,也是弱化比赛环境其他干扰因素的手段。它有助于运动员将更多的精力和思维放在教练的指导和提示方面,有助于营造自身比赛的小环境。对于个体类竞技项目,教练员和运动员的互动更多的是定位在运动员自身竞技能力的展示方面。例如,跳水运动员或举重运动员,他们和教练员的互动主要体现在技术细节和关键环节的要求方面,侧重于技能的成功展示。

对于集体对抗类项目,教练员和运动员的互动更多的是战术配合设计与贯彻。运动员在比赛过程中如何营造比赛的小环境,其中关键环节就是在与教练互动的基础上,全力贯彻和执行好战术部署。

(五)内部归因——参赛心理小环境的营造

从归因理论视角来看,运动员比赛小环境的营造,不仅体现在专注比赛本身和提高自身抗干扰能力方面,而且体现在对外界影响的如何归因方面。作为教练员指导运动员参赛要更多地运用内部归因的方式来促使运动员勇于承担和面对,而不是采用外部归因,习惯性推卸责任,埋怨他人和比赛环境。因为,采用外部归因无助于提升或保持运动员的竞技状态,相反倒会起到影响运动员竞技发挥的反作用。

例如,在诸如球类、体操等项目比赛中,裁判员的"主观尺度"对竞赛过程及结果具有很大的影响。因此,对裁判员的适应,正在而且越来越被广大教练员和运动员所重视。教练员要不断指导和强化运动员,要直面竞赛环境中的各种不利因素,要多从内部归因的视角来看待各种所谓不公正的待遇。只有形成此种思维和习惯,运动员才不至于在比赛中情绪失控。内部归因能够促使运动员从自身找原因,在规则范围内激发自己全力改进提高竞技表现。

第二节 教练员临场指挥及其途径

一、教练员临场指挥

临场指挥是指教练员(组)面对一场具体的"战役",根据赛前制订的计划所进行的实时调控活动。教练员临场指挥水平是教练技巧和经验的集中反映,它取决于教练员的观察、分析和决策能力,也取决于教练员的经验、果敢以及勇气。在艰苦和激烈的训练与比赛中,教练员的临场指挥决定着运动员或全队比赛指导思想、策略、技战术的变化以及运动员自我控制等重要因素。

教练员的临场指挥具有不同于其它管理活动的特点。临场指挥主体与对象的人口学差异需要教练员对特定背景下的赛事进行阅读。这里既包括对运动员比赛状态与表现的阅读,也包括对比赛环境的阅读,还包括对其他与运动员比赛有关人员的状态与表现阅读。只有通过全面的比赛阅读才可能适时进行调控运动员的比赛活动。

二、临场指挥的途径

教练员在临场指挥中应当做到明确、精炼与重点突出的指导,是以激励与鼓励为主的指导,是个性化与针对性的赛事应对指导,在指导中还要尊重他人建议与果敢抉择。

(一) 口头语言指导

口头语言是教练员指挥行为中最常见的指挥方式。在训练与比赛全过程中,教练员按照自己的判断对运动员竞技能力发展与表现提出规范、要求,帮助运动员完成训练和比赛。

教练员的口头语言表达要能够抓住重点、准确精炼,这是反映教练员临场指挥水平高低的重要指标。

(二) 肢体语言指导

肢体语言又称身体语言或非口头语言,是指经由身体的各种动作,从而代替语言达到表情达意的沟通目的,它是人际交往中常用的一种沟通形式,往往是约定俗成的,经常使用的一种语言形式。明确的肢体语言不仅可以很好地表情达意,完成沟通的任务,而且可以展示优雅的体态和沟通风格,给人美好的视觉感受。广义言之,肢体语言也包括前述之面部表情在内;狭义言之,肢体语言只包括身体与四肢所表达的意义。

在训练和竞赛过程中,教练员临场指挥大多采用肢体语言来进行。尤其是在比赛活动中,因为规则或比赛场景的连续性、短暂性和"开放性"不利于教练员的口头语言表达或口头语言不能够完成沟通。此时,教练员的肢体语言就成为比赛中教练员与运动员进行沟通的主要渠道。

教练员训练和参赛活动过程中常用的肢体语言有手势语、头语和触摸三种。手势语是教练员和运动员在长期的训练中积累起来的口头语言,许多手势语都是结合不同的专项而形成的专门语言。

表8-4 教练员常见的肢体语言形式与含义

形　式	意　　义
来回走动	受挫,紧张。对运动员未能或不能完成技术、战术要求的表达。
上体前倾	对运动员表现的关注。
抬头挺胸	自信,果断。对运动员参赛行为的认可。
摇头	无奈,对运动员参赛行为的不可控。
笑	满意,同意。对运动员参赛行为的认可。
眉毛上扬	对运动员参赛行为结果或优秀或很差的惊讶或不相信。
咬嘴唇	焦虑、害怕、紧张。对运动员参赛行为结果的后怕。
抖脚	烦燥不安,紧张。
双臂环抱	教练员调节自我或习惯性姿态。

(根据有关材料整理)

在竞技运动的运动训练和竞技参赛活动中,一些肢体语言也伴随着口头语言进行。特别是在球类集体性开放性的项目之中,教练员往往会为了促使运动员完成某一技术战术实施、提醒、敦促运动员而采用混合式的沟通方式。

（三）比赛中的换人

换人是教练员常见的临场指挥方式。换人有两种情景。其一是主动换人,其二是被动换人。换人对于集体项目使用更加广泛。在个人单项诸如田径、游泳、自行车、滑雪、滑冰等的集体接力项目虽然也有换人,但是在时间维度上与集体球类项目是在比赛进行中的换人迥然不同。

在竞争激烈的竞技比赛中,运动员的思想情绪、竞技水平不可能总处在最佳状态。当运动员的比赛状态出现失常时要及时换人,让运动员利用场下的休息时间调整心态,这样会对他紧张失常的比赛状态有所缓解。激烈的比赛中主力队员的体能消耗很大,为了保存实力,当主力队员轮转到后排时可以换人,让主力队员下场得以调整休息,以保存体力。教练员要根据场上情况,适时换人。一支队伍当中,每个人的特点可能有所不同,有的队员某一项技术比较突出,但从整体实力上看还够不上主力队员的资格,教练员要在比赛中充分利用他们的特长,不失时机地把他们换上场,使其在比赛中发挥作用,以增加全队的实力。

（四）比赛中的暂停

在时间计量来评定成绩的项目中,每一次的比赛是连续的,且完成某一（赛）轮次后即应该按照规则和规程之要求离开比赛场地。而例如跑、游、骑等各类项目,这些项目运动员的完整比赛过程没有暂停这一环节。

在以距离、准确、评分等计量成绩的项目中,因为整个比赛有轮（套、项）次的间隔,这期间教练员为运动员提供指导才有了可能,但是没有专门的暂停时间。在绝大多数球类项目,特别是集体性球类项目中,或者有些规则作了专门规定的比赛中（例如冰球、手球等项目）,教练员或者运动员都有暂停的权利和机会。

毫无疑问,合理地利用暂停,可以起到破坏对方的感觉的作用。这种时候通常是在对方连续得分的时候,对方打得比较顺,在关键局的时候及时的叫暂停可以破坏对方的气势,或者把对方的战术打乱。对于自己,可以在教练的指导下调整新战术,争取得一分,就有可能赢下一局,从而扭转局势,也可能赢得比赛。

比赛中暂停的时机可以是教练员认为需要的任何时候,也可以从全局考虑,合理分配暂停次数。比赛开始不久,教练员发现预先拟订的比赛计划不符合比赛实际情况,运动员不适应对方的战术打法,而且他们在场上没有能力解决这个问题。这时,教练员应及时请求暂停,根据实际情况改变战术打法。比赛中,本队打得不顺利,连续进攻不得分,对方进攻成功率较高,比分逐渐拉大。这时教练员应该请求暂停,给队员讲清产生问题的原因,提出解决问题的办法,扭转被动的局面。当对方采用新的战术打法,运动员在场上识别不清,造成思想不统一,行动不一致,失去了应有的攻防能力时,教练员应请求暂停,讲明场上的主要问题,稳定队员的思想情绪,布置有针对性的战术打法。在比赛的某一个阶段,队员在攻守战术的主要配合上完不成任务时,教练员也应该请求暂停,帮助队员解决具体的问题。

暂停应注意以下几个问题:第一,注意场上和场下的情况,观察对方教练的动态;第二,要冷静分析临场情况,抓住主要问题,整理思绪,便于向场上队员提出解决问题的具体措施,做到对症下药;第三,队员已纠正比赛中的问题,可暂时不去请求暂停;第四,在请求暂停时,教练员应注意自己的风度,正确对待和妥善处理本队、对方和裁判员出现的问题,切忌表现出过分的激动,甚至指责和埋怨他人的情绪。

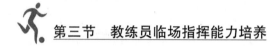

第三节 教练员临场指挥能力培养

一、教练员临场指挥能力

竞技运动实践证明,任何一位优秀的运动员和一支卓越运动团队的自身发展和运动成就的取得都是离不开一位教练员或一个教练团队执教能力。有研究表明,卓越竞技运动团队的教练员都极具典型的人格品质、专业化的知识系统和良好的职业修养。教练员的临场指挥能力是其领导力和执教能力,更是其参赛活动中执教与指导艺术的具体体现,它深刻地影响与制约着运动员竞技表现过程与结果。

教练员的临场指挥能力是其执教理念、风格、技巧和经验的综合反映。临场指挥能力的水平高低取决于教练员的观察、分析和决策能力,也取决于教练员的经验、果敢和勇气。在激烈的比赛中,教练员的临场指挥决定着比赛的指导思想的贯彻、比赛策略的执行、战术的变化运用,以及运动员动机激励和情绪调控。教练员的临场指挥水平,直接决定着比赛的胜负。

教练员临场指挥是与其个性心理特征、经验与风格、专业水平与艺术紧密联系的。例如较强的抗负荷(压)能力,情绪的自我调控能力,全局的把控能力等。因为战局的变化难以预料,战机稍纵即逝,因此临场指挥的决断尤为重要,这要依靠教练员长期的经验积累、敏锐的观察与判断、准确的分析和预见。教练员临场的敏捷反应、冷静、清醒和敢于下决心,可以及时抓住战机,获得比赛场上的优势。

二、教练员临场指挥能力构成

临场指挥能力是教练员执教能力体系中重要的组成部分。教练员知识结构应以运动训练的基本理论知识为主,涉及多门学科。教练员应掌握的知识结构中各学科知识的地位和重要程度见表8-5。

表8-5　教练员知识结构

重要程度	专业核心知识	专业支撑知识	专业辅助知识
非常重要	专项技战术训练经验 比赛经验 运动训练学理论 专项技战术知识	运动心理学 体育教育学 运动技能学	运动医学 运动营养学 选材学 遗传学
重要	规则裁判法的掌握 一般训练理论	运动生理学 运动解剖学 运动生物力学 运动生物化学	体育统计学 计算机辅助
比较重要	体育教育学	教育学、心理学、管理学、社会学	外语知识

（根据有关资料整理）

教练员的临场指挥能力形成应该包括以下几个方面:(1)认知水平与认识能力,包括正确感知信息、观察分析、综合及逻辑思维等能力;(2)思维水平和计划能力,包括思维与抽象思维、预见性、想象力、合理安排教学训练内容及业余活动以增进球员情感等能力;(3)协调水平和交际能力,包括控制自身情绪与感情,取得他人信任,交际的主动性,协调人际关系等能力;(4)管理水平与组织能力,包括提出并组织完成任务、协调各方面关系、调动各方面积极因素等能力;(5)教育水平与教学能力,包括语言表达、技术示范、控制身体表象和面部表情、控制运动员注意力、纠正错误及指导和保护等能力。

（一）敏锐的观察力

无论是在训练,还是在比赛中,对运动员、对训练环境条件,特别是对训练活动和比赛活动中存在的各类有利或无利要素的观察,直接决定了教练员的临场指挥决策。教练员、助理教练员及其相关人员共同依托各种资源和力量,及时、准确、迅速地获取情报信息的能力,能对获取的情报信息进行"去粗取精、去伪存真、由此及彼、由表及里"地筛选鉴别和分析判断,并按不同的任务需求,实时、准确、安全、高效地将情报信息与训练和比赛共享,拨开战场"迷雾",实现双向透明。

(二)准确的判断力

通过信息收集和临场观察,要求教练员能对训练和比赛进程中发生的情况迅速作出判断和决策。这种综合判断能力是教练员临场指挥是否得当的核心。例如:训练中运动员完成技术的状况,比赛中对方的战术特点,对方核心队员的技术特点。这种对比赛的综合判断能力,要求教练员具有丰富的经验和知识、较强的逻辑分析、敏捷的思维能力和应变能力等。

(三)果断的决策力

谋划决策是指挥活动的核心内容和关键环节。一次训练课,一场比赛的谋划决策,涉及竞技运动主体多个领域和专业,需要凝聚教练员、教练团队的集体智慧。智慧凝聚越充分,决策的科学性和作战的胜算就越大。教练员要善于组织教练团队通过一系列运筹谋划活动,聚集和融合群体的智慧,准确把握指挥重心和带全局性的关键问题。科学确定参赛目标,力争实现决策形成早于对方、决策质量优于对方、决策实施快于对方的"决策优势"。教练员的决策力是其各类能力的综合体现,尤其是其观察力和判断力基础上的专业技能与职业技能的综合反映。

决策力首先来自于教练员的学识修养。教练员的智力能力与个人品德决定着其决策力的高低。教练员的决策力还是其教练团队集体智慧的反映。在竞技运动活动中,由于训练和竞赛活动过程与结果的不可预测性,极其需要教练员的胆识和勇气,同时也十分强调和讲究决策的时机和机遇,所谓贻误时机是决策之大忌。教练员必须具备迅速判断、迅速决策、果断行动的能力。果断的决策力常常需要领教练员具有超凡的胆识和勇气。瞻前顾后,畏畏缩缩,缺乏勇气和担当就会错失决策良机,使决策效果大打折扣。当然,教练员的决策是否正确取决于目标和方向是否符合比赛情境的实际,临时应对方案是否具有针对性、可行性。

(四)灵活的应变力

当今影响竞技活动的因素复杂多变,各种潜在的风险尽管经过计划制订,仍然会因为一些突发情况而影响训练和比赛进程。教练员及其团队必须在深入分析可能面临的各种对策的基础上,按照"预先研判—制订预案—实验—修订完善"的流程,立足复杂困难情况,制定系统配套的综合性指挥方案体系和各类"子"预案,明确训练和参赛行动规则和用人方式,做到一种情况多种构想、一项任务多套预案、一种方案多项对策,把计划作为变化的基础,最大限度地减少"意外情况"发生。同时,临机应变,临变不乱,牢牢掌握训练和比赛的主动权。

（五）持续的抗干扰力

竞技训练和比赛是一项长期的、周期性的过程。教练员在执教,尤其是在指挥活动中的态度、情绪和思维活动是随着训练与比赛不断发生变化的。在一些长时间的比赛项目中,教练员始终高度集中于比赛过程,在身体和心理上都有很大的载荷。教练员的心理水平基础,例如情绪的稳定,注意的品质,思维的灵活性等等都会因为比赛的时间和激烈程度受到影响。训练和比赛中教练员的每一次指导可能带来的积极或者消极的后果都考验着教练员的心理素质水平优劣。

（六）有效的沟通力

语言是教练员将自己的决策传达给运动员的重要途径。流畅的语言表达能力是教练员临场指挥能力的重要组成部分,是对教练员的基本要求。

在比赛时,教练员只能利用规则,在短暂的暂停或休息时间内来针对性地指导。如何将自己对场上具体情况的分析和发展情况的判断,以及下一步的相应对策,用简捷明了的语言传达给运动员,使运动员尽快领会教练员意图,将直接影响到运动员的心理、情绪和行为。当然,教练员繁琐而重点不突出的话语也会造成运动员产生紧张情绪。应该明确而简洁的表达,而不应该是抽象、情感式的表达,更不是毫无意义的大白话。

延伸阅读

袁伟民.我的执教之道[M].北京:人民体育出版社,1988.

弗兰科 S.派克著,张思敏译.进阶教练训练手册[M].台北:品度股份有限公司,2006.

【复习思考题】

1. 观看一场比赛,描述教练员在比赛活动中是如何指导比赛的？并总结其典型特征。

2. 教练员临场指挥的一般特点有哪些?

3. 教练员临场指挥的主要途径有哪些?结合实际案例分析教练员临场指挥的价值和意义。

4. 举例说明教练员临场指挥能力包括哪些要素。

5. 结合自己的专项谈谈如何培养教练员的临场指挥能力。

6. 举证分析不同项目教练员临场指挥的特征。

【主要参考文献】

1. 田麦久,熊焰.竞技参赛学[M].北京:人民体育出版社,2011.
2. 田麦久.高水平竞技选手的科学训练与成功参赛[M].北京:人民体育出版社,2013.
3. 高畑好秀著,高詹灿译.一决胜负——金牌教练的55则带队心理学[M].台北:三悦文化图书事业有限公司,2008.
4. 邱芬.我国专业教练员胜任特征的模型建构及测评研究[D].北京体育大学博士学位论文,2008.
5. 尹军,于勇,蔡有志.对我国部分项目优秀教练员能力结构的研究[J].中国体育科技,2001,37(10):45-47.
6. 周成林,蒋志学,袭长城,等.我国部分优势竞技运动项目教练员领导行为特征与评价研究[J].体育科学,2005,25(10):12-17.

(本章撰稿人:李赞博士,天津体育学院副教授,硕士生导师;熊焰博士,苏州大学教授,博士生导师)

第九章 教练员的参赛准备与赛中自我调控

【学习目标】

● 明确教练员赛前准备的要点。掌握教练员赛前判断与调整运动员竞技状态的方法。

● 了解教练员赛前信息收集、参赛风险识别与评估、制定参赛方案的措施。

● 掌握竞技势能的定义与结构。掌握教练员赛中优化竞技势能的途径与要求。

● 掌握教练员赛中自我调控的主要方式。

【本章导语】

运动员在赛前能否调整出最佳竞技状态,比赛中能否达到理想的竞技表现,既与运动员和教练员的竞技能力储备和现实状态直接相关,还取决于运动员教练员双方的协调配合。作为竞技活动的直接参与者,教练员的参赛准备与赛中调控过程及其效果直接影响并决定着运动员的赛前与赛中状态及其比赛结果。本章主要介绍教练员赛前准备的内容、方式,重点介绍赛中教练员行为与状态自我调控的对象、要点和要求以及教练员赛中自我调控的项群特征。

运动员和教练员参赛过程属于竞技参赛领域的范畴,其直接目的与任务是最大限度地表现运动员训练所获得的竞技能力。在获得优异运动成绩目标的驱动下,赛前准备和赛中控制就必须围绕如何有利于运动员竞技能力表现展开。赛前训练是一个专门的训练阶段,其目的是通过系统有效的方法手段策略将运动员的竞技状态调控到最佳状态。

第一节　教练员的赛前准备

比赛与训练之间紧密联系而又有着明显的区别。与训练相比，比赛过程受到更多外界扰动因素的干扰，影响运动成绩的因素更为多样与复杂。"凡事预则立，不预则废"，"预"是成功的基础，"不预"是失败的根源。教练员是竞技团队赛前准备的主要谋划者和指挥者，其考虑问题是否全面，实施过程是否得当，会在很大程度上影响甚至决定着运动员赛中的竞技表现。

一、选择适宜的赛前训练方式

赛前训练的主要任务是为参加特定比赛做好充分准备，促进最佳竞技状态的形成，具体包括：实现竞技能力的有效整合；实现机体能力的超量恢复；完善专项技、战术；逐步适应比赛环境；加强运动员心理的调控。依据最佳竞技状态形成的时间学规律，赛前训练一般包括一个或两个基础训练阶段和一个赛前减量训练阶段。赛前训练阶段训练设计与执行的效果，将在很大程度上决定运动员竞技能力的整体表现以及竞技状态的诱导，是保证运动员将长期艰苦训练所获得的竞技能力在比赛中表现出的关键。为此，教练员在赛前训练阶段应把握以下几点。

（一）设计赛前训练的长度与阶段划分

不同竞技子能力提高、整合、恢复的时间不同，影响运动员竞技状态水平诸因素的发展具有非同步性，因而不同项目或项群运动员赛前训练阶段的时间长度存在差异。徐本力归纳了部分项目或项群赛前训练总时长、强化训练阶段时长、恢复—诱导阶段时长，总体来看，部分主要项目或项群的赛前训练时长差别较大，其中，比赛中有氧供能有氧所占比例越高，赛前训练总时长越长，但恢复—诱导阶段所占时长的比例较为类似，基本处于1/3~2/5之间。

表9-1　不同项群赛前训练总时间与强化训练阶段、恢复—诱导阶段对应模型

		无氧类	混氧类	有氧类	心智类
恢复—诱导阶段时长/总时长		1/3	1.5/5	2/5	1/3
总时长	周	4–6	6–8	8–10	4–6
	天	28–42	42–56	56–70	28–42

续表 9-1

		无氧类	混氧类	有氧类	心智类
强化训练阶段	周	2.7-4.0	4.2-5.6	4.8-6.0	2.7-4.0
	天	18.8-28.0	29.8-39.2	33.6-42.0	18.8-28.0
恢复-诱导阶段	周	1.3-2.0	1.8-2.4	3.2-4.0	1.3-2.0
	天	9.2-14.0	12.6-16.8	22.4-28.0	9.2-14.0

（徐本力,2001）

(二) 构建赛前训练的负荷量度变化

赛前训练阶段中强化训练阶段（赛前基础训练阶段）的负荷量度呈现出逐步升高的态势,如果分为两段结构,则前一半为"强化量",后一半为"强化强度"。在恢复—诱导阶段,需要大幅度地降低负荷量,同时专项负荷强度或比赛负荷强度则应保持甚至逐渐提高,逼近目标比赛成绩水平。对于教练员而言,训练设计过程中能否在强化训练阶段后果断快速地降低训练量,是保证竞技状态诱导的关键。

目前,国内外高水平训练采用的减量训练共有三种模式：① 直线式,即按照一条直线匀速地减低训练量；② 指数式,即以一种系统的指数的模式曲线的方式安排减量训练的过程,它又包括快指数和慢指数两种；③ 阶梯式,训练负荷以一个恒定的量突然减少,或是在训练中按固定的标准减量（图 9-1）。

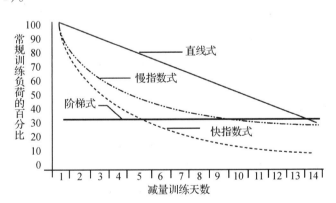

图 9-1 三种不同的减量训练模式示意图（Mujika,2009）

实践与理论验证认为,非渐进式的减量模式（阶梯式）不及渐进式（直线式和指数式）模式效果好；在渐进式减量模式下,快指数减量比慢指数减量效果好。

(三) 注重对运动员负荷量度的调控与监测

在赛前训练过程中,负荷强度若得不到提高,便起不到赛前诱导的作用,但在赛前的强化训练阶段,负荷量和负荷强度同步增加,难免会导致运动器官局部的过度负荷,造成运动损伤的出现,甚至导致运动员机体整体性的过度疲劳。因此,在赛前训练强化训练阶段,一方面应特别注意安排好训练负荷的节奏,增多恢复性小负荷的课次;另一方面注意训练监控,加强恢复措施,以保证运动员能更好地完成这一阶段的训练任务。

二、判断运动员的赛前竞技状态

(一) 竞技状态及其类型

竞技状态是对运动员在训练周期中、比赛前和比赛中的身体、生理、技术、战术和心理等方面所达到的水平的综合描述。其中,最佳竞技状态是最适宜、最理想的参赛准备状态,是竞技状态的最高阶段,对于运动员在重大比赛中创造优异成绩具有重要意义。

由于竞技状态的优劣会在较大程度上影响着优异运动成绩的取得,因此教练员应该注重观察与判断运动员所处的赛前竞技状态类型(表9-2),探明产生的原因,有针对性地做出相应的调整,以达成逼近最佳竞技状态的目的。

表9-2 赛前状态的三种主要类型

类型	主要特点
适宜准备状态	中枢神经系统兴奋性适度提高,植物性神经系统和内脏器官的惰性得到一定的克服,使进入工作状态的时间适当缩短,从而有利于发挥机体工作能力和运动成绩的提高
起赛热症	中枢神经系统兴奋性过高,表现为过度紧张,常有寝食不安、四肢无力、全身微微颤抖、喉咙发堵等不良生理反应,因而使运动员工作能力和运动成绩下降。此类型常见于初次参加比赛的年轻运动员,或运动员参加特别重大的比赛,或运动员过分重视比赛结果
起赛冷淡	由于赛前兴奋性过低,进而引起了超限抑制,表现为对比赛淡漠,浑身无力,不能在比赛时充分发挥机体工作能力。此类型是第二种类型的继发反应

(引自《运动生理学》. 北京:人民体育出版社,2002)

(二) 运动员赛前竞技状态的判别方式

判定运动员赛前竞技状态的标准具有多维性,通常采用训练学标准、生理学标准和心理学标准,目前常用的竞技状态监测与判断方式包括:

1. 依照运动成绩来判定运动员竞技状态,即按照运动员在该训练大周期中成绩增长的程度和绝对水平评定竞技状态的"递进性",按运动员在该训练大周期中比赛的成绩不低于竞技状态成绩区域下限的次数评定竞技状态的"稳定性"。

表 9-3　竞技状态的分类

竞技状态分类	达到上年度本人最高运动成绩的百分比
最佳竞技状态	98%以上
一般竞技状态	96.5%~98%
较差竞技状态	95%~96.5%
很差竞技状态	95%以下

（图·多·博姆帕,1999）

表 9-4　运动员身体机能评定常用的指标与作用一览表

组织系统	指标	作用
肌肉系统	肌肉力量、力矩、肌肉疼痛等	力量训练效果、评价肌肉负荷
心肺系统	最大摄氧量、无氧阈、心率等	评价负荷强度、长期训练效果
血液系统	血乳酸、血红蛋白、肌酸激酶等	评价负荷强度和机能状态
内分泌系统	睾酮、皮质醇等	评价训练负荷和机能状态
免疫系统	白细胞、免疫球蛋白等	评价机能状态
教练员观察系统	运动员计划完成质量等	综合评价运动员训练状态
运动员自我感觉	REP 等	评价运动员局部反应和整体状态

（田野等,2008）

2. 依照运动员运动训练的科学监控,即主要诊断和监测运动员训练过程中对身体负荷及心理负荷的反应、运动能力的表现状态、完成训练任务的质量等,主要从身体能力的诊断与监测、运动技战术诊断与检测、心理状态诊断与监测三个方面入手。

表 9-5　射击与乒乓球运动员技术诊断方法

	射　击	乒乓球
诊断内容	枪支入靶方向、晃动幅度、瞄准时间、击发时机的选择和把握、击发瞬间的保持等。	旋转和速度
诊断方式	1. 通过激光瞄准点的运动轨迹对技术动作进行现场反馈。 2. 通过对每枪射击过程中的技术诊断的分析。 3. 对射击过程中主要肌群进行表面肌电测试。	1. 通过乒乓球动态测转仪和定点定机高速摄影和高速摄像测定各种发球、击球、球拍性能等。 2. 引入"乒乓球三段分析法"建立不同打法类型的技战术分析。 3. 采用常速摄像、高速摄像、Qualysis 三维运动学测试等对比赛技术测试与诊断。

（田野等,2008）

表 9-6 运动性心理疲劳检测方法比较一览表

	运动性心理疲劳检测方式	主要优点	主要缺点
心理指标	自我陈述报告（如 ABQ 等）	实施方便:可直接探测主观感受	易受社会期待影响
	反应时	实施方便:有较高量化程度	依赖被试配合程度
	闪光融合频率	实施方便:有较高量化程度	依赖被试配合程度
	两点阈	实施方便:有较高量化程度	依赖被试配合程度
生理指标	内隐态度实验	可探测无意识反应	拍摄场景的标准化
	脑波慢涨落技术（ET）	可探测中枢机制	实施过程稍显复杂
	事件相关电位（ERP）	可探测中枢机制	实施过程稍显复杂

（田野等，2008）

（三）教练员判断运动员竞技状态的行为要点

针对运动员竞技状态的多维性特征，在赛前状态诊断过程中，教练员同样应该客观地从多维度综合认识，由此需要做到以下几点：

1. 注重竞技团队之间沟通与协作

现代竞技训练与参赛是以团队的形式呈现的，优秀的运动队通常配备了包括康复、监测、专项能力教练为一体的专业团队，团队中的每名成员都可以在其擅长领域给竞技能力提高以帮助，同样也能够从各自领域对运动员的赛前状态做出判断。运动员作为竞技活动的直接参与者，对个人的竞技状态有着直观的认识，特别是高水平运动员，拥有丰富的参赛经历，更能够清晰地感知竞技状态的优劣。因此，教练员主动与助理、科研人员、队医、运动员进行沟通，及时掌握全面信息，更有利于把控运动员真实的竞技状态。

2. 综合全面地考量判别指标

竞技状态的判别标准多种多样，仅通过单一指标难以反映运动员赛前状态的全貌。一般而言，经验丰富的教练员可以发现，当运动员技术稳定，动作协调，渴望训练和比赛，自信心强，自控能力好时，通常达到或逼近了竞技状态的高峰，但各器官、系统的是否协调以及是否达到了动员的最大化，运动后恢复过程的长短，专项体能水平等指标，则需要通过专业测试量化的获得。教练员综合、全面地考量各项指标，可以有效规避因主观经验导致的判断失误。

3. 依据专项特点着重考量敏感性指标

运动项目竞技能力主导因素的不同决定了其竞技状态判别标准的选择。对于体能主导类、技心能主导类等运动成绩可以以客观指标进行评定的项目,可按照训练测试成绩来判断竞技状态;对于需要通过成员间协同配合完成比赛的同场对抗性和隔网对抗双人项目来说,团队状态主要反映为技、战术应用的熟练程度与应变能力;对于多元动作结构固定组合的技能主导类项目而言,成套动作的成功率与完成质量是衡量运动员竞技状态的主要指标;对于个人对抗的格斗对抗性和隔网对抗单人项目而言,运动员的竞技状态主要由常规技术运用的合理性、优势技术运用的适宜性、劣势技术弥补的有效性等来判定。

4. 注意观察运动员的峰前状态

运动员的竞技状态是在不断变化着的,如果力求在赛前达到最佳竞技状态,就需要在一个竞技状态变化周期中,把握高峰状态(包括最佳竞技状态)出现前 1~2 周内相应的竞技状态。对于峰前状态的判断,顾季青(2007)提出可测量类项群,可以用与以往本人最佳成绩的"水平比"来判断,其中,竞距性约为93%~102%,竞重性约为85%~110%,短距离竞速约为95%~101%,中长距离竞速约为93%~99%,竞环性约为97%~99%。峰前时段运动员水平越高,运动成绩的振荡程度、波动性越小;峰前时段男运动员成绩的振荡程度、波动性一般较女子大。

三、收集与处理参赛信息

运动竞赛中,详尽地了解与之有关的各类信息是制胜的先决条件。从运动成绩的决定因素来看,本方运动员的表现相对可控,而对方运动员的表现、比赛结果评定行为、比赛环境则不可控或相对不可控,信息的收集与处理应该主要针对这些不可控因素展开,以增强其可控性。

(一) 全面收集与取舍参赛信息

主要对手的信息包括对方的近期状态,如战绩和技术统计资料、运动员性格特征及赛场行为、主力运动员伤病及阵容组合情况、以往训练和比赛的影音图像与文字资料、技术与战术的特点及优劣势等。比赛结果评定行为的信息包括裁判员判罚特点、性格特征、以往比赛执法的影像图像与文字资料等。比赛环境包括比赛城市的气候、海拔、时差、饮食、观众行为等自然与人文环境,以及正式比赛和赛前适应性训练地的场地与器材材质、灯光、风向、场馆开放时间、住处与赛场之间距离等。教练员需要在这些复杂多样的信息中提取对执教项目有益的信息,以做到规避参赛风险的目的。例如,为应对向东飞行7~8小时的时差反应,俄罗斯队为备战2000年悉尼奥运会,研制了不同身体机能和运动能力达到正常化所需的时间,并提供给不同运动队,由各队依据项目所需能力决定提前进行适应性训练的时间(表9-7)。

表9-7　向东飞行7-8小时运动员机体身体机能和运动能力达到正常化所需时间

身体机能和运动机能	正常化时间(天数)
心理机能和运动机能	2-4
一般身体工作能力	4-5(6)
睡眠(入睡时间,持续时间,睡眠质量)	3-4(5)
肺通气量	无明显变化
心收缩频率	4-5(6)
动脉压	3-4
体内温度	4-5
最大摄氧量	5-7(8)
一般耐力	5-7
非乳酸耐力	3-4
运动反应时	4-6
加速能力	3-4
动作频率	3-4
快速力量	4-5
协调性	2-3
柔韧性	无明显变化
视觉灵敏性	2-3

(马红宇,2000)

(二)参赛信息的收集方式

运动员(队)在备战高水平比赛之前,大都需要进行信息隐藏,以避免主要对手对本方信息的过多了解从而做出针对性应对。但是,现代传播方式的多样化也为参赛信息的获得提供了多种可能。目前,教练员团队获得参赛信息的方式主要包括:从自媒体、官方网站、采访视频等网络媒体中提炼出有价值的对手、裁判及参赛环境信息;委派团队人员到比赛现场拍摄参赛视频;在对方公开训练时观察对方可能的针对性安排等。

四、识别与评估参赛风险

运动竞赛是一项极其复杂的系统工程,运动员参赛则是一个充满风险的过程。运动员参赛风险是运动竞赛这一特定社会活动中出现的风险,它包括运动员在参加运动竞赛活动各个环节可能遇到的风险,即在运动竞赛中发生各种干扰运动员比赛发挥或导致运动员比赛成绩降低事件的可能性。教练员作为赛前准备的主要谋划者,应该着力安排或提醒团队成员尽量做到风险规避。

(一)构建出运动员参赛风险的体系结构

石岩(2004)将参赛风险分为参赛选手可能遇到的风险、来自对手方面可能带来的风险和比赛环境方面可能出现的风险三大类。其中,第一部分包括体能风险、技术风险、战术风险、心理风险、比赛经验风险和自我管理风险;第二部分包括对手体能风险、对手技术风险、对手战术风险、对手心理风险、对手比赛经验风险、对手伤病风险和对手自我管理风险;第三部分包括比赛时间和地点风险、比赛场地和器材风险、比赛规则和规程风险、裁判员风险、气候与地理风险、生活与交通风险、教练员风险、社会支持风险和运动队管理风险。一般来说,对于常见的运动员参赛风险,教练员和运动员凭借过去的比赛经验便可识别出来,但是对于新的、潜在的参赛风险,识别起来难度就会很大,因此需要构建出完整的参赛风险识别体系,按照一定的程序,借助相关的方法予以识别。

当然,不同项目的的竞技方式与竞技过程不同,教练员可以有取舍的选择风险体系中的有益指标。前国家射击队主教练许海峰在每一次大赛前,都要认真、反复考虑将会出现的困难和问题,从不打无准备之仗。在釜山亚运会之前,许海峰对可能影响比赛的场地、气候、风向、设备等因素都进行了考虑,还包括一些不为人注意的细节。比如说子弹,在亚运会上,韩国队就出现了"臭子"现象,而中国队在出征前对子弹进行了认真检查,没有出现此类问题。

(二)选择恰当的应对风险方式

1. 赛前加强对运动员风险意识及风险应对的教育

运动员的风险知识与意识既需要在日常训练中获得与培养,也需要教练员在赛前有针对性的强调,使其获得更为直观的认识。从风险的危害性大小和发生概率的大小两个维度来看,可以有四种不同的组合,这就需要教练员针对不同的情况,分别以风险回避、降低、转移、自留四种基本应对策略为依据,制定出相应的具体应对方案,并分别讲解给即将参赛的运动员。

表 9-8　教练员教育运动员参赛风险的应对策略原则

具体情况	应对策略
对危害大、概率大的风险要避免	风险回避
对危害小、概率大的风险,可采取措施降低风险量	风险降低
对危害大、概率小的风险,可采取保险或合同条款将责任转移	风险转移
对危害小、风险小的风险,可采取积极手段来控制	风险自留

（石岩,2004）

2. 将风险应对分类分人配置

全面动员领队、教练员、助理教练员、运动员、队医、科研人员、翻译等参与到关注和降低不同风险的工作中来。例如领队主要负责控制外界干扰、对运动员进行思想动员、及时了解组委会通知等；队医做好伤病预防、营养补充、放松按摩等；科研人员计时收集对手信息、将赛前训练监控及时汇总上报等。

3. 加强应对风险的赛前针对性训练

对于技能主导类表现难美的项目来讲,应在赛前训练中注重成套动作的成功率,重视模拟比赛训练和抗干扰训练,同时重视赛前场地器材的适应和运动员身体的防护。对于技心能主导类表现准确性的项目而言,做好比赛器材的准备与检查工作,赛前进行适应性训练,比赛期间进行比赛的信息回避。对于体能主导类快速力量性的项目来讲,应狠抓成功率,赛前训练与比赛时间吻合。对于技战能主导类的项目来说,应特别重视"研究"对手,并制定出遏制对手技术、战术等方面特点的策略与方案,同时进行全方位的模拟比赛训练。

五、制定竞技参赛方案

运动竞赛虽然变化莫测,但有规律可循,教练员应该根据对赛前状况的分析和对比赛条件的了解,制定出周密的参赛方案,尽可能地设想各种可能发生的情况和解决的具体措施

（一）明确参赛的指导思想

竞技参赛的目的是取得优异的比赛成绩,这既包括理想的名次,也包括是否表现出了应有的竞技水平。教练员依据对当前本方与主要对手竞技实力,对运动员参赛角色进行合理定位,如夺取冠军、冲击奖牌、优于往届等,才能使自身及运动员在激烈的比赛中不至迷失方向,制定出更具针对性的技、战术策略。例如,2012 年伦敦奥运会羽毛球女子双打比赛中,

中国、韩国、印尼4对选手出现的消极比赛事件,其实正是夺冠战术的侧面体现。再如,对于不同水平的男子100米运动员而言,预赛、半决赛、决赛发挥个人最高水平的比例明显不同。

(二)制定程序化的参赛方案

运动员参赛的复杂性,除了运动员自身与对手竞技表现难以预知,还表现为内外、环境可能产生的各类人事状况,对其进行科学管理,将有助于参赛目标的完成,避免参赛风险的发生。教练员制定的程序化参赛内容至少应包括以下几个方面:第一,参赛过程的基本阶段及次序;第二,各阶段的时间与空间分布;第三,各阶段的参赛要务;第四,各阶段的实施方式;第五,做好冗余备份。

(三)组织运动员进行过程模拟训练

赛前模拟训练既可以针对主要对手或参赛环境进行,又可以针对参赛程序展开。在设定好的模拟对手和模拟环境的被模拟系统中,教练员可以有目的的按照预先设定的参赛程序,组织运动员进行过程模拟适应。除遵循常规模拟训练的一般要求外,过程模拟时至少还需注意以下几点:第一,模拟程序与正式比赛程序相同;第二,模拟时长与正式比赛接近;第三,模拟时间间隔与正式比赛类似。

第二节 教练员的赛中自我调控

教练员的赛中自我调控是通过指导心境的理性,引起指导方式的合理,进而作用在指导对象时表现的有效的过程,这就需要认清影响赛中运动员竞技表现以及优异运动成绩获得的内在作用要素的结构与功能,即竞技势能。

一、竞技势能

(一)竞技势能的定义

竞技表现是运动员在比赛中所表现出的竞技能力,或称运动员在比赛中表现出的竞技水平。与运动训练重在发展运动员的竞技能力不同,竞技参赛过程重点关注如何表现运动员的竞技能力。运动员若要赢得比赛,就需要相比较对手展示出更好的竞技表现,就需要拥有更多支撑竞技表现的"能量"供给。

竞技势能就是这种"能量",它是指在比赛过程中,项目团队所具备的能力水平和状态,或称参赛者参加比赛所具有的应对比赛的能量,具体包括运动员势能和教练员势能。其中,运动员势能体现在运动员的竞技能力和竞技状态,教练员势能表现为临场指挥能力与指挥状态。竞技势能是影响竞技表现的内因,也是最根本最重要的因素。

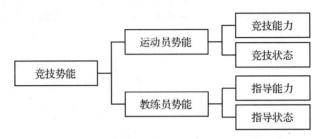

图9-2　竞技势能的基本架构图(陈亮,2013)

　　运动员是竞技过程的直接展现者,其自身所具有的竞技能力以及比赛中竞技状态是其竞技表现的基础。众所周知,运动员的竞技能力由不同表现形式和不同作用的体能、技术能力、战术能力、心理能力和知识能力构成;竞技状态系统可以通过体能、技术、心理等方面进行评价,并与竞技能力系统之间具有某些对应性,是竞技能力优化组合后的结果。

　　教练员的指导能力与状态尚未形成公认的评价维度,综合相关研究,指导能力主要体现在专项知识储备、心理自控能力、思维应变能力等方面;指导状态则包括思维的敏捷性与耐疲劳性、参赛知识的运用水平、决策的果断性等。

　　认识"竞技势能"对于竞技参赛的实践意义在于:第一,从比较优势的视角重新认识了参赛获胜的本质,即获胜取决于参赛方竞技势能的对比关系;第二,将教练员的能力和状态置于了参赛方的能力和状态之中,由此对教练员的比赛指导提出了更高的要求;第三,提出了取得优异比赛成绩的基本途径,从竞技势能的构成因素上看,提高或改善运动员(队)的竞技能力和竞技状态,以及教练员的指导能力和指挥状态都可以不同程度地增强竞技势能。

(二) 竞技势能与相关概念间的关系

　　任何一个竞技项目比赛的运动成绩都是由运动员在比赛中的表现,对手在比赛中的表现以及竞赛结果评定行为这三方面因素所决定的。换言之,运动员的竞技能力在比赛中的发挥决定了竞技表现,比赛评定行为下的双方运动员竞技表现之差决定了比赛成绩。从运动成绩的决定因素来看,比赛结果评定行为与比赛条件属于外在因素,运动员的竞技能力及其影响比赛发挥的竞技状态属于内在因素。

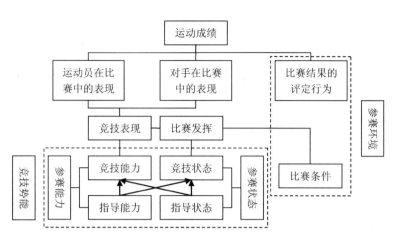

图 9-3 "竞技势能"与相关概念群间的关系图(陈亮,2013)

1. 竞技势能与竞技表现的关系

竞技势能是竞技表现的内在支撑系统,用来表征参赛方系统做功的本领;竞技表现是竞技势能的外在显现,其变化反映着竞技势能的实时状态。

2. 竞技势能与竞技能力的关系

首先,竞技势能的涵盖面更广,而竞技能力只是影响竞技表现的诸多因素中的一种;其次,从物理学角度来讲,竞技势能是参赛方在比赛中的"能量"总成,竞技能力是运动员的"能力"系统;再次,竞技能力的主体是运动员,竞技势能的主体是由运动员和教练员组成的参赛团队。

3. 竞技势能与运动成绩的关系

从竞技参赛学的视角对影响运动成绩的因素重新划分,可以得出,任何一个竞技项目比赛的运动成绩都是由竞技势能和竞赛环境两方面因素决定的。其中,竞技势能体现为运动员和教练员的参赛能力和参赛状态,竞赛环境由比赛结果评定行为和比赛条件构成。

二、教练员的赛中自我调控

从竞技势能的构成要素来看,教练员的临场指挥能力结构和运动员的竞技能力结构属于常量,在比赛条件相对稳定的情况下,不会随着比赛态势的发展而发生明显的变化,而教练员的赛中指挥状态,运动员的赛中竞技状态,集体项目的团队竞技能力结构则属于变量,也是教练员赛中自我调控的主要内容。教练员正是通过不断的自我调整以及对运动员的调整,以适应对手不同竞技表现以及竞赛环境变化的需要。

(一)教练员赛中调控的作用对象

虽然构成竞技势能的 4 个因素与运动员比赛中的竞技表现之间直接

相关,但并不具有线性关系,即某一因素的改变未必导致竞技表现以特定比例发生变化,这种既有规则又无规则的规律,为竞技势能系统的调控提供了可能。如果我们对竞技势能的各要素及其相互关系有了足够的了解,就有可能在一定范围内控制其作用方式,预测竞技表现的过程与结果的大致方向。

竞技势能调控时应把握以下要点:第一,竞技势能的调控主要以主导竞技能力调节为基本手段,或为技战术、或为心理、或为阵容,但以规避状态不佳能力为出发点的。第二,竞技势能的调控存在项群差异性,并主要体现在调整机会的可得性。从运动项目的比赛规则与竞技特点来看,技术、战术和心理运用是赛中调控的主要对象;比赛时间的长短和比赛间断的多少为调控提供了可能;比赛中教练员的行为规定决定了其在调控中所能发挥的作用。

表9-9 不同项群比赛中调整机会的可得性

项群		技术动作特点	比赛时长与间断			教练员行为		调控等级
			比赛时长	固定间歇	申请暂停	换人	场外语言提示	
体能主导	速度	周期性单一	短	无	无	无	无	E
	耐力	周期性单一	较长或长	无	无	无	有	D
	快速力量	周期性或非周期性单一	长	有	无	无	有	C
技战能主导	同场	变异多元组合	长	有	篮、手球有,其余无	有	有	A
	隔网	变异多元组合	长	有	有	排球有,其余无	有	A
	格斗	变异多元组合	较长	有	无	无	无	B
技能主导难美		固定多元组合	短	无	无	无	无	D
技心能主导准确		周期性单一	长	有	无	无	有	C

注:不包括多项组合性项目;A、B、C、D、E代表调整机会的可得性依次降低(陈亮,2015)。

从各项群赛中调整机会的可得性判断,技战能主导类同场对抗性与隔网对抗性的项目可调控性最高,格斗对抗性项目次之,技心能主导类表现难美性的项目和体能主导类快速力量性的项目再次,体能主导类竞速类的项目和技能主导类表现难美性的项目较低。因此,除体能主导类速度性的项目外,其余各项群教练员均可以或多或少地对运动员的竞技表现施加影响,并依据项目规则,合理运用固定间歇、暂停申请、换人、场外语言提示等方式,助力运动员按照既定技术规格或战术设想顺利完成比赛。教练员若要完成上述指挥行为,需要不断模式化自己的行为方式,以给予运动员有利的参赛信息。

事物演进过程中的不稳定性是绝对的,稳定性是相对的,二者之间认识的不同源于对稳定的衡量标准,即需要设定"阈值",在"阈值"范围之内的波动认为相对稳定,超过了"阈值"的波动被认为是不稳定的。不同项群的项目比赛中竞技势能发生波动的概率与幅度不同,这一方面与调整机会的可得性有关,调整机会较大的项目更便于主动增强竞技势能;另一方面也与运动项目的主导竞技能力相对应,从参赛变异概率的角度来讲,按大小顺序排列依次为心理状态、体能、战术能力、技能和知识能力。不同项群波动的可能性各异(表9-10)。

表9-10 不同项群竞技势能波动的可能性

项群		变异可能性	调整机会可得性	发生波动可能性
体能主导	速度	很小	很少	很小
	耐力	较大	少	较小
	快速力量	较小	较少	较小
技战能主导	同场	很大	多	很大
	隔网	很大	多	很大
	格斗	很大	较多	大
技能主导难美		较小	少	小
技心能主导准确		很大	较少	较大

(陈亮,2015)

(二)教练员赛中自我调控的行为要点

1. 影响教练员赛中状态的因素

关于我国部分篮球和排球教练员的赛前心境状态研究结果显示,年龄偏大教练员的紧张、愤怒、抑郁、慌乱等不良因子较年轻教练员低,但却易疲劳、精力略显不足;男性、较长执教年限、高学历都有利于教练员表现出较好的心境状态;而对于不同轮次的比赛,教练员在小组赛阶段的心境状态优于交叉赛阶段。从上述因素来看,对于某次比赛的执教教练员而言,性别、年龄、执教年限、学历是常量,教练员的赛中状态受制于在不同竞技重要性的比赛中,其对比赛结果的预期与运动员赛中竞技表现之间的契合程度。若教练员的赛前预期高于或低于运动员的赛中表现,均可能不同程度地影响其指挥状态,若二者基本吻合,教练员大都可以在一个相对稳定的心境状态下指导运动员竞技参赛。

2. 教练员赛中自我调控的基本要求

教练员在赛前备战中,已使运动员达到了较高的竞技状态,同时收集了大量有关主要对手和竞赛环境的参赛信息,并评估了参赛风险和制订了参赛方案。如果赛中态势发展如赛前所料,便可以按部就班地执行赛前方案,将运动员的竞技能力最大限度地表现出来。但比赛过程中的大量随机和不确定问题依然可能发生,形成各种有利或不利局面。若这些不确定事件在赛前的冗余备份之内,应迅速按备份更新布置;若在赛前预料之外,则需依照经验做出改变。因此,"变"与"不变"是赛中指导的两个基本命题,也是考量教练员能力与状态的内隐性指标。显然,"不变"是相对的,而"变化"是绝对的,教练员的赛中指挥主要由针对不同时机的采取方式的"变化"来体现。

比赛进程不一定按照预先设定的方式进行,教练员的临场指挥难免会出现一时的疏忽和差错,这就需要教练员拥有良好的思维能力和一定的指挥风度,发挥指导者的作用,表现出应有的指挥修养,以求化不利为有利。临场指挥过程中,教练员应该做到全面性与稳定性相结合,敏捷性与果断性相结合,在"变"与"不变"中寻求平衡。

全面性与稳定性。教练员要全面地观察并周全细致地分析问题,并要善于镇静地思考,临危不乱。一般来说,面对不利局面时,教练员容易产生急躁情绪,表现为局促不安,行色慌张,难以从全局去考虑,抓不住问题的本质和要害,却喋喋不休地计较无关紧要的琐事,如对队员的过多指责或对裁判员有埋怨情绪等,结果既扰乱了自己的思路,又影响了运动员情绪。

敏捷性与果断性。教练员既要敏锐地观察问题,毫不犹豫而且迅速地做出结论和决定,并能灵活运用战术,以求出其不意,攻其不备,使对方捉摸不定。同时要根据场上情况变化的需要来做出改变,不要为变而变,否则往往会弄巧成拙。当比赛处于紧张的时刻,教练员不可能有较长的时间用来思考,这就需要迅速果断地采取措施。教练员在紧要关头不应考虑过多,要当机立断,应具有"进不求名、退不避罪"的风度,大胆决策,敢想敢干,敢作敢为。

(三)教练员赛中自我调控的项群特征

1. 直接对抗性项目教练员的赛中自我调控

对抗性项目竞技过程的攻防关系要求教练员在赛中调控时需要兼顾

提高本方竞技势能,同时压低对方竞技势能的双重关系。陈亮(2013)提出了对抗性项群比赛中竞技表现的阶段性"涨落"现象,并认为引起和扭转"涨落"现象的过程中,其变化体现在技战术使用结构,调整运动员的竞技状态,改善运动员竞技能力的整合水平等方面,即通过变化、扭转、突出或强化双方竞技势能的对比关系。

表9-11 对抗性项群比赛中不同"涨落"阶段的竞技表现特点与竞技势能比较

	竞技表现		竞技势能对比关系
	本方	对方	
"潮落"	攻防不利	攻守兼备	本方＜＜对方
"潮平"	防守不利但进攻尚可或进攻不利但防守尚可		本方≈对方
"潮涨"	攻守兼备	攻防不利	本方＞＞对方

(陈亮,2013)

对抗性项目赛中竞技势能的调控,主要通过对运动员所实施技、战术的改变来实现,教练员可以依据赛前目标、赛中现状、阶段性期望,主动做出战术改变。依照变化发生的时机与方式,具体包括审时起变、察因应变、择优引变和出奇制变4种。审时起变:根据比赛发展态势及获胜需要,掌握时机,主动做出改变。察因应变:考察不同"涨落"阶段的具体原因,有针对性地做出改变。择优引变:根据比赛双方的竞技势能态势,以充分挖掘自身潜在优势为主要方式的改变。出奇制变:为了实现特殊需要而做出的非常规改变。

表9-12 教练员在应对不同应变化形式时的能力需求与行为要点

应对策略	能力需求	教练员行为要点
审时起变	对竞技过程的理解及对时机的掌控	依据经验和知识,综合把握作出判断
察因应变	对技战术使用效果优劣的判断	与助手、队长、核心运动员、经验丰富运动等全面沟通
择优引变	对不同技战术的优劣势及运动员优缺点的认识	教练员团队内部及时商议
出奇制变	对非常规技、战术的把握与果断性	依据经验,果断作出决定,对个别运动员或运动员的个别技术做特殊强调与嘱咐

(陈亮,2013)

对抗性项目不同,技、战术改变的时机与方式不同,对教练员所需的能力要求自然有所区别,由此决定的行为侧重点也会存在差异。例如,常规性的技、战术改变要求教练员对专项竞技过程的特征有着深入的了解,应在综合考虑后作出判断,不能偏执于细节;面对赛场相互制约的复杂要素时,教练员往往并且可以做出多样化的选择,而最佳选择则需要对本方运动员的优缺点有着清晰的认识,并在多方沟通后做出改变;当遇到特殊情况,如篮球比赛中对方主力运动员受伤,羽毛球比赛中对方临近赛点时,应当试图打破固有思维,利用本方相对优势或非常规技、战术乘胜追击,甚至破釜沉舟。

2. 多轮次比赛项目(间接对抗类)教练员的赛中自我调控

万红军(2012)认为,间接对抗类多轮次竞赛项目又可分为竞争优晋类比赛和竞争同晋类比赛两种(表9-13),其中,前者的竞赛过程较少受到外界干扰,各轮次之间参赛者数量逐渐减少,它具有过程低干扰性、数量递减与强度递增性、阶段性的特征;后者按照编排方案两两进行较量,胜者进入下一轮比赛,负者被淘汰,直至决出冠军,它具有强对抗性、高效率与低合理性、取半递减性的特征。

表9-13 间接对抗性多轮次竞赛项目的基本分类

基本类群	亚类群	典型比赛
竞争优晋类	成绩累计型	奥运会射击比赛、奥运会皮划艇激流回旋比赛等
	晋级归零型	射箭比赛、静水皮划艇比赛、赛艇比赛、田径中短距离跑、游泳比赛等
竞争同晋类	成绩累计型	奥运会双人跳水比赛、帆船比赛、帆板比赛等
	成绩取优型	田径投掷类与跳跃类比赛、举重比赛等

(万红军,2012)

间接对抗性多轮次竞赛项目的比赛过程中,技术特征为周期性或非周期性单一动作结构,单一轮次比赛的时长较短,竞技过程无法间断,运动员所做出的改变主要体现在不同轮次之间,教练员的指导只能在不同轮次的间歇期内进行。

表9-14 间接对抗性多轮次竞赛项目的比赛策略

	应对策略	教练员行为要点
竞争优晋类	目标为重,递进优先	1. 全面完备,建立总体目标及不同轮次的具体目标; 2. 稳定自信,语言激励运动员建立比赛自信心; 3. 及时果断,依据赛场态势果断快速地提醒运动员。
	以我为主、专注过程、规避干扰	1. 全面完备,建立以我为主的参赛布置; 2. 稳定自信,向运动员强调树立以我为主的意识; 3. 全面细致,建立规避外界干扰的措施。

续表 9-14

应对策略		教练员行为要点
竞争同晋类	充分准备、放松心态、稳定发挥	1. 细致认真,提醒运动员每轮比赛前准备充分,表象全程动作; 2. 情绪稳定,不要在运动员面前表现出喜悦或急躁;
	稳中求进	1. 全面完备,制定每轮比赛成绩的具体要求; 2. 细致认真,轮次间歇期指导技术动作,利用有效手段保持运动员肌肉热度; 3. 及时果断,每轮比赛中用简练语言做出提示。

(万红军,2012)

对于竞争优晋类项目的比赛,参赛者应该依据总的参赛目标,对运动员每轮次的成绩做出差异性的要求,以达到逐步诱导最佳竞技状态的目的。有经验有实力的高水平运动员,可以对各轮次比赛的完成有信心也有能力控制,但年轻或竞技水平不十分突出的运动员,教练员在赛前需要通过语言激励使其树立信心,同时在条件允许的情况下在场边提醒运动员控制比赛强度,适当压低竞技状态,使最佳竞技状态在决赛中出现。另外,针对此类项目的竞技特点,要求运动员应尽量避免外界干扰,以我为主,专注于比赛过程,教练员应该在为其特殊布置的基础上,鼓励运动员并为其创设消除干扰的各种措施。

案 例

2003 年百米蛙泳世锦赛以后,罗雪娟就被雪藏了起来,按训练计划很少参加比赛,避开对手注意。2004 年 4 月全国奥运选拔赛上,只游出了 1 分 08 秒 57 的成绩,排名当年世界第八,给对手一种成绩下滑的感觉。在 2004 年雅典奥运会比赛中,为了隐藏实力、出奇制胜,教练员张亚东在与罗雪娟细致沟通后,制订了争权夺标的参赛策略,布置的预赛成绩目标是 1:09 左右,半决赛再进一步,获得决赛资格就行,最终以 1 分 08 秒 57 第七名的成绩进入决赛,给所有人一种失去奖牌争夺实力的印象。决赛中,当澳大利亚人琼斯和美国人比尔德都在相互瞄准对方的情况下,无人关注位于第一道的罗雪娟突然爆发,以 1 分 06 秒 44 的成绩拔得头筹并刷新了奥运会记录。

成绩累计型竞争同晋类项目的比赛项目,每一次比赛成绩都在决定着最终的比赛成绩和名次,因此需要在每轮比赛中都尽可能地保持良好的竞技状态,取得理想的竞技表现。准备充分是赛中稳定发挥的前提和基础,每轮比赛前对下一轮比赛的技术动作和战术布置进行思维表象,激活相应的神经肌肉联系,会有助于该轮次比赛的完成。无论成功与否,教练员都不应过多地谈及上一轮比赛的发挥,使运动员尽量做到专注比赛、心无旁骛、荣辱不惊,避免成绩的大起大落,甚至功亏一篑。

稳中求进是成绩优选取优型竞争同晋多轮次参赛的基本策略,其竞技特点为在有限次数内表现出最高成绩。该类项目主要包括举重以及田径的投掷和竞远跳跃,但二者"稳"的策略有所不同。举重比赛三次试举机会通常要求"一把保成功、二把要成绩、三把上水平",而田径竞远跳跃与投掷项目的运动员多在第一或第二轮取得最好成绩,这就要求教练员对运动员的每轮比赛的成绩做出具体要求。比赛过程依次进行的特点,决定了两次极限强度运动之间有着较长的时间间隔,教练员应该利用语言提醒或直接采取措施保持运动员的肌肉热度。由于该类项目均为非周期性单一动作结构动作,技术的细微偏差均有可能导致失败,因此教练员在运动员投入比赛之前或比赛之中时,应该利用简明的语言加以提醒,帮助运动员聚焦关键技术环节。

【复习思考题】

1. 教练员赛前准备的工作要点有哪些?
2. 教练员判断运动员赛前竞技状态的方式有哪些?
3. 对于不同项群而言,竞技势能各组成要素所占比例是否相同?有哪些特征?
4. 试述运动员赛前训练的基本特征与教练员职责。
5. 不同项群教练员赛中自我调控的要点有哪些?
6. 教练员赛中竞技势能优化的途径包括哪些?

【主要参考文献】

1. 田麦久,熊焰主编.竞技参赛学[M].北京:人民体育出版社,2011.
2. 陈亮.对抗性项群比赛中竞技表现的阶段性"涨落"现象[D].苏州大学博士学位论文,2013.
3. 陈亮.论"竞技势能"[J].武汉体育学院学报,2015,49(1):73-78.
4. 田野,王清,冯连世等.优秀运动员运动训练科学监控与竞技状态调整[J].体育科学,2008,28(9):3-11.
5. 顾季青.峰前状态理论及可测量类项群中国优秀运动员峰前状态的评定与应用[D].苏州大学博士学位论文,2007.

6. 徐本力,蔡犁,马吉光等.优秀运动员大赛前竞技状态调控的时间学规律(下)——中短期赛前训练诸训练学因素的时间学特征及总体时域调控模型的建立[J].体育科研,2001,22(4):1-5.

7. 马红宇.易地参赛环境及运动员的适应性调节[D].北京体育大学博士学位论文,2001.

8. 万红军.多轮次竞赛的理论审视及参赛策略研究[D].北京体育大学博士学位论文,2012.

9. 杨峻峰.竞难竞美、竞重、竞高项目难度战术的理论诠释与应用研究[D].苏州大学博士学位论文,2012.

(本章撰稿人:陈亮博士,上海体育学院副教授,硕士生导师)

第十章 竞技运动团队管理

【学习目标】
- 了解团队和运动团队的类型和特征。
- 掌握运动队队规的主要内容和违规处置的策略。
- 了解团队运行中有效沟通的基本手段。
- 认识团队文化在团队管理与运行中的意义,掌握学习型与复合型团队建设的一般原理。

【本章导语】
运动员、教练员以及医务科研等人员共同构成了竞技团队。这一团队集专业性、知识性、合作性于一体,共同完成其竞技最高使命。团队组织的构建与运行取决于组织制度与组织文化,也取决于成员的沟通与合作。本章主要介绍了竞技运动团队的特征,重点介绍了作为运动团队管理的主体教练员管理团队的理念、方法以及团队建设的趋势。

团队是竞技体育活动的基本组织形式。传统的组织管理理论不能够满足当代信息与知识迅疾发展的客观要求,所以知识型、学习型团队得以出现,极大地改变了包括竞技体育团队的发展趋势。运动员、教练员、科研服务人员等共同构成的竞技团队虽然目标一致且明确,但是因为诸多客观原因,建设一支卓越的竞技团队已成为现代竞技体育可持续发展的一个重要课题,也是教练员如何适应这种变化,带领自己的团队走向成功的基石。

第一节　团队与运动队团队

一、团队及其类型

（一）团队与团队的意义

传统的组织形态结构是金字塔式的自上而下的，等级森严，权力集中和专业分割的，更重要的是这种形态结构是基于对每个个体的忽视，并进而促进了专制与官僚的管理理念和方式。

当今社会已不再是简单的、粗放的组织构成，而是信息、知识更新迅疾的世界，影响组织发展的各种不确定性因素在不断增加和加快。未来和当下组织发展的基本模式是组织在外部形态、内部结构、相互关系和外部边界上发生的变革。组织形态的扁平化是组织具有准确的战略定位，目标明确，以提高效率、降低成本。组织结构的柔性化是组织内部不再或以较少固定和正式的组织结构出现，取而代之的更多的是一些临时性的、以任务为导向的团队。由于团队可以有效借助外部资源，风险共担、利益共享，最重要的是能够增强对环境动态变化的适应能力。组织内部关系的网络化是网络成员核心能力的组合，并且拥有完全的网络内的知情权，信息共享。组织结构的边界是组织和外部环境的动态的选择和相互渗透，从而使组织在更大范围内与众多关联组织建立共生关系——组织生态系统，使组织能从本身的通常界限之外获得资源。

团队建立的意义首在通过发挥每个成员的能力，激励他们参与到团队中来，进而提高组织绩效。通过加强相互间的沟通与信息传递与共享，增强组织间的协调，改变了传统组织中的权力集中模式，形成民主的工作模式，有利于每个成员的发展，更有利于组织的可持续发展。

（二）团队的类型

团队的类型经历了一个从团队成员自由表达的"Training Group"模式到强调成员相互配合，以合作的方式进行工作的"TMQ"类型，再到团队自主性扩大的跨部门团队类型的过程。

罗宾斯提出了四种团队类型，即问题解决团队、自我管理团队、交叉功能团队和虚拟团队①。这一划分是基于团队完成的工作目标及其团队自主性进行的。为了解决某一问题,团队成员不定期的进行解决问题方案的讨论。为了解决团队存在的成员积极性调动不够和全身心投入欠缺的不足,加大团队成员的责权范围,从计划安排到工作任务分配,控制工作程序,并做出一些操作层面的决策。这种团队有助于团队成员满意度的提升。交叉功能团队是因为不同成员或小组的一种组合,所谓跨部门团队,因为成员出色的专业知识和管理能力,甚至可以在很短的时间内解决复杂重大的问题。当前倡导的团队形态是"学习型团队"这一完全新型的组织形态。其中以爱我管理团队和虚拟团队为代表。自我管理团队把管理者从繁杂的问题中解救出来,褪去"救火员"的角色,而把自己的工作放在战略性规划的运筹上。这样一来,团队中每个成员的角色及其专业的认同感得到有效提升,团队的自主权得到巩固,"共同学习、共同努力与共同发展"成为这一类团队的基本理念。虚拟团队是在信息与通讯技术迅速发展的前提下发展起来的一种网上团队。这种团队需要有明确的目标、成熟的团队管理能力和团队运行的技术链。

二、竞技运动团队类型

（一）个人项目及其团队

个人项目是指运动员在比赛情景下独自一人完成竞赛全过程。其可以分为无身体接触的个人项目和有身体接触的个人项目。

（二）集体项目及其团队

集体项目的约定有两个标准,其一是竞赛规程规定的比赛人数(例如,隔网项目乒乓球、网球、羽毛球以及花样滑冰、跳水等项目的双打或双人组合),其二是运动队约定俗成的运动队构架(例如,篮球虽然是5人上场,但是其运动员团队则有10-12人,足球虽然是11人上场,但是有22-24人团队)。

按照集体项目中的人数多少常见的一般有2人,5-7人,10人以上组合等几种形式。这些成员数量不一的团队形成了不同规模的组织,团队成员间的沟通、合作方式以及由此产生的相互关系影响着团队的运行及其绩效。

王斌、马红宇在汤普森团队类型划分基础上,按照团队任务完成的过程及其水平进行了四类划分,即集合型、次递型、循环型和协同型②。鲍尔

---

① 斯蒂芬 P 罗宾斯著,孙健敏,李原译.组织行为学[M].北京:中国人民大学出版社,2005:285-288.

② 王斌,马红宇.体育组织行为学[M].武汉:华中师范大学出版社,2010:299-300.

斯(Bowers,2006)在他们的关于体育团队工作绩效应用研究中,将若干项目及其运动队进行了以上面四个类型为标准的划分(见表10-1)。

表10-1 不同互依程度的团队类型

互依性的分类	运动队举例
集合型	体操、摔跤、拳击、高尔夫、网球
次递型	游泳接力、田径接力
循环型	棒球、赛车
协同型	足球、冰球、橄榄球、网球双打

(王斌,马红宇,2010)

集合型团队是因为成员间很少甚至没有直接的互动环节,各自独立完成任务。例如,体操的个人赛,拳击比赛,乒乓球、网球、羽毛球的单打比赛。运动员的比赛成绩最后决定某一团队的总成绩排序,或者奖牌或积分多寡。次递型团队则是若干成员依次完成某一任务,最终完成最终任务,例如田径、游泳等一些接力项目的团队。循环型团队是"时间上的序列,双向互动"的运动方式,因为各个成员有其固定的项目角色分工。例如,棒垒球防守时的内场手、外场手。进攻时的击球手和跑垒手。协同型团队是为了同一任务,即使采用不同的活动方式,甚至有不同的角色划分,但是都是为了协同完成任务。例如,那些为了直接攻防保证自己更多进球得分的足球、篮球、冰球、橄榄球项目以及网球、羽毛球、乒乓球的双打项目的团队。

以上这种划分存在的问题是,团队活动平台是比赛,活动主体只有运动员。当然,比赛是运动队团队极其重要的活动方式,但是,这种活动方式和活动主体还不能够完全反映运动队团队的整体活动过程,尤其是撇开训练活动过程和教练员这两个重要因素。我们说,以此标准划分的团队被称为"比赛团队类型"。

延伸阅读

教练团队背后的团队
http://www.lcfc.com

第二节 运动队管理的理念

一、运动团队建立的作用与意义

团队作为作为一种组织形式,最早源于20世纪50年代的工作设计与社会技术变革实践。20世纪60年代末至70年代初,西方的一些大跨国公司开始采用团队的组织管理形式,又名工作团队,它是一种管理形式,是由为数不多的员工根据功能性任务组成的工作单位,其主要特征是团队成员承诺共同的工作目标和方法,相互积极配合协作,相互承担责任。

竞技体育的发展史中,团队协作在竞技体育比赛中随处可见,在相当多的比赛关键时刻扮演着决定性的作用,现代职业足球、篮球、排球等比赛中团队协作几乎决定了比赛胜负的归属。其实在中国竞技体育界,最早在运动训练活动中运用团队思维模式的是原国家体育总局副局长段世杰,他在2004年8月首期国家队教练员培训班讲话中首次提出建设"复合型训练团队"的思路。2005年11月,在备战2008年北京奥运会暨2005年冬训动员大会上,段世杰再次重申要"建设好复合型国家队训练团队,加强训练中的科技工作"。2006年7月,国家体育总局发布《体育事业"十一五"规划》,在第19条加强各级国家队建设中指出"建设复合型国家队教练团队",旨在"充分发挥管理人员、教练员、医务人员等各方面的积极性和创造性"。

运动团队是一个特殊的社会组织,是以完成特定竞技目标为核心任务而组成的关系集体,是现代竞技体育组织的基本单位。运动团队的建立与发展是以完成比赛任务目标为前提的,团队工作绩效是通过比赛成绩来评定的。就世界范围来看,运动团队在众多顶尖的职业运动员辉煌的比赛成绩背后起着强大的社会支持,近些年来大家非常熟悉的"姚之队""翔之队"就是最为典型案例。围绕着姚明、刘翔两位优秀运动员,整个团队无论在保持运动员竞技状态、延长运动生涯还是在运动员自身价值的开发、公益性影响力等方面都做出了杰出的贡献。时至今日,虽然两位运动员已经退出竞技一线,但在其专业团队的努力下,两位运动员仍然演绎着强大的社会公益性价值。

二、运动员在运动团队中的核心地位

竞技体育是以取得比赛优胜为核心目标的体育活动,贯穿整个竞技体

育进程,训练竞赛活动涉及到科研医务人员、营养师、心理咨询师、管理等人员的参与,毫无疑问,运动员是整个训练竞赛系统中的核心,教练员是训练竞赛活动的指挥官,其它诸如科研人员、医务人员、心理咨询师、体能训练师等都是围绕着运动员竞技能力的提高,运动员取得比赛优胜为根本工作目标,从依附关系上来说,运动员的价值承载着整个运动团队每个人的工作所在,所取得的运动成绩是衡量整个竞技团队是否成功的重要标准。

三、运动员第一,比赛获胜第二

关于"运动员第一,比赛获胜第二"这个提法,每个竞技体育人都有自己的见解。有人认为"比赛第一,运动员第二",也有人认为运动员和比赛都很重要。从竞技体育的内在发展规律来看,竞技体育比赛是双方运动员在裁判员公平执法的情况下,争取比赛优胜的体育活动。强调运动员第一是明确竞技体育比赛的主体,是竞技体育活动的核心成员。当然,教练员、裁判员和技术官员等人员也扮演着重要角色,尤其在一些比赛中裁判员往往成为比赛的主角,甚至成为竞技比赛胜负的主导者,从竞技体育本身来说,这是不正常的现象,是竞技体育发展的异化。关于裁判员错判、漏判、甚至故意判罚在世界各大型赛事的案例很多(在历届世界杯决赛、奥运会决赛、职业联赛的决赛等等)。

我们应从人文角度来关心运动员的成长,爱护优秀运动员,毕竟要培养并造就一名伟大的运动员是非常难能可贵的,同时他们对本项目的推广与发展具有强大的影响力和号召力。如中国的网球运动员,两届网球大满贯冠军李娜对中国网球运动的发展具有里程碑式的作用。比赛获胜第二,强调的是在与运动员的健康、生命来看,竞技比赛是运动员获得人身价值的重要平台,他不是唯一的,比赛失利对一名优秀运动员来说未尝不是一份好事,但为了一场比赛的胜利而断送运动员的运动生涯甚至生命,这与奥林匹克所倡导的运动精神相违背。就比赛获胜和运动员而言,我们倡导重在保护运动员的身心健康,重在创造并丰富追求比赛胜利过程中所涌现出的顽强拼搏的精神内涵。

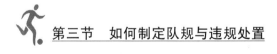

第三节　如何制定队规与违规处置

一、运动队队规及其意义

队规,通俗来说就是运动队的管理规章制度或者说运动队的管理章程。没有规矩,不成方圆。其意思就是说,没有规则(即制度)的约束,人类的行为就会陷入混乱。优秀运动队作为一个社会组织,也必然需要相应的管理规章制度,走进每个体育组织我们都能看到相应的管理制度,如中国国家足球队的《国家队管理手册》、某省备战第十二届全运会期间的《备战第十二届全运会运动队战时管理规定》等。

二、制定队规的主要内容

由于各运动项目运动员组成、训练竞赛等方面不同,在制定运动队管理制度时会存在相应的差别。如"少年类"项目跳水、体操在管理制度方面侧重于教育、引导;而职业类运动员则强调的是职业精神在训练竞赛中的体现,这里的管理制度更强调运动员的职业素养,强调球队管理的严肃性。就中国传统运动队的管理模式而言,制定队规涉及的主要内容应包括关于各运动队的组织、运动队的日常管理、竞赛期间的管理及优秀运动员商业广告等社会事务的管理。

如果以管理系统的人员为主线,制定队规的主要内容可分为管理干部的管理,对运动员的管理、对教练员的管理、科研医务人员管理等。

如果以竞技体育活动的内容为主线来制定管理制度,其主要内容可分为运动队的日常生活管理、运动队的训练竞赛管理、运动员从事广告经营、社会活动的管理。运动队的日常生活管理包括运动员思想政治工作、运动员的集训、试训、退役等工作、关于教练员训练计划的管理、关于运动队科研工作的管理、关于运动队文化教育工作、关于教练员和运动员交流注册转会等工作。

训练竞赛管理主要涉及运动队日常训练工作管理、关于运动队外出训练比赛的管理、关键运动队反兴奋剂工作及运动员跟踪住处的报送工作、关于运动队成绩奖励、训练器材购置等重大突发事件的管理工作。

随着社会的发展,优秀运动员代言和参与商业、公益活动的机会越来越多。从现实角度来看,适当地参加一些社会活动对长期进行艰苦训练的运动员来说也未必是件坏事,但过度的参加大量的商业性活动势必会影响运动员的系统训练。针对一些优秀运动员从事商业广告等社会活动的管理问题,国家体育总局以及各运动管理中心、省体育局都相应出台了优秀运动员从事商业性活动的相关管理规定,如《国家游泳队在役运动员从事广告经营、社会活动的管理办法》。

三、运动员违规处置策略

对于违反规定的运动员、教练员以及管理干部而言,必须处理公平、公正、公开,只有对违反队规的事件处理得当,才能树立运动队管理制度的权威性和严肃性。

(一)处罚的一致性

制定了队规及相应的处罚措施,就必须前后一致公正地执行。当你最好的重点运动员违反了规则,如果你不实施、不执行、忽视这些规则,就是使规则失去威信。如果执行规则前后因人不一致比完全没有这些规则更可怕。

(二)处罚的公开、透明

对违反规定的运动员来说受到相应的处罚是维护团队凝聚力的重要保障,而处理是否公开、透明是增强团队活力的最重要环节。一名运动员违反了队规,在什么样的场合进行处理值得探究。对中国的运动队来说,队会或训练前的集体排队是中国竞技体育组织形式的重要组成部分,对大多数运动队来说,在训练前的集合是宣布重要处罚决定的重要时机,是处罚公开、透明的体现。也有些运动队是在公告栏或宣传栏公布相应的处罚决定。无论采用什么的处罚方式,必须确保处罚的公开、透明,使运动员自己及其他队员对违反队规产生震慑作用。

(三)处罚一定要及时

对违反队规的运动员来说,处罚的时间非常有讲究。对一般性的违反队规,教练员能马上执行的,必须在最短时间内完成相应的处罚。如果违反较为严重的,教练员本人很难做出决定的,需要上一级的组织机构来处理时,教练员应口头上把相关的处罚进行说明。无论何种处罚,在违反队规处理方面应把握时间效应。

(四)处罚的内容确定

对于运动员违反管理规定的可采用:口头警告、扣除津贴、行政处分、开除。对运动员违反管理要求有下列情形的,可以从轻处罚或免于处罚:情节特别轻微的、主动承认错误及时改正的、由于他人威胁或诱骗的。运动员违反规定特别严重的,予以从重处罚,直至开除,退回原籍:情节严重,有较严重的后果的;屡犯不改的,擅自离队或不参加训练,经教育无效的;构成犯罪的,依法追究法律责任。对于教练员、管理干部违反管理规定的也要相应的处罚:口头警告、扣除津贴、待岗、行政处分或党内处分。

对处罚的内容来说,每个运动队实际情况不同,相应的处罚也不同,这里只是把一般性的运动队违反队规处罚内容进行说明,具体处罚条目需要根据情况具体设置。

第四节　团队合作中的有效沟通与冲突应对

一、沟通在竞技体育领域中的运用

在运动场上,运动员之间、教练员与运动员之间的沟通是极其重要的竞技行为,特别在关键时刻的交流沟通往往决定着比赛胜利的归属。除教练员、运动员之外,运动员在与裁判员、观众等人员间也存在沟通交流,其对比赛的进程也有一定的影响。沟通交流的方式主要包括语言交流和肢体语言。相对于其它沟通交流方式,在竞技体育比赛中肢体语言、默契、"心仪神会"等是极其重要的手段,在一些集体项目比赛中,队员间一个眼神、一个手势等都是重要战术运用的沟通手段。

语言交流作为我们训练竞赛、生活中最为重要的沟通方式是教练员与运动员完成各种训练任务的重要途径。直接有效的语言沟通技巧是通往竞技成功的必经之路。人与人交流不可缺少语言,教练员必须练就与运动员完成有效沟通的能力,在运动员日常生活管理方面,丰富的言谈方略,幽默脱口的策略和说服的技巧是做好运动员思想教育、训练竞赛活动的有效开展的重要保障。教练员不仅要善于发出清晰、易懂的信息,而且要善于倾听沟通过程中运动员的反馈信息。倾听是交流的重要环节,良好的倾听在于听懂说话人的真实目的并善于听出言外之音,这对于教练员全方面了解运动员具有重要意义。

二、交流的手段与艺术

成功的教练员在训练比赛中知道且必须学会在各种情况下的沟通交流。向运动员解说如何练习复杂的技术,面对媒体介绍整支队伍的基本情况,在比赛场上受不公正判法时如何应对比赛等各类情景下的交流。

交流沟通的手段有许多种,包括通过口头语言的沟通和非口头语言的沟通。相关研究证明,人类70%的沟通都是身体语言的沟通,但大多数人对口头语言信息的控制意识要强于非口头语言信息。肢体语言包括身体各个部分为表达自己观点而配合的各种动作。文字、语调、肢体动作构成了人交流的一个表达系统,只有各个部分完美的配合,才能产生最佳的效果。

教练员和运动员之间的交流手段固然有许多,其最终目的就是形成及时有效的交流沟通。对运动员来说,什么类型的教练员需要采用什么样的交流沟通方式,运动员如何去适应教练员的交流沟通方式或者说教练员应采取什么样的手段方式与不同类型的运动员交流沟通都是在交流沟通中应该注意的。每名教练员的交流类型可分为命令型、顺从型以及合作型三种沟通方式,当然也会存在教练员是两个类型的综合体。

命令型的沟通通常是教练员带有一定指令性威胁性语言,命令运动员完成某一工作或活动。他们只在乎自己的言语,几乎听不到他人的话语,当训练竞赛出现问题时,他们就会指责和追究责任。教练员自以为能掌控运动员,听不进去运动员的意见,尤其在指挥比赛时,只有指责队员,冲他人大吼甚至攻击他人。这种沟通方式在目前一些运动队伍中还仍然常见,但从科学管理、科学训练角度来看,这种交流沟通方式显然不合时宜。从运动员角度来看,一定程度上会因为教练员的权威而委曲求全,但如果长此以往,会导致运动员因为得不到尊重产生逆反心理,破坏相互关系,队伍或团队凝聚力不强,综合竞争力低落。

顺从型是指由他人主导沟通的一种沟通类型。这种沟通类型在运动团队比较少,顺从型教练员很少表达自己的观点,他们更倾向于发表同意的意见,即便他们有不同的意见,他们说话表达方式也柔软无力,缺乏肯定性言语,表现一种自信心不足的状态。这种教练员通常出现在一支运动队伍中有非常出色的运动员,该运动员某种程度上,在影响力和领导力方面已经超越了教练员。

我们比较提倡合作型沟通方式,因为这是建立在双方相互尊重的基础上的交流途径。这种沟通表现出来的是坦诚、积极、自信同时也鼓励他人,双方会主动促进问题的解决。他们表达方式放松自如、建设性强,双方更愿意把全部精力投入到解决问题之中,以此来共同推动运动队的进步。

良好的交流沟通是以有效促进问题的解决为目标的,要让运动员和教练员真正达到交流的效果,必须提高双方的交流沟通水平,从而上升到形成一定的交流艺术。无论教练员采取何种类型的交流沟通方式,都必须建立一个相互信任的环境,积极、主动地参与到问题的解决这一任务上来,学会利用口头语言和非口头语言(肢体语言)等多种方式完成有效的沟通,形成属于自己运动队特有的交流沟通方式。

三、冲突发生及应对措施

(一)冲突理论及竞技体育领域的冲突事件

冲突是指人与人、群体与群体之间激烈对立的社会互动方式和过程,是指当事人之间存在利害关系,但不能完全根据自己利益要求自愿达成交易契约的状态。在这种状态下,当事人一方面或几方面的预期收益会增加,但其他一方或几方的预期收益是负值,于是产生冲突。事实上,在人类社会生活中,人与人、团体与团体、民族与民族、阶级与阶级或是人与团体之间都存在着许多摩擦与冲突现象,体现了基本的人类特性和社会特性。

美国社会学家路易斯·科塞认为,冲突不仅是一种破坏社会稳定与整合、单纯引起变迁过程的因素,社会冲突对于社会团结、一致、整合同样具有重要的积极的促进作用。社会冲突的正功能主要表现在冲突对社会具有内部的整合功能、稳定功能,对新群体的形成具有促进的功能,对新制度和规范的建立具有激发功能,是重要的社会平衡机制。社会冲突的负功能主要表现在分裂、破坏群体的团结,甚至引起群体结构的解体,导致社会的不稳定。

竞技体育训练、比赛作为一种社会现象也必然存在着各种各样的冲突。与一般的冲突相比较,体育运动中的冲突更多地表现于肢体上的动作、甚至是暴力事件。

 案 例

奥本山宫殿群殴事件发生于2004年11月19日步行者与活塞队的比赛中,是NBA历史上规模最大,影响最恶劣的群殴事件。本次事件起因是阿泰斯特躺在技术台上,一名球迷向他泼洒啤酒,导致阿泰斯特情绪失控。阿泰斯特遂冲上观众席暴打球迷。史蒂芬·杰克逊跟上,也暴打球迷。球员见状加入战团。因为暴打球迷,阿泰斯特被禁赛73场,停发所有薪水,损失高达499.5万美元。杰克逊被禁赛30场,小奥尼尔被禁赛15场。活塞这边也有球员被禁赛。挑起和参与事端的球迷也受到了相应处罚。

从竞技体育领域的冲突发生类型情况来看,主要有来自运动队内部冲突和运动队外部冲突。运动队内部冲突有运动员之间的冲突、运动员与教练员的冲突、运动员与管理人员的冲突等。运动队的外部冲突表现于运动员与竞争对手的冲突、运动员与裁判员的冲突、运动员与观众的冲突、运动员与其它人员的冲突等。冲突的发生从理论上来说是一种稳定状态遭到

破坏,并试图建立一个让双方可接受的新的状态。从冲突的产生、发展再到行为反应都是双方博弈的结果。如果冲突能提高集体决策的质量,调动群体成员的兴趣与好奇,解除紧张的渠道,形成一个新的良好环境,那么这种冲突反而就具有建设性。如果冲突带来了沟通的迟滞,组织凝聚力的降低,组织成员之间的明争暗斗成为首位,而组织目标降到次位,那么这种冲突就是破坏性的,并威胁到组织的生存。

（二）冲突的应对措施

面对竞技体育领域的冲突,尤其是暴力冲突,如何在最短时间内制止冲突的进一步恶化是我们解决冲突事件的首要任务。

保证冲突的双方尽可能地离开第一现场或保持一定的安全距离,以避免身体以及语言上的再次挑衅,引发次生冲突。

通过心理干预,情绪辅导等方式,促使双方冷静并达到情绪可控的状态。

针对冲突的发生,必然涉及到冲突事后的处理处罚问题,这里需要细分是运动队的内部冲突还是运动队的外部冲突。如果是内部冲突,首先明确冲突的起因是什么,是站在团队的角度来看还是从运动员个人角度来看。如果冲突未触犯队规的处罚条例,应本着教育引导的理念,加强运动团队精神的培养,使队内冲突化为增强团队凝聚力的引擎,使冲突的正功能得到整合和加强。冲突违反了队规的,应严格按照队规,公平、公开、公正来执行,突出制度的严肃性。

如果是外部冲突,我们应该第一时间明确是否存在裁判员的执法公正性、比赛中的职业道德以及其它诱导事件等冲突产生的原因。外部冲突的解决方法应由第三方参与双方冲突的协调,且第三方协调的建议与行为应保持公平、公正,避免再次出现冲突的诱发因素。冲突双方如果涉及到违反比赛规则的,应由赛事主管部门完成相应的处罚决定,如果双方违反相应的违法犯罪行为的,应有相应的公安机关按相关的法律接受处理。

从竞技体育活动规律来看,训练竞赛过程存在一定的冲突（当然处在一个合理的范围内）是竞技体育活动内容的一部分,有时还是必要的组成部分。如何将冲突的正功能充分发挥,这需要多方共同营造一个良好的环境；如何将冲突的负功能尽可能地减少,并形成良好的团队精神,这是竞技体育团队取得成功的重要保障。因为在任何一个集体中,冲突与矛盾在所难免,出现冲突不可怕,关键在冲突出现时我们如何解决好冲突,化冲突与矛盾为正能量并为我所用,这是一个优秀运动团队成熟的重要标志,也是一名成功教练员应该具备的能力。

第五节　运动团队文化与学习型团队建设

一、运动队的团队文化

运动团队文化既是一个文化学概念,也是一个组织行为学概念。它是有关竞技运动主体的信念、价值观念、行为准则与方式、道德规范、仪式等的象征。运动团队文化结构一般分为深层、中层、表层结构。运动团队文化结构还可以分为体育的社会心理层、意识层、思想体系层、制度层、规范层、组织机构层、设施层等七个层次[1]。

运动团队文化属于亚文化,是社会整体文化的子系统,是指"运动团队在建立和发展过程中创造和形成,并为团队成员自觉遵守和奉行的共同信念、价值观、伦理道德、精神支柱、典礼仪式以及智力因素和文娱生活的总和"[2]。体育组织文化的核心内容至少包括价值观、信仰以及理解和思维方式[3][4]。

一定的团队文化能创造出团队成功的气氛。当教练员在谈论本队的整体作风时、谈到获胜的自豪感时、谈到本队的集体荣誉感时,这就是我们常说的团队文化。与团队文化紧密联系的是,整支队伍奖惩荣誉的归属问题、队伍的精神领袖、整体的形象等因素。这里涉及到一个团队的领导风格即教练员的执行与管理风格,它们也是团队文化中的一部分。

案 例

篮球运动员比尔·拉塞尔在谈到他在波士顿凯尔特人队的经历时说:"我们是专业球队,和其他领域的专业团队一样,我们的业绩表现既要靠个人的优秀,也要靠我们合作的水平。"这是一种不同的团队关系,而不是朋友关系,使他的团队表现出众。这种团队关系的经历是他运动生涯中最伟大的

---

[1] 王玉珠.体育组织文化研究[M].北京:中国社会科学出版社,2005.
[2] 刘一民,王 健.略论体育运动团队文化[J].首都体育学院学报,2001,13(1):28-33.
[3] 文红为.我国优秀运动队组织文化的研究[D].上海:上海体育学院博士学位论文,2005:21-22.
[4] 张东军,王双丽,王斌.体育组织文化探析[J].沈阳体育学院学报,2006,25(1):15-17.

时光,超过任何个人的成功。"很多时候,凯尔特人队的比赛之激烈,超过身体上,甚至心智上的比赛,它如魔幻般不可思议,很难用语言表达。这种经历出现时,我感到我打球的水平跃升到了新的高度……这种感觉不仅我有,不仅其他凯尔特人队员有,对方的球员也有,甚至裁判也有……在那个时候,各种奇怪的事情都发生了。比赛激烈地进行着,达到白热化,然而我一点儿也感觉不到任何竞争,这本身就是个奇迹……比赛进行得如此迅速,在这魔力时刻,我几乎可以感觉到下一轮比赛会怎么打,下一次投篮会在什么位置……"拉塞尔所在的凯尔特人队展示的现象,我们称之为"协同校正",这是指一组人群中出现一个整体功能的现象,即团队的优势力量。

球类项目,尤其是集体球类项目,团队文化作为整个队伍的灵魂,一直以来受到教练员、运动员以及管理人员的重视。团队的灵魂也称之为团队精神,对集体运动项目来说,成功塑造优秀的团队文化是本项目发展的核心内容。然而,建立了团队文化是否就意味着团队的每个成员都会理解和认同团队文化内涵呢?从现实众多案例来看,未必真正实现。因为团队文化有许多构成要素,任何一个项目或集体形成团队文化需要一个过程,而这个过程就是每个个体排斥、接受、融合的过程。总体来说,运动团队文化的重要构成要素如下:

第一,运动团队传统。每个运动项目在起源、发展、繁荣过程中会形成属于自己的传统文化,教练员很显然希望建立在胜利的文化传统中,传统的文化中应发扬不放弃、公平、有创造活力的团队等。

第二,基本运行程序。作为一个团队,在团队基本运行过程中应遵循一定的基本程序即运动员的选拔、训练基本规范、比赛行为以及奖惩措施等,甚至包括管理干部如领队在团队的职责。如何有序地完成运动团队的基本活动是运动团队文化的基础性条件。

第三,运动项目特征。对集体性项目来说,团队精神在竞技过程中体现的更加突出,在一些重大比赛关键时刻,甚至决定比赛的胜负。对个人运动项目、非对抗性项目来说团队文化主要体现在为比赛服务体系中。因此,运动项目不同,比赛的类型不同等,都决定团队文化不同的内涵。如何把团队文化融入到竞技比赛中并为我所用,是每位教练员所要考虑的重要环节。

第四,教练员的执教风格。教练员作为运动队中的核心成员,既是训练活动的指导者,也是运动团队管理的核心,执教风格如何直接影响团队文化发展。

第五，团队管理权力结构。团队管理权力决定你是否拥有团队的权力，你是否能分配你的助手并去指导帮助队员，你的指令在团队中能否执行到位，你在团队的地位是否得到运动员以及其它人员的尊重等。对这些问题的回答表明团队文化在如何起作用，作用到什么样的程度。

对运动团队文化的传承与发展来说，团队文化的改变与建立不会在一夜之间或几周之内形成，而是一个渐进的过程。如号称世界上最优秀的美国梦之队在崇尚个人英雄主义的美国文化中，在历届男子篮球世界锦标赛和奥运会会面对篮球底蕴非常厚实的阿根廷、西班牙球队时，比赛胜利未必都属于美国队。由于美国篮球组队是由NBA明星球员组成，这个团队快速组成时很少有时间发展团队文化，尽管这个团队拥有大量的个人天才，但打得不如期望的那样好，缺乏团队文化是可能原因之一。因此，建立团队文化并不代表这个运动团队就拥有团队精神。必须发展团队文化，树立每位成员为团队文化而效力的理念，只有当每位成员把团队文化作为自觉行为在训练竞赛活动中得到贯彻并形成个体行为特征时，此时的团队文化才真正落实。因此，我们不仅要建立团队文化，还要发展团队文化，丰富团队文化。

二、与团队一起获得比赛胜利

（一）比赛获胜的X因素

比赛获胜对运动员来说是参加竞技体育活动最终的目标。竞技体育比赛成绩由运动员自身、对手和评定行为来决定。如果从这三个维度来认识比赛的获胜没有任何争议，但竞技体育比赛所涉及的影响因素相当复杂。有裁判因素、有自身、竞技对手状态起伏的因素、有比赛场地等因素。如果要从竞技体育比赛的影响因素来看，在此，我们把比赛获胜的因素统称为X因素，这个X因素有以下几种类型：

第一，从人的影响因素来看，运动员、裁判员、教练员和观众等都是影响比赛获胜的因素。

第二，从比赛进程来看，比赛前的准备活动即赛前训练、比赛期间行为表现以及比赛行将结束的竞技行为都可能影响比赛结果。

第三，从个人项目来看，个体在比赛场上的竞技行为是影响比赛获胜的主因；从集体项目来看，团队的力量在比赛中是影响比赛获胜的主因；无论个人还是集体项目，团队精神在运动员竞技过程中都起着重要作用，如关键时刻的团队力量、高效团结的保障团队（如F1赛车的团队）等。

第四,从天时、地利、人和来看,主场比赛与客场比赛、比赛的时间段、团队成员间的友情等无不影响最后比赛能否获胜。

如果从影响竞技比赛的因素来说有许多,一些影响因素随着比赛的推进也会出现波动,如射击比赛中心理因素对比赛的获胜有着重要影响,但如果比赛打到最后一发时,竞争双方的环数是持平的,这时的心理因素已上升到制胜因素位置。当然,技战水平在此刻也变得非常重要,这里还涉及到比赛的经验、关键一枪的技术水平、教练员的安排与布置等因素。一些比赛随着主力成员的受伤或离去而影响比赛的结果,这里主要涉及到集体球类项目的比赛队中核心球员离开或被罚下,进而影响整支队伍的竞技状态以及比赛的胜负。2006年世界杯决赛法国中场齐达内怒顶意大利中卫马特拉齐的犯规被当值裁判埃利松多果断出示红牌罚下,最终影响到两队比赛结果。

(二)复合型团队——知识型与学习型团队建设

在高速发展的信息化时代,团队以其独特的力量在成功道路上扮演着的重要作用。对竞技体育团队来说,团队的力量体现的尤为突出,在当今的竞技体育领域,无论是个人项目还是集体项目,复合型团队的构架已成为共识。

案例

2008年北京奥运会,个人能力非常突出的游泳天才菲尔普斯在获得8枚金牌后表示,没有背后强大的团队支撑,我不可能完成这个荣耀,这其中有菲尔普斯个人的训练师、按摩师等团队成员,也包括他的美国队友出色的表现。的确,如果没有队友们的出色发挥,菲尔普斯也无法成为奥运会八金王。但如果你认为队友们都是在给菲尔普斯的荣耀做嫁衣,那么你就大错特错了。4x100米混合泳的第一棒、仰泳高手佩尔索尔就说:"如果我们不好好游,情况当然会不同。但是你得知道,我们参赛可不仅是为了成全迈克尔,我们更是为了自己的荣誉和尊严!"

除了这些和他一起战斗在决赛前线的队友,菲尔普斯的成功还得感谢许多默默做着贡献的"二线选手"。为了节省体力,菲尔普斯只参加了接力赛的决赛。当菲尔普斯还在奥运村睡觉休息时,他的队友们为了美国队的决赛名额而在预赛中奋勇争先;当菲尔普斯在决赛中劈波斩浪时,这些退居二线的队友又成了他最忠实的拉拉队。佩尔索尔接力赛后这样评价

竞技教练学

美国队:"游泳是一项个人的运动,但是我们全队却紧紧团结在一起,为了胜利而不懈努力!"

当年的斯皮茨和队友们关系紧张,而菲尔普斯则完全不同。他和队友们的关系非常要好,前一分钟还被菲尔普斯在泳池中"无情"地击败的队友们,下一秒就会热烈地赞美起他来。

队友们的无私拼搏令菲尔普斯十分感动,他动情地说:"参加奥运会的一大享受就是能和我的队友们一起奋战。我们队里有很多新人,有些我甚至都不怎么认识。这是一个团队,我们在一起游戏,一起打赌,一起休闲,一起比赛……对我来说,和整个美国游泳队在一起的时光将是我参加奥运会最为珍贵的回忆。"

让我们再考虑一个高水平的运动团队的例子,一支顶级的足球队由11个配合默契、独立思考、同时追求个人成功的球星组成,每个球星的价值都要比只"做好自己的事"要大。但是如果每个球星都真的只"做好自己的事"控球但不传球,只愿意自己站在聚光灯下,不愿为队友创造机会,这样的球队肯定会输的很惨。因此,为了使球队整体聚合涌现出高水平,个体的行为就必须受到约束。每个球员在任何时刻准备进行选择时,他所做出的选择都会是从球队角度出发的最佳选择,这是运动团队取胜之关键因子。纵观历届足球世界杯比赛,无不体现团队足球在决胜时的强大竞争力。

• •

加强运动团队建设,与团队一起获得比赛优胜是现代竞技体育发展的必然趋势。从传统的个人项目如田径运动的长跑运动员再到集体球类项目,团队的力量在竞技过程中的决定性作用与日俱增。一名优秀的运动员除了接受教练员的指导外,还需要有自己的科研医务团队,需要专业的体能训练师、营养师等人员的通力合作。在集体项目上,团队的力量不仅体现在专业的保障团队人员,还需要运动员群体形成强有力的团队,形成属于自己的团队文化,让团队的力量成为本队的灵魂,让团队精神时刻融入到竞技赛场上,让与团队一起获得比赛胜利成为一种习惯,成为制胜的法宝。我们有理由相信,在现代竞技体育激烈竞争的今天,运动团队的生命力正日益强大,建立强大的团队文化,形成属于自我的的团队精神是我们从事竞技体育运动的源动力。

延伸阅读

走近女足国家队身后的幕后英雄

http：mp. weixi. qq. com/s？_biz = MjM5NzE1MTA0MA = = &mid = 207032967&idx = 1&sn = dafd60ffa4b906331faee9eb8f8732&scene = 1&srcid =0120qlv9zMVmJIHAeilr7U2X#rd

【复习思考题】

1. 请你描述你对运动队管理的基本想法。
2. 结合实际谈谈你对"运动员第一，比赛第二"的看法。
3. 你对运动队队规制订有哪些看法？
4. 请你结合实际描述在训练和比赛活动中你与运动员、其他教练之间发生冲突的现象，并分析其产生原因。
5. 运动队团队文化建设的意义有哪些？

【主要参考文献】

1. 朱佩兰. 教练员——中国体育腾飞的关键[M]. 北京：北京体育大学出版社，2002.
2. 约翰·伍登，史蒂夫·贾米森著，王震译. 冠军团队——成就冠军团队的5层境界[M]. 北京：东方出版社，2010.
3. 约翰·伍登，史蒂夫·贾米森著，李兆丰译. 冠军团队——战无不胜的协作秘密[M]. 北京：东方出版社，2010.
4. 约翰·伍登，史蒂夫·贾米森著，李兆丰译. 冠军团队——我的教练，我的队[M]. 北京：东方出版社，2010.
5. 雷纳·马腾斯著，钟秉枢等译. 执教成功之道[M]. 北京：北京体育大学出版社，2007.
6. 钟秉枢. 做NO.1的教练：团队管理与领导艺术[M]. 北京：北京体育大学出版社，2012.

（本章撰稿人：杨志华博士，浙江体育职业技术学院副教授）

第十一章 教练员的教育与培养

【学习目标】
- 了解教练员教育与培养的意义及对教练员进行职前教育和在职教育与培养的重要性。
- 了解国内外教练员培养的主要方式与途径;掌握我国教练员岗位培训制度和主要模式。
- 了解我国教练员的认证制度体现在教练员聘用的现状及欧美教练员认证框架、教练员教育和资格认证系统。

【内容提要】
教练员教育是竞技水平发展的需要,是更新知识和观念的需要,是加强和提高竞技水平的需要,是社会发展的需要。本章重点介绍了教练员教育与培养的学历教育和在岗培训模式、内容与方法。一般介绍了教练员岗位培训的发展趋势。

发展是人类社会的一个永恒主题。教练员如何才能保持既有的专业与职业素养,同时还能够得到进一步的发展,这不仅是教练员自身的问题,还关系到运动员发展的问题,当然也是竞技体育发展的一个重要问题。世界各国的竞技体育发展中一个重要的经验,就是建立教练员在职在岗教育制度,促进教练员始终处于不断学习的良性发展轨道上。

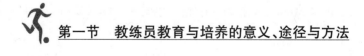

第一节 教练员教育与培养的意义、途径与方法

一、教练员教育与培养的意义

(一)竞技水平发展的需要

随着科学技术的发展,其他领域的科学手段不断介入到体育科学中,

体育科学成为一门与各学科高度融合的学科。各个学科的不断介入,势必带来体育竞技水平的提高,尤其是生物科学、心理学、医学等学科。多学科的介入在各方面引发了训练过程各要素的变革,训练要素不断挖掘,新技术、新理论在创新中不断涌现,人类正不断挑战着运动极限,竞技水平的提高,要求教练员不断提高教练水平,顺应世界竞技发展的潮流。为此,教练员的教育必须要紧跟时代的步伐,无论教练员的经验和经历如何,继续教育已成为教练员发展的必然。

(二) 更新知识和观念的需要

当代竞技体育的特点是竞技水平不断提高,新知识和新理论不断更新,训练方法和手段不断创新,体育科学研究的触角已触及体育的各个领域,竞技体育全球化成为一种趋势。从教练员的执教生涯看,执教过程较长。由于我国教练员队伍建设起步较晚,教练员不论在学历水平,还是在训练能力、知识的广度和深度方面都存在许多问题,教练员专业知识亟待提高。教练员知识更新是时代的要求和内在动力,随着我国改革开放步伐的加快,国外的先进训练理论、理念、方法、手段能极其迅速地传播,这为教练员更新知识提供了必要条件。教练员需要迅速汲取,并将这种"外来知识"结合我国训练实际情况转化为科学训练,并成为不断提高训练能力的外在动力。长期以来,由于历史原因,我国的竞技体育存在重竞技,轻育人的现象,随着人们对竞技体育本质认识的提高,教练员需要重新审视训练理念,树立竞技与育人并举的训练指导思想,才能更好地体现竞技体育的价值和作用,使竞技体育不至于走入误区。

(三) 加强和提高竞技水平的需要

1. 竞技是体育的基本属性

竞技水平是衡量一个国家体育发展水平的重要指标之一,它不仅能起到竞技体育的一般作用,还能在提高国家在国际社会的地位,树立国际威信,促进全民健身运动的开展、丰富人们休闲方式,促进体育经济发展和提高人们生活质量方面起到一定作用。没有竞技活动,体育也就失去了它的发展动力。正是在人们不懈"更高、更快、更强"的追求下,体育竞技水平不断提高。

2. 教练员是提高竞技水平的关键

作为训练过程的主体,教练员对不断提高竞技水平起着决定性的作用,有位名人曾讲过:没有差的运动员,只有差的教练。在提高国家体育总局2011年4月29日颁布的《2011—2020年奥运争光计划纲要》提出:以人为本,突出重点,均衡发展,统筹兼顾,全面提升的工作方针,要提高竞技体育人才队伍综合素质。具体措施包括：第一，围绕进一步增强我国竞技体育的综合实力和国际竞争力，不断提高竞技体育人才队伍的文化素质和职业道德素质，全面提升竞技体育人才队伍的综合素质和业务能力。第二，利用政策杠杆，完善各类竞技体育人才的选拔、培养、使用、激励和保障制度，充分发挥各类竞技体育人才的积极性和创造性。加强教练员管理，制定并实施教练员注册交流管理办法，规范教练员任职资格、选拔任用、学习培训、述职考核，促进教练人才有序交流。高度重视教练员业务培训和教练员职务审定工作，到2020年，国家队教练员本科学历达到90%以上，硕士、博士研究生学历达到40%以上；具备高级职称的教练员数量大幅度提高。可以看出，国家对教练员在竞技体育中的重要作用的高度重视，十分强调教练员继续教育和培训工作的制度化、规范化和常态化。第三，发挥国家体育总局教练员学院的作用和功能，加快我国优秀教练员的培养和先进训练理念和知识的推广，对各级教练员明确规定培训要求，实施"竞技体育后备人才培养工程"，制定重点项目后备人才培养规划，改善各级各类体校办学条件，统筹布局、完善政策，建立规模、结构合理的后备人才培养体系，使在训青少年规模保持平稳增长，每个奥运周期认定国家高水平后备人才基地300个。后备人才基地的建设需要高水平的教练员执教，才能起到促进与保障人才基地良好运行的重要作用。

知识链接

国家体育总局《2011—2020年奥运争光计划纲要》，http://www.sport.gov.cn/n16/n481630/1956858.html

（四）社会发展的需要

1. 体育社会化程度不断加大

随着我国经济的发展，人们对体育运动作用认识的提高及其生活条件的改善，加之国家对人们身体健康的政策扶持，近些年来大众体育在我国蓬勃兴起。政府相继颁布了促进大众体育的政策和文件，以保证在提高人民整体素质，促进社会主义精神文明和物质文明建设方面发挥着越来越显著的作用。为了更广泛地开展群众性体育活动，增强人民体质，推动我国社会主义现代化建设事业发展,2016年国务院发布了《全民健身计划纲要(2016-2020)》。全民健身计划目标是到2020年的奋斗目标是:老百姓的体育健身意识普遍增强,经常参加体育锻炼的人数得到大幅提高,达到4.35亿,身体素质稳步提高,人均体育场地面积达1.8平方米,覆盖城乡的比较健全的全民健身公共服务体系进一步完善。

2. 大众体育的需要

1993年,国家颁布社会体育指导员技术等级制度,与全民健身计划相配套,在《全民健身计划》中对教练员队伍也提出了要求:"加强社会体育指导员队伍建设。建立健全社会体育指导员组织体系。充分发挥各级社会体育指导员协会的作用,做好对社会体育指导员培训、管理和服务工作。完善社会体育指导员技术等级制度,建立投入和激励机制,不断发展壮大社会体育指导员队伍,优化结构、增强活力。各级体育行政部门要提供培训经费,完善培训体系,创新培训方式,提高培训质量,为社会体育指导员开展工作提供必要条件和便利。"全民健身运动的大力开展,对教练员提出了新要求,也是竞技体育服务于大众体育的要求。体育健身指导员、健身教练等与全民健身有关的教练员成为社会体育的急需人才。无论是学历教育,还是教练员岗位培训(包括各类短期培训和信息服务)适应社会需要,都对提高教练员素质和教练员接受终身教育提出了要求。

3. 体育产业发展的需要

2014年国务院颁布《国务院关于加快发展体育产业促进体育消费的若干意见》国发〔2014〕46号,《意见》认为:发展体育事业和产业是提高中华民族身体素质和健康水平的必然要求,有利于满足人民群众多样化的体育需求、保障和改善民生,有利于扩大内需、增加就业、培育新的经济增长点,有利于弘扬民族精神、增强国家凝聚力和文化竞争力。《意见》就总体要求、主要任务、政策措施提出了意见。其中在政策措施中提出了"完善人才培养和就业政策。鼓励多方投入,开展各类职业教育和培训,加强校企合作,多渠道培养复合型体育产业人才,支持退役运动员接受再就业培训。""以足球、篮球、排球三大球为切入点,加快发展普及性广、关注度高、市场空间大的集体项目,推动产业向纵深发展。对发展相对滞后的足球项目制定中长期发展规划和场地设施建设规划,大力推广校园足球和社会足球。"在体育产业分类中,体育培训与教育(代码06)是体育产业十一个大类之一,其中体育教练员培训是主要的内容。以体育产业的切入点的足球为例,在体育总局的领导下,目前足球教练员培训就包括校园足球教练员、草根足球教练员、不同等级足球教练员,仅2015年中国足协教练员培训计划(D级、C级和C级继续班)就有D级培训班120个,D级女足培训班二个、各级国家队班3个。C班25个,C级继续教育培训班7个。(资料来自国家体育总局网站)此外,我国不断加强教练员培训的国际合作,2015年与足球强国签订足球千人培训计划,大力开展各级校园足球教练员的培养工作。体育教练员培训不但成为体育产业的有力措施也是提高竞技水平的重要途径。

二、教练员教育与培养的途径与方法

(一)我国教练员培训的发展历程

1. 起步阶段

自1949年新中国成立后,我国的社会主义体育事业开始发展起来,由于历史原因,20世纪50年代我国的早期教练员基本过去从事竞技体育工作的教师和有专项技能的体育工作者为主。到60年代,一些优秀运动员逐渐退役,他们中间不少人选择了教练员工作。他们具有丰富的实践经验,为祖国献身的精神,但理论水平较低。我国早期的体育教练员培训始在20世纪60年代。主要是接受前苏联专家的培训,尚未形成本国培训体系。

2. 停滞阶段

"文化大革命"期间,我国的体育事业受到了严重破坏,教练员培训工作更是几乎被人遗忘。此后,当时的国家体委在北京体育学院和上海体育学院开设了学科专业培养基地,以提高教练员的文化层次。

3. 恢复阶段

20世纪80年代初期,随着我国的改革开放和经济水平的发展,我国的竞技体育水平不断提高,竞技体育逐渐进入人们的视野,竞技体育的政治功能凸现出来,由此,教练员的培训问题逐渐受到重视,开始出现各种短期培训班以提升教练员的专业水平。1987年我国开始了体育教练员培训的试点工作,先后下发了《国家体委关于试行教练员岗位培训制度有关问题的通知》、《国家体委"八五"期间教练员岗位培训工作计划》、《关于下发国家体委举办教练员岗位培训班有关规定的通知》、《举办教练员岗位培训班条件及审批程序》、《教练员岗位培训班学籍管理暂行规定》、《教练员岗位培训合格证颁发程序管理办法》、《教练员岗位培训班评估办法》和《体育教练员职称条例》等一系列法规性文件。这标志着我国体育教练员培训工作走向规范化和制度化。

4. 发展与完善阶段

1996年以后,全面实施教练员岗位培训制度,逐步完善教练员培训制度。有研究表明:仅在"九五"期间,全国有10000余名专职教练员通过了岗位培训获得了合格证书。近年来,竞争机制逐渐渗透到竞技体育中来,在体育界实行教练员聘任制、体育俱乐部制、教练员等级制等。2010年6月8日在国家体育总局和山东省领导的关心支持下,山东省教练员学院成立,这是我国首家软硬件较好、科技含量较高、系统化、高规格的教练员学院。2010年12月21日国家体育总局教练员学院在北京体育大学成立。目前,国际体坛竞争更加激烈,科学训练,科技应用等因素在竞技水平方面影响越来越大,我国教练员学院的成立,对于中国从体育大国到体育强国的转型将会起到关键的作用,在教练员继续教育方面具有里程碑意义。

(二)我国教练员培养的途径与方法

我国教练员教育与培养大致可以分为:学历教育和入职后的岗位培训两类。经过长期的努力,目前在我国已经形成了一个以学历教育为基础,以教练员岗位培训为重点,包括各类长短期培训形式的教练员发展体系,为提高教练员素质和教练员接受继续教育创造了条件。

1. 学历教育

学历教育是根据国家教育部下达的招生计划录取的学生,按教育主管部门认可的教学计划实施教学,学生完成学业后,由学校颁发国家统一印制的毕业证书和合格学位证书。目前,我国教练员的学历教育主要是以全国各体育学院和综合性大学的运动训练专业和体育教育专业为主,运动训练专业是以培养体育教练员为培养目标的体育专业,少部分优秀运动员进入体育教育专业学习。

从近年来我国的教练员的学历教育看,大多数教练员的学历教育主要是已经退役的运动员进入运动训练专业和体育教育专业学习,获得本科或研究生学历,在完成学历教育后进入教练员队伍,或者是在役运动员一边服役一边学习,完成学历教育后正式成为教练员。在我国初期的教练员则是以体育专业毕业生为主,部分教练员是优秀运动员在退役后经过专业学习进入教练员队伍。随着竞技水平的发展,对教练员的文化水平和专业性提出了更高的要求,教练员通过各种途径的学习,大部分具有了专业学习经历,获得本科学历,甚至硕士、博士学历。

有研究表明,具有高水平的运动经历的教练员更有利于其教练工作。目前,我国竞技体育教练员大多数属于该性质,他们退役后通过体育专业的学习后进入教练员队伍,高水平的运动训练经历,有利于对运动项目规律的把握,良好的运动技战术的掌握有利于指导训练工作,有利于理论与实践相结合。不可否认的是,由于少数教练员文化基础不扎实,在文化素质和科研能力等方面存在问题。同时,由于他们训练时间较长,容易采用"师傅带徒弟"的教练模式,不利于教练水平的提高。

2. 体育教练员岗位培训模式与体系

(1) 体育教练员岗位培训的政策与规定

体育教练员岗位培训是以提高教练员指导训练、管理队伍、指挥竞赛等能力为目的,按照不同运动项目、不同技术等级制度要求实施教育内容的教育活动,是体育教练员继续教育的一种形式。20世纪80年代中期国家体委出台教练员岗位培训制度。国家体委成立了专门的教练员岗位培训领导小组,负责全国各项目的教练员培训工作。2008奥运重点项目建立了教练员岗位培训指导小组,负责本项目的教练员培训工作。八五期间开展18个奥运项目的教练员岗位培训,并实施教练员持岗位培训合格证申报任职与晋升制度。为了规范教练员培训制度,使教练员培训工作规范化、制度化,切实收到实效,1992年5月当时的国家体委下发了《国家体委办公厅关于下发教练员岗位培训班有关规定的通知》文号:[92]体科字173号,同时制定了相关规定,这四个规定包括《举办教练员岗位培训班条件及审批程序》、《教练员岗位培训班学籍管理暂行规定》、《教练员岗位培训合格证颁发程序管理办法》、《教练员岗位培训班评估办法》,这些文件在办班条件、教师聘用、学籍管理、学员管理、质量评估、证书颁发等做出了具体规定,从此,我国的教练员培训进入规范化,教练员岗位培训呈持续稳定发展局面。

到目前为止我国已颁布了《国家体委关于试行教练员岗位培训制度有关问题的通知》、《国家体委关于大力发展教练员岗位培训的意见》等文件,颁布了《教练员岗位培训制度师资条件及审批办法》、《教练员继续培训暂行办法》和《体育教练员职务等级标准》等有关教练员岗位培训的法规,形成了一整套规章制度。使我国教练员队伍继续教育步入有计划、规范化、制度化的轨道。体育总局(原国家体委)和人事部于1994年联合下发的体育教练员职务条例中明确将教练员要取得相应级别的教练员岗位培训合格证列为各级教练员任职条件之一。2000年又进而提出实施持证上岗的规定。根据国家教练员聘任制度的要求,教练员聘任高一级岗位,在岗位培训上要求教练员必须经过相应的岗位培训,并取得相应的合格证书才能应聘。部分运动项目管理中心和省(市)体育局,为促进教练员参加培训制定了培训与比赛挂钩,不参加培训不得带队参加比赛等措施,都有效地促进了教练员岗位培训的实施。

(2) 教练员岗位培训模式

我国教练员的培训已不在是"脱产"培训这种单一形式。目前,主要以脱产为主,自学与面授相结合、集中与分散相结合等等,根据不同运动项目、不同技术职务级别、不同培训内容,分别采取脱产、半脱产、函授、自学与面授结合等多种模式。

(3) 各级教练员培训的管理体系

我国的教练员培训工作是在国家体育总局教练员岗位培训领导小组(科教司的教育处)统一领导下,各项目管理中心负责本中心管辖运动项目教练员岗位培训和组织高级班培训工作,省市体委负责本地区教练员岗位培训和组织中、初级班工作,有关院校承担培训任务条块结合、纵横交叉的管理体系。

近年来,国家体育总局有计划的组织精英教练员出国研修和参加国际、国内大赛观摩和高层次培训,选派业余教练员到相应的国家队和国家青年队等执教、学习、培训,精英教练员为各阶层教练员培训班授课。培训的方式既有综合训练培训又有专项培训,国家层面(总局教练员学院和体育总局下属的各中心)和省、市层面.总局教练员学院侧重先进训练理念、手段和方法的培训,有训练理论综合培训,涉及内容宽泛,也有针对单一内容的培训。各中心的教练员培训则侧重于本项目的培训,项目发展、制胜规律,训练内容与方法,运动损伤的预防、恢复等,密切结合训练实际。

知识链接

1.《体育教练员职务等级标准》

1994年,原国家体委颁布的中将我国的教练员职务等级划分为三级教练、二级教练、一级教练、高级教练、国家级教练等5个等级,并且将教练员的基本职责定义为:完成训练教学任务,提高运动技术水平,全面关心运动员的成长,做好运动队的管理工作;参加规定的进修、学习。同时高等级教练员须承担对低等级教练员的业务指导、培训和辅导基层训练工作。中国教练员的岗位培训制度,分为初级、中级、高级,按教练员职务条例,可分为国家级、高级、1级、2级、3级。国家级和高级对应岗位培训高级,1级对应岗位培训中级,2、3级对应岗位培训初级。

2. 国家体委办公厅与人事部办公厅,《关于认真做好体育教练员职务等级标准贯彻实施工作有关问题的通知》体人字(1996) 150号。

3. 教练员培训的主要内容与方法

(1) 教学内容

教练员岗位培训的教学内容主要紧密结合运动训练实际,以专题的形式出现,不再是学历教育教学内容的压缩或者一些章节的节选。岗位培训的各专题主要是根据运动项目训练的需要和各学科的基础知识有机组合,构成一个联系实际、突出重点的教学体系。

世界各国教练员岗位培训内容的共同点是培训内容一般包含三部分内容,第一是体育运动基础理论,如:运动生理学、运动生物力学、运动心理学、运动管理学、运动营养学等;第二是专项运动技术、战术训练理论;第三是专项训练实践。不同等级的教练员培训内容的侧重点不同。高级教练员的培训更注重最新运动技术、训练理论和手段方法的培训。中级和初级侧注重基础理论、基本训练理论的学习。同时,不同国家也具有各自的特点,如美国的教练员培训则按教练员等级自愿者水平(初级水平)、领导者水平(中级水平)与大师水平(高级水平)来安排不同的内容和侧重点。英国培训内容的安排主要取决于培训项目的特点与参加教练员的自身素质,培训计划具有灵活性、渐进性和针对性。德国教练员培训安排上则突出"新与实",即传授最新的体育科学知识和信息传授,实是指每个培训专题都有一个明确的主题。澳大利亚在培训安排上注重将体育科学理论与具体运动项目紧密结合。我国教练员岗位培训是以不同运动项目、不同技术职称标准为依据确定培训内容,强调实用性、针对性。

在培训教材建设方面,各国(地区)一般都有现成的教练员岗位培训教材,如日本体育协会采用由全国最高水平的权威教授编写,A、B、C 三个等级教练员岗位培训教材,共 6 本专门教材。我国教练员岗位培训教材已正式发行包括田径、篮球、体操等 8 本教材和 18 本教学大纲。2015 年,国家体育总局、教育部以及广东、北京、上海、江苏等地出版了校园足球指导员教程,对足球教练员资质认定和继续教育有重要的指导意义。

(2) 教学方法

教练员入职后,根据我国人社部的规定,教练员晋升等级必须经过培训并获得相应的合格证、结业证。教练员岗位培训教学与学历教育有所不同,教授对象是在职教练员,具有较丰富的实践经验,大部分教练员具有运动经历,并担负着繁重的训练任务。因此,在教学方法上要求采用"三突出"原则,运用"案例"教学,教学安排上加大实践和讨论的时间;教学方法上改变教师只以讲授为主的模式,注意将讲解、讨论、实践、观摩等等相结合;课堂上引导学员参与,可以提问、插话、讨论,变"一言堂"为"群言堂"。

考试采用笔试、口试、作业、论文、实践操作等综合方式。

教练员培训的方法向着情境学习和网络学习方向发展，前者，主要了理论与实践的结合。后者则利用网络搭建教练员学习平台。目前，德国科隆教练员学院在教练员培训中率先采用为网络学习平台——Elearning 2.0学习平台，该平台主要是支持学生自学过程，平台提供弟子公文包、思维培养软件、协作网站和个人日志。在美国，也出现了由全国十多名专家成立 Belike Coach 公司，为全国青少年运动项目教练员、管理人员及其运动员父母教搭建一个全国性的学习社区平台。

 知识链接

2014年国家队教练员科学训练体能专题培训班教学内容与方法

培训目的：介绍国际体能训练发展趋势，学习体能训练新理论与新方法，更新训练观念，提高体能训练质量，促进我国优秀运动队科学化训练水平。

培训内容：(一)现代体能训练新进展、新趋势；(二)身体运动功能训练方法；(三)集体项目体能训练方法；(四)不同项目的专项动作模式分析；(五)力量训练理论和方法创新；(六)训练疲劳恢复与再生训练；(七)专项体能训练成功经验。

教学方式：采用专题讲授、案例分析、实际操练、专题讨论等方法相结合。

第二节　教练员的资格认证

职业资格是对劳动者从事某一职业所必备的学识、技术和能力的基本要求。职业资格证书是劳动者具有从事某一职业所必备的学识和技能的证明，是其求职、任职、开业的资格凭证，是用人单位招聘、录用劳动者的主要依据，也是境外就业、对外劳务合作人员办理技能水平公证的有效证件。职业资格证书与职业劳动活动密切相联，反映特定职业的实际工作标准和规范。

一、我国的教练员资格的认证

(一)职业资格证书制度

我国的《劳动法》第八章第六十九条规定:"国家确定职业分类,对规定的职业制定职业技能标准,实行职业资格证书制度,由经过政府批准的考核鉴定机构负责对劳动者实施职业技能考核鉴定。"《职业教育法》第一章第八条明确指出:"实施职业教育应当根据实际需要,同国家制定的职业分类和职业等级标准相适应,实行学历文凭、培训证书和职业资格证书制度。"这些法规是国家推行职业资格证书制度和开展职业技能鉴定的法律依据。

(二)我国教练员职业认证制度

目前,我国教练员岗位尚未实施认证制度和职业资格证书制度。在选拔竞技教练员时,主要采用上级委派、单位内部选聘、公开招聘、外地引进等方式,尚无专门的管理机构来进行教练员的选拔和聘用。

1994年人事部、国家体育运动委员会关于印发《体育教练员职务等级标准》和《关于〈体育教练员职务等级标准〉若干问题的说明》的通知,体育教练员职务等级标准中就各级教练员的晋升提出了明确的要求,并对教练员的岗位职责,任职条件,各类体育学校教练员的任职条件,学历\训练效果(成绩),科学研究,外语水平等做出了规定,逐步施行教练员持证上岗制。

二、国外的体育教练员资格认证与制度

世界各国或地区在教练员资格认证和培训上都具有各自的特点与不同的方式。日本通过对专项运动基本技术的指导来提高竞技水平的指导能力;英国是从教练员能力角度作了区分,并制定了相应的工作范围和具体内容;德国对B、C级教练员资格考核较宽松,对A、D级教练员资格考核要求较高;澳大利亚和加拿大是根据不同等级配备不同层次教练员;尼日利亚对教练员资格评估主要考察教练员的实际工作能力表现;香港与北京体育大学联合举办运动训练专业教练员培训班,以提高教练员的业务水平。

(一)欧洲教练员认证框架

教练员教育被认为是体育运动发展的关键。欧盟一直探讨和解决教练员教育问题,随着欧盟委员会发布体育白皮书并将其纳入到里斯本条约。欧洲教练员委员会是欧洲体育科学、教育和职业网的一个小组委员

会,也是国际教练员教育委员会全球教练员教育机构的欧洲分支。

表11-1 欧盟教练员执教资格认证的五级结构

两个主要文凭认证系统的欧盟职业培训	欧洲结构的五级职业培训	建议学习时间
三级： 第一个常规的系统文凭； 超过为期三年的大专培训	五级	2400小时
二级： 第二个常规的系统文凭； 少于为期三年的大专培训	四级	最少600小时
一级： 第二个常规的系统资格证书； 中等教育培训	一、二、三级	最少300小时

(黄诗薇,宋玉梅,钟秉枢,2010)

基于满足提高基本技能和获得资格认证透明度的需要,欧盟国家建立了一个教练员资格认证的总体框架。欧洲资格框架的建立可以作为用来协助整个欧盟地区不同教育和培训系统资格认证的一个共同参考点。欧洲资格框架八个层次的每一条都包含了对知识、技能和能力的具体描述。

教练员角色包括实习教练；教练；高级教练；专家级教练。每一种教练员角色都配有两种相应的主要职业标准。每个教练员获得职业角色的正式教育的性质将取决于各个国家和体育组织的具体情况,但是每种资格都应该与其相应的职业角色的能力匹配。由于各个国家和不同运动项目教练员的职业头衔不同,相应的四种职业角色和两种职业标准还在提议之中,这使得教育项目和资格认证之间有了更大的比较性,这也有助于加强整个教练员职业发展术语的融会贯通。四种教练员角色在参与导向和竞技导向的领域内都有其详细的能力标准说明。表11-2是对教练员角色的阐释,可以适用于参与导向和竞技导向的教练员职业标准。该表描述了从实习教练员向专家级教练发展过程中在相应职责、解决问题能力、管理能力和复杂性等方面的变化情况。

表 11-2　欧洲体育教练员的等级认证

教练等级	执教要求
实习教练	一般在监督下辅助更有能力的教练员指导训练课程的各个方面。在指导和监督下安排训练课程,学习和练习基本的训练技能,并准备、教授和评价训练课程。
教练	表现出基本的执教技能,计划、实施和评价每个训练阶段
高级教练	表现出较高的执教技能,计划、实施、分析和修正多个训练程序
专家级教练	表现出高超的执教技能、创新能力和领导才能

(黄诗薇,宋玉梅,钟秉枢,2010)

教练员执教能力与资格认证的欧洲框架定义了执教的四个对象层次,包括指导儿童的业余教练、指导青少年和成人的业余教练员、指导低年龄段青少年的高水平教练员和指导高年龄段青少年和成人的高水平教练员。

(二) 国际田联的教练员教育和资格认证系统(CECS)

20 世纪 90 年代初期,国际田联 IAAF 实施了一项教练员教育和资格认证系统,并为 213 个会员协会提供服务,这就是"教练员教育和资格认证系统(CECS)"。由于在对教练员的需求和角色的理解、教育理念与方法、教育项目的结构和资源基础等诸多方面存在的差异,对资格认证和教育内容的比较是非常困难的。这种复杂而费解的现状导致了一系列相关的问题,如教练员的教育质量、教练员的职业化、劳动市场和运动项目的发展等需要从不同层次和不同方面进行解决。

教练员教育和资格认证系统有一套标准的教学大纲,合格的讲师和拥有九种语言的学习支持材料。国际田联在摩纳哥设立机构中心,并在世界范围内建立了九个地区发展中心。其中,莫斯科地区发展中心主要是服务欧洲地区,其重心主要放在前苏联的各个国家和东欧。国际田联教练员教育和资格认证系统主要包括三个层次,每个级别都授予国际田联的资格证书(一级教练、二级教练、学院教练)。2004 年,国际田联引进了第三级培训体系(国际田联学院)。第三级培训体系的主要目标是为那些准备在田径协会和其体育组织中承担专业工作的教练员提供兼顾高学术性和实践应用性的高级培训课程,课程的设计开发和传授主要是和全球的一些大学合作完成的。这些课程主要包括传统的课堂实践教学和远程学习课程。国际田联开发了两级新的教练员教育和资格认证课程(一级和二级)取代了原来的一级课程。新的五级结构于 2008 年正式启动,并制定了一个与原来的三级结构进行资格转换的项目计划[①]。

在全球化背景下,国际教练员教育委员会最近提出要建立一个执教能力与资格认证的全球框架(GRFRCCQ),使用教练员执教能力与资格认证的欧洲框架作为一个关键的参考点。此外,国际体育组织有义务和欧盟以外的其他国家展开紧密合作,以创建一个真正的能反映全世界范围内教练员系统和教练员发展的各个阶段的需求的全球框架。

第三节 各国教练员培训特点与趋势

一、各国的教练员培训特点

（一）日本的教练员培训

1965年日本成立教练员研修委员会,并制定了教练员的培训制度,随后陆续举办了一些项目的教练员培训班。1988年正式实施经文部大臣确定的《公认体育指导者制度》,进一步完善了教练员的培养制度,提高了对教练员的要求和教练员的社会地位。

日本教练员的培训,由日本体育协会统一领导,各单项协会具体实施本项目的教练员培训。日本教练员分为初级(C级)、中级(B级)、高级(A级)3个等级,为加强对指导者培训班的管理,提高培训质量,日本体育协会的官员还定期或不定期地到各地检查、督促、指导各级各类培训班,及时发现问题,解决问题。各单项体育协会还根据本项目的实际情况,每年举行1-2次(每次约2天)研修讲座,介绍本项目国际发展的最新动态,定期进行考核。如考试不合格,将被取消相应级别的资格证书。

（二）英国的教练员培训

英国教练员培训被纳入职业资格管理体制。全国职业资格证书委员会制定统一的教练员水平标准,按照这个标准要求,全国教练基金会负责组织教练员的培训。在全国教练员基金会下建立全国教练员培训中心网络,每个培训中心都有附属于在体育研究享有声誉的教育机构中,各培训中心统一按照全国教练员基金会颁布的计划实施教练员培训任务。

（三）德国的教练员培训

德国教练员的培训分别由体育协会和教练员学院负责实施,德国教练

---

① 钟秉枢,宋玉梅.国际田联教练员培训和认证的5级系统[J].中国体育教练员,2008(4):24-25.

员级别分成4级,从低到高分别是C、B、A、D级,每级教练员上岗都有相应的资历和业务要求,C、B、A级教练员的培训由体育协会负责,D级教练员(高级教练员)培训则由教练员学院安排,全部课程内容及进程,每年由科隆教练员学院颁布,D级是指具有体育运动专业文凭并完成A级教练员培训后2年以上实际教练经历,在运动训练中具有出色业绩及有关体育团体推荐,他们作为高级教练员高级技术指导,负责高水平动员的训练工作,筹划及评价有关的教练计划并制订、实施与之相关的管理计划,协调教练员工作,对C、B两级教练员资格考核较宽松。总的来看,德国对A、D级教练员资格考核要求较高。

(四)澳大利亚的教练员培训

澳大利亚的教练员培训由澳大利亚全国教练委员会负责制定计划并实施。培训坚持"三个结合,三个突出"的原则,即坚持系统性与针对性结合,突出针对性;坚持理论与实践结合,突出实践;坚持基础与运用结合,突出运用。澳大利亚教练员分成四个等级,一级是全国中小学青年教练;二级是全国体育俱乐部或大学的教练;三级是全国中级水平的教练;四级是高级教练。1990年澳大利亚启动国家奖学金计划,获得奖学金的教练员必须参加一种学历教育,奖学金用于职业发展的保障,可以获得优势项目专家两年的辅导。目标是通过教育、实践和理念培养为教练员进入高水平执教生涯做准备。

(五)美国的教练员培训

从1976年开始,美国教练员培训计划(ACEP)一直致力于教练员培训工作。此计划经过不断的扩展和完善,已经能够基本满足美国教练员不断发展变化的需要,成为美国被最广泛采用的教练员培训方案。教练员培训计划中对全部竞技项目的教练员采用统一的培训课程,随后根据不同水平的需要和可接受性,逐步扩展和修改了课程设置,也根据初级水平、领导者水平(中级水平)、大师水平(高级水平)开设不同的培训内容。1990年5月,美国中小学全国联合会对教练员培训计划中的中级水平的课程设置方面作了进一步修改。全国学校教练员培训计划(NFICEP)现在被多所美国州立学校的体育组织或管理组织承认,成为学校教练员必须接受的职业训练。另外,有八个国家级的奥林匹克团体将中级水平的培训内容作为其计划中的部分内容,有180多所大专院校部门地采用。

(六)加拿大的教练员培训

加拿大教练员协会成立于1970年。该协会全面负责本国教练员培训工作,工作任务是制定本国教练员培训标准、颁发教练员培训证书,并负责指导本国65个单项协会开展教练员培训工作。加拿大教练员协会于1974年制定和实施了加拿大国家教练员资格证书制度,也是加拿大教练员协会与加拿大联邦政府、省政府、国家级和省级运动项目协会的合作项目。经过长时间的运行已建立了较完善的"国家教练员资格证书制度"五级培训体系。

目前,加拿大教练员协会正在研究新的教练员培训体系,强调以能力为导向,并分类分级进行。根据执教对象的不同需求将教练员分为社区志愿者、竞技体育教练员、专项教练员三个系列,每一系列教练员都有从初级到高级1～3级不等的培训等级。参加培训的各类教练员会因其参加课程及学习进度情况,得到"在训"、"结业"和"获认证"三个不同的认证结果。加拿大教练员协会下设国家级教练员学院专门负责国家级教练员培训工作,并在全国分地域另设七个教练员学院。加拿大教练员协会目前实现了培训资源的电子化和网络化。教练员需在规定时间内学完不同级别规定的所有课程,通过考试获得相应级别的资格证书。

二、教练员岗位培训的发展趋势

(一) 规范培训制度

教练员岗位培训一直是各国体育部门十分重视的工作。尽管各国或地区的经济发展水平不同,文化背景存在差异,但总体目标大致相同,在教练员培训上越来越突出对新知识的学习,着力提高教练员的综合职业能力。以解决工作中的问题为主,不仅让教练员学习到新知识,同时也让教练员学会获取新知识的能力。要积极探索,创新培养模式,提高精英教练员培养质量。坚持从实际出发,探索创新,学习借鉴国内外高端人才培养的经验,完善精英教练员培养的体制机制。培训制度的规范化也有利于教练员的职业化。

(二) 改变教学方式和教学内容,突出实用性

教练员岗位培训内容安排强调结合教练员职业需求,突出实用性,紧扣教练员日常工作的实际。例如,教练员的基本素质如临场指挥能力,管理能力,科学选材能力和运动损伤的防治、运动恢复等能力为教学内容。以教练员在实际工作中遇到的常见问题为主,所学知识是当前国际上最新的研究成果;突出实践性,让教练员通过实际训练或模拟训练中掌握训练知识,优秀教练员亲自上课,传授经验,使培训更实效。在授课方式上,理论与实践相结合。教练员岗位培训授课方式围绕提高教练员综合职业能力的教学目标,充分发挥教师主导性和学员主体意识,积极采用多种教学

方法和课堂组织形式。积极探索讲练、做一体化的授课方式,向现代化、国际化的方向发展。

(三) 在教练员培养中注重道德素质

道德素质影响到教练员训练理念的建立,是以人为本的训练理念的保证,关系到教练员的发展。道德素质的提升也关系到竞技体育,奥林匹克精神的弘扬。在以往的培训中,道德培养被忽视,因此,教练员道德素质的培养成为今后的培训内容之一。

(四) 教练员培养走向国际化

教练员培养国际化是教练员培养,特别是高级教练员培养的方向。通过选派优秀教练员有目的的去国外培训能学习先进的训练理论与方法,提高教练水平。同时,聘请过外专家将先进的训练理论传授给国内教练员,既有利于在节约成本和时间,又能通过学习,了解项目发展,训练新思维、新方法等。从2007年起,国家体育总局每年都聘请国外专家来华进行高级教练员培训工作。同时选派优秀运动员和教练员赴国外学习深造,在学习国外科学基础知识以及领导能力的过程中,也为中国体育文化的向西方的传播起到了积极作用。

(五) 注重教练员培养的均衡性

鉴于长期以来形成的教练员培养存在的不均衡现象,国家体育总局及组织部门开展了一系列培训工作,培训更细化,更具有针对性。2015年首届全国竞技体育科学化训练培训班,2015年颁布实施《中国田径高水平教练员训练创新培训工程》,举办在大众体育中开展较好的瑜伽教练员培训班和街舞教练员培训班,铁人三项教练员培训班,2016首期全国高校皮划艇初级教练员岗位培训班。为弥补传统学校教练员的不足,2015年开始对西部和中东部地区体育传统项目学校体育师资培训。为进一步做好支援西部教练工作,每年举办支援西部地区教练岗前培训班。为更好地总结和交流运动员备战与参加国内外重大赛事科学化训练新发展与新方法,进一步提高我国各运动项目教练员、管理人员及科研医务人员有效解决训练与比赛实践问题的理论与方法水平,2015年举办了首届《全国竞技体育科学化训练培训班》。

【复习思考题】

1. 你是如何理解教练员岗位培训的目的和意义的?
2. 教练员岗位培训的方式有哪些?
3. 欧美教练员教育的特点及其对我国教练员培养教育的影响有哪些?

【主要参考文献】

1. 钟秉枢.从教练员教育到教练员发展[J].中国体育教练员,2011(3):22-23.

2. 朱林祥.国际田联与中国田径教练员培训系统课程内容的比较研究[D].北京体育大学,2008.

3. 蔡犁,王兴,侯健等.提高教练员岗位培训教学质量的策略[J].上海体育学院学报,2002,26(4):12-15.

4. 马忠臣,何志林,马健.我国足球教练员培训中若干问题分析[J].山东体育学院学报,2005,21(2):33-37.

(本章撰稿人:王平硕士,苏州大学体育学院副教授,硕士生导师)